TONIM

LA

QUESTION SOCIALE

ET LE

CONGRÈS OUVRIER DE PARIS

CONDITIONS RATIONNELLES
DE L'ORDRE ÉCONOMIQUE, SOCIAL ET POLITIQUE.
ÉTAT DE LA CAPACITÉ MORALE ET POLITIQUE
DU PROLÉTARIAT.

PARIS
LIBRAIRIE DE MARIE BLANC, ÉDITEUR
54, RUE DOMBASLE, 54

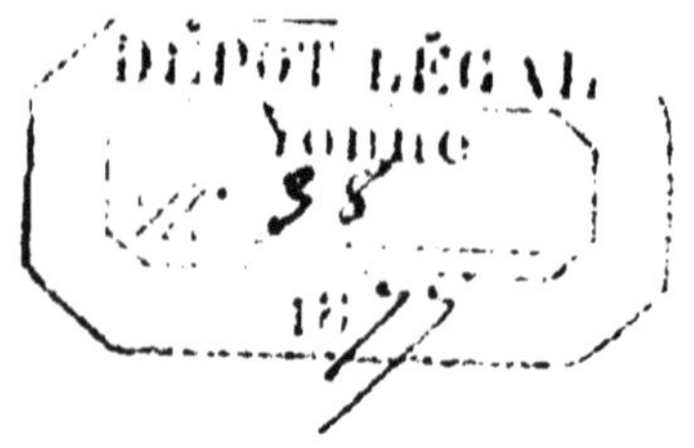

LA QUESTION SOCIALE

ET LE

CONGRÈS OUVRIER DE PARIS

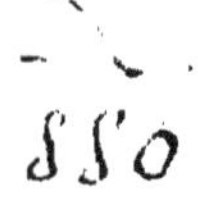

Pour paraître prochainement :

DU MÊME AUTEUR

LA

JUSTICE CRIMINELLE ET CIVILE

AU REGARD

DE LA

MORALE RATIONNELLE

LA

MORALE MODERNE

PRATIQUE

TONIM

LA
QUESTION SOCIALE
ET LE
CONGRÈS OUVRIER DE PARIS

CONDITIONS RATIONNELLES
DE L'ORDRE ÉCONOMIQUE, SOCIAL ET POLITIQUE.
ÉTAT DE LA CAPACITÉ MORALE ET POLITIQUE
DU PROLÉTARIAT.

PARIS
LIBRAIRIE DE MARIE BLANC, ÉDITEUR
54, RUE DOMBASLE, 54

ERRATUM

Page 275 (Caisses de retraites) vingtième ligne, lisez : *L'œuvre personnelle du secrétaire, qui a coordonné dans ces deux volumes les procès-verbaux de la délégation, etc.*, au lieu de : L'œuvre du secrétaire qui a publié en deux volumes, etc.

PRÉFACE

—

La société antique est morte du problème social.

La naissance d'une civilisation se fait à l'aide d'un principe de tolérance tacite qui suspend l'hostilité des intérêts et en masque les divergences.

Le progrès de la civilisation, qui consiste en un classement moins primitif des intérêts et une série de redressements, s'accomplit au milieu de conflits, dont l'intensité croît avec l'étendue et le mérite même du progrès.

La question sociale ou perfection de la civilisation par l'universalisation de la justice, marque une époque de crise suprême. La société, arrivée en face de cette éventualité formidable, est en voie de périr ou de se fixer.

Le monde romain n'a pas osé se guérir de la lèpre de la plèbe et de l'esclavage. Aux révoltes de Catilina et de Spartacus, il a répondu par le principe de conservation. Il ne fut ni assez juste, ni assez fort pour supporter la crise, qui l'emporta. La tourmente de l'invasion barbare ne fut qu'une consécration de sa destruction.

Dans le monde moderne, les grandes commotions qui ébranlent périodiquement les trônes et les États et qui sont l'œuvre des forces révolutionnaires du salariat, indiquent que le moment de crise a sonné pour nous.

C'est le son de la cloche d'alarme.

Il serait coupable de ne pas envisager le danger par une reconnaissance exacte de ses éléments. Si l'esprit de conservation doit l'emporter, il faut qu'il triomphe sciemment avec la connaissance des raisons et des conséquences des projets d'évolution sociale. Si c'est au contraire l'esprit de novation à qui la victoire est réservée, il faut qu'il se trempe et se fortifie par l'analyse laborieuse des phénomènes.

Cette étude répond à cette nécessité de conscience.

Les grandes assises du Congrès ouvrier de Paris, qui a siégé du 2 au 10 octobre dernier, et auquel ont pris part 376 délégués parmi lesquels 88 des départements, envoyés et indemnisés par leurs pairs, ont été l'occasion de ce travail. Il importait de constater où le prolétariat en était de cette capacité politique à laquelle il prétend de nos jours. Le lecteur le reconnaîtra. L'auteur n'a pas tout cité. C'eût été fastidieux. Mais, il croit avoir suffisamment découpé pour livrer une physionomie exacte et découvrir l'état social, moral et politique du prolétariat actuel. L'auteur, d'autre part, n'a pas recherché le violent dans ses citations. Il a eu pour règle de produire seulement les parties les plus expressives au point de vue du jugement des choses et des esprits. Inflexible, quoique réservé, dans son indépendance, il n'a pas écarté de sa plume le trait de critique lorsqu'il lui a paru devoir légitimement s'adresser soit à l'élément ouvrier, soit à tout autre.

Passionnément épris de la justice et de la morale dans les choses comme dans les hommes, il discute, expose et tente de démontrer, sans autre souci que celui de la vérité libre.

L'ouvrage, en ce qui concerne la partie doctrinale, renferme autant de chapitres que le Congrès ouvrier s'était proposé de questions. Il importait peu d'adopter toute autre division. L'ordre de succession des questions et leur titre même ont été conservés. La première partie de chaque chapitre contient l'étude de la question par l'auteur, et la seconde renferme l'empreinte des travaux du Congrès, plus ou moins commentés.

Paris, le 28 mars 1877.

LA

QUESTION SOCIALE

ET LE

CONGRÈS OUVRIER DE PARIS

LE TRAVAIL DES FEMMES

Différence de modalité du travail entre l'homme et la femme. — La femme ménagère ou institutrice. — Pourquoi le salaire des femmes est nécessairement inférieur à celui des hommes.

Aucun être humain ne peut être exempt de travail ; la loi de l'humanité tout entière est le travail, parce que l'humanité a des besoins et qu'elle ne possède d'autres moyens de les satisfaire que l'emploi laborieux de ses facultés d'action.

Mais l'organisme naturel n'est pas absolument le même dans les deux sexes. L'action que la femme doit exercer sur la matière appropriable n'est pas la même que l'action réservée à l'homme. En d'autres termes, il y a différence dans la modalité du travail. Tandis que l'homme, vigoureusement constitué et capable d'autre part de conceptions fortes et rapides par sa puissante organisation cérébrale, marque son domaine dans les travaux de force et d'énergie intellectuelle, la femme, délicate de complexion et d'esprit, sensible, douée de grâce et de finesse dans l'action physique, marque le sien dans l'ordre sentimental, et l'application aux simples travaux de dextérité manuelle.

La nature de la femme, privilégiée à certains égards, la destine à la vie sédentaire. La civilisation romaine et les civilisations orientales ont, de leur côté, reconnu ce principe en l'exagérant. L'utilité sociale de la femme est dans la maternité. Sa grande œuvre est de donner la vie à des enfants qu'elle chérira et qui renouvelleront l'humanité.

Enfant, la femme suit le même développement physique que le jeune garçon. Arrivée à l'âge où elle prend conscience de son sexe, elle s'arrête dans la progression musculaire, elle avorte, pourrait-on dire, dans la voie de l'accession des forces physiques ; mais tout ce qu'elle abandonne de ce côté, à l'inverse de son congénère de l'autre sexe, elle le remplace par l'épanouissement luxuriant des attributs maternels.

La destinée de la femme est donc d'être mère. Or, la fonction de la maternité est incompatible avec les fonctions industrielles. Je pourrais ajouter qu'elle est incompatible avec d'autres fonctions sociales, que certaines écoles, érigées dans des milieux artificiels, ont voulu lui faire attribuer ; mais, je dois me borner ici à la question du travail.

Il suit de là, que la femme, en bonne physiologie sociale, c'est-à-dire d'après les lois naturelles, doit être affranchie du travail industriel. Faite pour embellir et soigner l'asile de la famille, ses facultés de travail, en dehors de son œuvre de mère, doivent se restreindre aux occupations domestiques. Tel est le rôle véritable de la femme. La fille doit en faire l'apprentissage auprès de sa mère ; car une fille n'a point seulement à se rendre apte aux travaux d'aiguille et à la préparation des aliments ; au sein du foyer elle apprendra le dévouement mutuel, la dignité personnelle ; elle acquerra dans ce milieu toutes les qualités morales dont la famille est seule génératrice. Au dehors, la fille, inconsciemment tourmentée par le vide, rabaissée à ses propres yeux par la servitude du travail industriel, se trouve sur la pente des compensations malsaines. La fille dans l'atelier désapprend l'attachement filial, la femme est exposée à y perdre le sentiment de la solidarité conjugale.

« Ménagère ou courtisane! » s'est écrié Proudhon en parlant de la femme. Sans nous arrêter à l'absolu d'expression qui était dans les habitudes de style du grand écrivain, nous devons, avec lui, reconnaître que la famille est le seul milieu pour la femme et que lorsqu'elle se crée au dehors une vie systématique elle côtoie les abimes.

Une seule application systématique du travail de la femme ne serait pas en désaccord avec la loi de sa nature. On ne paraît pas y avoir beaucoup songé jusqu'ici. La femme est née, sans conteste, éducatrice. Elle est douée de patience, elle a les procédés de la persuasion; envers les jeunes intelligences elle emploie des détours ingénieux qui portent admirablement la lumière. En un mot, la femme peut occuper une grande place dans la société économique comme institutrice. Je n'entends pas que la femme soit limitée à l'instruction des enfants de son sexe et à l'enseignement primaire. La femme, par son organisation intermédiaire entre l'homme et l'enfant, par le jeu paisible de ses forces cérébrales d'une moindre intensité que celles de l'homme, quoique aussi variées et plus souples, est la dispensatrice naturelle du savoir à l'enfance des deux sexes. Pas une chaire d'instituteur au premier et au second degré ne devrait lui être disputée.

Aucune raison ne permet de lui dérober les jeunes garçons, car jusqu'à l'âge où les sexes vont s'affirmer par la capacité physiologique, l'enfant offre les mêmes ressources de culture intellectuelle et ressent les impressions de la même manière. L'avantage serait énorme pour les garçons, qui, recevant l'instruction de la femme, subiraient en même temps son influence éducatrice salutaire.

Le maître cédant la place à la maitresse retrouverait dans une autre carrière les conditions d'une dignité plus virile. A n'en pas douter, la profession d'instituteur de l'enfance exercée par l'homme lui imprime un cachet d'amoindrissement moral qui est la conséquence de son commerce constant avec des intelligences qui ne sont pas en ordre de série avec la sienne. Il usurpe dans cette fonction éminemment sociale, la place de la femme. A moins d'une grande supériorité de caractère, son allure, à la longue, devient difforme, comme celle du commis de magasin, débitant des objets à l'usage de la toilette des femmes, devient ridicule.

La première vertu que requiert l'enseignement de l'enfance, c'est la patience. Or, la femme par la patience éducatrice, qualité propre à sa nature, se relève au lieu de se déparer.

Le droit exclusif de la femme, à l'enseignement universel du jeune âge, n'a pas encore été reconnu par notre société. La femme, à notre époque, est largement industrialisée. Elle est employée dans les filatures, les manufactures de toutes sortes, la multitude des ateliers de la grosse et de la petite industrie. Elle travaille chez elle pour le dehors. Elle se met à tout ; parfois son travail est une œuvre brutale qui reviendrait plus justement à l'homme, lequel en revanche, ailleurs, s'empare de la tâche qui reviendrait aux femmes.

Que signifie cet embrigadement de la femme dans l'industrie ? Cela veut dire d'une manière générale que le produit du travail de l'homme alimente insuffisamment le ménage. L'assistance du mari, réalité législative dans le code civil, est une fiction dans le monde économique. La femme alors cherche de son côté une occupation productive. C'est en partant de cette vue que l'économiste, Joseph Garnier, à qui l'on ne saurait imputer de tendances révolutionnaires, a fait comprendre dans son *Traité d'économie politique* (§ 719), que le plus ou le moins grand nombre de femmes salariées par l'industrie, était un thermomètre certain de la gêne ou de la prospérité des sociétés.

Je ne dirai pas, comme il est d'usage parmi ceux qui s'arrêtent aux apparences, que la concurrence des femmes fait baisser le salaire des hommes. Cela peut être vrai dans un cas particulier et soudain. Cela n'est pas exact dans l'ensemble des phénomènes économiques où tout tend à se régulariser et à se pondérer. La femme, en accroissant le nombre des travailleurs, accroît en même temps la quantité des produits. Or, comme le salaire n'est que la représentation d'une part du produit général obtenu, la part de l'ouvrier ne peut diminuer, quand la part de l'ouvrière n'est que la contre-partie d'un excédant de produit créé par elle. Je laisse de côté les questions de juste répartition des produits et de judicieuse activité de la production. L'absence de ces conditions essentielles forme une cause de dommages qui n'a rien de spécial au cas du travail des femmes et que nous aurons l'occasion d'examiner à un autre moment.

A maintes reprises, on a vu les ouvriers, aiguillonnés par leurs souffrances et trompés par leur ignorance, demander le renvoi des ouvriers étrangers. Ils les regardaient comme les auteurs de la baisse des salaires, en raison de la concurrence des bras. Cette idée procédait de la même erreur que celle qui a fait considérer le travail des femmes, comme atteignant le taux du salaire des hommes. En principe, et sauf des accidents locaux sans durée, le nombre des travailleurs n'en change pas la condition économique. Plus il y a de producteurs, plus il y a de produits à consommer, et par conséquent plus la consommation est à l'aise. Or, la consommation est le côté de la vie par lequel on sent plus spécialement si elle est heureuse ou malheureuse.

En ce qui concerne les femmes, 'eur travail industriel augmente la quantité des produits d'une certaine espèce et par conséquent, sous ce rapport, enrichit la société économique. Leur salaire est au-dessous de celui de l'homme par la raison qu'industriellement, dans le même temps, la femme produit moins, ou moins bien que l'homme. Aucune force humaine ne pourrait changer ce rapport du salaire des hommes et des femmes. Le salaire se détermine par le temps employé et l'utilité du produit; l'homme, en se conformant à la loi du travail, doit produire au moins par jour ce qui est nécessaire à l'existence de sà famille. Le travail de sa journée, exécuté dans l'ordre des utilités sociales, s'échange en droit contre pareille somme de travail emprunté aux diverses industries, répondant aux besoins variés de la vie. Cet échange, cette balance des valeurs, constitue dans chacun de ces deux termes le salaire — abstraction faite ici des redevances dont le travail est arbitrairement grevé. Or, la femme, industriellement, ne pourra produire dans le cours d'une journée de travail qu'une utilité manifestement inférieure. Il s'en suit que si elle échange le résultat de son labeur d'une journée, elle sera loin d'obtenir en retour l'utilité créée dans le même temps par un homme, puisque les valeurs produites ne sont pas égales. De là l'inégalité du salaire entre les hommes et les femmes, inégalité qui va s'accentuant à mesure que les femmes penchent davantage — sollicitées par leur nature — à produire des utilités secondaires, pour lesquelles l'aptitude et la force sont le moins nécessaires.

C'est une grande illusion que de croire le salaire déterminé par les besoins du travailleur. A ce compte il faudrait peut-être dire que le salaire de la femme devrait être supérieur à celui de l'homme, car les besoins de la femme, développés par la civilisation actuelle, sont plus grands que ceux de l'homme ; son entretien devient plus coûteux. Il ne serait pas extravagant du reste de prétendre que physiologiquement la femme doit plus consommer que produire. Le taux du salaire et le besoin ne sont nullement unis par un lien étroit.

Le temps employé ou mieux encore l'effort accompli et l'utilité créée, c'est-à-dire la valeur d'échange du produit, tels sont les éléments fondamentaux du salaire. Or, l'homme étant organisé pour produire en moyenne dans sa journée, au moins ce qui est nécessaire à son existence dans le même temps, il en résulte, au point de vue de ses besoins, qu'il en trouve la satisfaction dans son salaire, bien que le taux de celui-ci ait été déterminé par d'autres causes.

Imaginez un producteur s'avisant de produire des toupies d'Allemagne quand aucun consommateur n'en désire. La considération de ses besoins sera impuissante à lui valoir un salaire quelconque parce qu'il n'aura créé aucune utilité échangeable. Le convoiteur de gloire qui compose des pièces de vers a, lui aussi, des besoins — souvent démesurés — qui justifient précisément ses tentatives dans le domaine de la célébrité ; il peut invoquer en outre l'effort considérable accompli. Qu'importe, si sa Muse est en excédant sur la consommation et si elle n'a rien produit d'échangeable. Il ne lui est dû aucun salaire, parce que le salaire est une équation économique, et que nul ne peut prétendre vouloir échanger un travail sans valeur pour autrui contre un travail utile pour soi.

L'infériorité du salaire des femmes dans les travaux industriels est un fait d'ordre naturel immodifiable. Ce n'est donc pas de ce côté qu'il convient de chercher l'amélioration de la condition de la femme. Comme ouvrière, elle souffre des maux généraux qui sévissent sur le travail ; mais sa personnalité économique n'est pas atteinte par un vice d'espèce spéciale. Elle est englobée dans le prolétariat et en suit naturellement toutes les vicissitudes. Nous verrons plus tard à propos des associations, quelles sont les conceptions en ligne pour l'émancipation économique des travailleurs.

Les femmes pourront trouver un salaire rémunérateur dans l'exercice de la profession d'institutrice, privilége vrai pour elles, condition dans laquelle doit se manifester leur supériorité. Le même succès peut les attendre aussi, évidemment, dans un petit nombre de travaux spéciaux qui exigent de la longanimité et de la dextérité de main ; mais d'une manière générale, on peut dire que la société gagnerait à ce que la femme fût exonérée de l'activité industrielle. Ce qu'elle donne à la production industrielle, elle le retire à l'économie domestique, domaine de sa souveraineté, elle en prive la famille dont elle est le lien sympathique, elle en sèvre l'enfant dont l'avenir est dans ses mains. Les services sociaux qu'elle peut rendre dans cette vaste division de l'activité humaine formée par la famille, sont bien supérieurs en résultats matériels et moraux, aux services qu'on peut attendre de son incorporation à l'industrie.

Le capital social se compose de puissance et d'effets produits. Or, la femme par son travail approprié, dans l'intérieur du ménage, par le parfum de dévouement que sa présence y répand, par les sentiments reconfortants que son attachement met au cœur de son époux, par l'impulsion morale qu'elle donne à ses enfants, est productrice de puissance, parce que, dans sa normalité féminine, elle est éminemment productrice d'ordre. Puissance, harmonie, émanent de l'ordre. La véritable richesse que la femme peut verser dans la société est donc celle qu'elle tire de son aptitude à régner sur le foyer domestique.

LES DÉBATS DU CONGRÈS

Situation malheureuse de l'ouvrière. — Causes de dépopulation. — Jouissances et égoïsme. — Démoralisation de la femme par l'industrie. — Encore la concurrence. — Préjugés sur le travail dans les prisons et les couvents. — Influence des localités sur les salaires. — Idée fausse de la tarification des salaires par l'État. — Erreur sur la concurrence étrangère.

La plainte qui s'est exhalée avec l'unanimité qu'on devait attendre est celle relative à la modicité des salaires. Nous avons vu les causes de l'infériorité du salaire des femmes. Quant à la mesure des effets, elle est certainement douloureuse à observer et démontre, sous une forme particulière, l'inconséquence de l'industrialisation de la femme.

Le citoyen Irénée Dauthier, de Paris, qui, dans le le congrès, prit le premier la parole, s'est exprimé de cette façon :

« La femme doit-elle travailler en atelier, être absente de son intérieur 12 et 13 heures (l'allongement de la journée n'est qu'un mode de diminution du salaire), puisque encore aujourd'hui l'organisation des heures de travail est plus longue pour la femme que pour l'homme, confier ses enfants à une voisine, à des établissements philanthropiques qui laissent beaucoup à désirer, ou à toute autre personne ; puis, après les fatigues de la journée, aller chercher les enfants, faire le repas du soir ; mais avec cela elle néglige son ménage toute la semaine, et le dimanche pour se reposer, elle doit aller au lavoir, mettre de l'ordre dans son malheureux linge !

« Je dis non ! la femme ne doit pas travailler ainsi. Sa santé, ses forces ne lui permettent pas de prolonger longtemps cette existence, car si cet état de choses durait encore longtemps, la famille dégénérerait vite, et l'indifférence remplacerait l'amitié dans la famille. »

Un autre orateur, le citoyen Délion, papetier-régleur de Paris, dit sur le même sujet :

« Aujourd'hui la femme du peuple, la fille, la veuve, celle qui n'a rien est livrée à la misère la plus profonde. Elle est guettée par le vice et poursuivie misérablement afin de satisfaire aux besoins les plus immédiats de la vie et se trouve astreinte à des travaux de 16 à 18 heures par jour. »

Sur le chiffre même du salaire, la citoyenne Raoult, de Paris, donne au congrès les renseignements qui suivent :

« Il y a des entrepreneurs en lingerie qui font faire des corps de chemises de femme à raison de 3 francs la douzaine, l'ouvrière peut en faire six par jour (gain 1 fr.) pour terminer des pantalons de femme 2 fr. 40

la douzaine, l'ouvrière peut en faire 4 par jour (gain 80 c.) ; pour terminer des camisoles, 1 fr. 80 la douzaine ; l'ouvrière peut en faire six par jour (gain, 90 c.)

« On paie pour faire une douzaine de chemises de poupée (petit modèle) 25 c. la douzaine, il faut trois heures pour en faire une, pour livrer deux fois par semaines avec la perte de temps, il ne faut pas compter gagner plus de 90 c. par jour.

« Des entrepreneurs de lingerie font faire des chemises d'hommes qu'ils payent 1 fr. 25 la pièce cousues à la main ; il faut une journée pour en faire une, 10 centimes de fil pour coudre, reste 1 fr. 15, et rendre son ouvrage tous les jours. »

. . . .

« Par le compte rendu que je viens de faire sur le travail des ouvrières en lingerie, vous pouvez voir que la journée de celle qui travaille pour les entrepreneurs varie de 1 fr, 50 à 90 centimes. »

Le citoyen Aubé, délégué de la bibliothèque du XVIIe arrondissement de Paris, de son côté, parle ainsi :

« Pour beaucoup de travaux, il faut à l'ouvrière une machine à coudre.

« Il y a quelques années, celles qui en possédaient une se croyaient sauvées. Aujourd'hui l'illusion n'est plus possible.

« Les travaux exécutés à la machine ne sont pas pas meilleurs que ceux faits à la main, avec cette différence que les ouvrières qui n'en ont pas, n'ont plus d'ouvrage dans certains travaux.

« Je citerai dans la confection, des peignoirs d'indienne avec un volant, des boutonnières, des boutons recouverts d'étoffe, payés 60 cent. de façon ; je ne pense pas qu'on en puisse faire plus de deux dans sa journée, et encore il faut bien travailler pour cela, fournir son fil et apporter un certain goût et de l'idée. Ce n'est pas à tout le monde que l'on peut confier ce travail, qui pourtant est si mal rétribué.

« Passons maintenant aux travaux de lingerie.

« Il y a des bonnets de femmes payés comme façon à l'ouvrière 25 centimes, et l'on ne peut en faire plus de trois dans sa journée.

« Il y a les chemises de femmes payées 30 centimes ; il est impossible d'en faire trois par jour, et le fil est toujours à fournir.

« Il y a les taies d'oreiller payées 20 centimes et qui ont neuf boutonnières.

« Il y a lès torchons pour lesquels on ne donne que 25 et 30 centimes la douzaine, et que l'ouvrière, la plus vive, met trois heures à faire, c'est donc au plus 4 douzaines en une grande journée, soit 80 centimes, son fil déduit.

« Et, songez quelle charge pénible à porter pour la pauvre femme si on lui donne seulement pour deux jours de travail, c'est-à-dire 8 douzaines de torchons.

En ce qui touche l'emploi des machines, la citoyenne Raoult a fait une observation intéressant l'hygiène.

« Les femmes employées à cè travail, dit-elle, sont sujettes à des maladies terribles, constatées chaque jour par les médecins.

« Grâce aux exigences de ceux qui les emploient, elles doivent dix heures de travail assidu à la machine et quelquefois douze heures.

« Or, il résulte de renseignements que j'ai recueillis auprès de docteurs compétents, que les ouvrières ne doivent pas travailler plus de six heures par jour à la machine, et encore, faut-il diviser ce temps en deux parts de trois heures chacune. »

Le citoyen Aubé envisage, d'autre part, la tyrannie des modes dans ses rapports avec la tâche de l'ouvrière.

« Il y a surtout, dit-il, dans le travail des femmes, cet écueil terrible que je vais expliquer.

« Comme on a pris l'habitude à Paris de livrer les commandes à la minute, les entrepreneuses prennent le double d'ouvrières qui leur sont nécessaires, et par ce système livrent les commandes aussi vite que les commerçants le désirent.

« Mais alors les ouvrières viennent jusqu'à trois jours de suite avant d'obtenir un travail quelconque, ou attendent dans l'antichambre des heures entières quand ce ne sont pas des demi-journées.

« Puis lorsqu'enfin elles ont obtenu quelques travaux à exécuter, elles sont souvent obligées de passer la nuit à les terminer, pour les rendre à l'heure fixée, de brûler de l'huile mal à propos, se fatiguer beaucoup, et par cela même livrer un travail imparfait, dont elles reçoivent des reproches et dont on leur diminue le prix.

« Pour les travaux de fantaisie, je citerai les perles, comme exemple des déceptions qui attendent les ouvrières. Ainsi, lorsque cette mode parut, l'ouvrière habile et ayant du goût, qui pouvait supporter le brillant des perles qui donne des migraines affreuses et tue la vue, après douze heures de ce travail fatigant, arrivait à gagner 3 fr. à 3 fr. 50 par jour.

« Mais l'instabilité de ces travaux fait le malheur de l'ouvrière, car pour tous les ouvrages tels que soutache, perlage, voilettes façonnées, effilés à la mode, boutons au crochet et beaucoup d'autres, soumis aux variations de la mode, lorsqu'ils paraissent chez l'entrepreneur il faut en faire l'apprentissage, et l'ouvrière gagne peu, parce qu'elle manque d'habileté dans ce nouveau travail.

« Puis, le jour où sa main est exercée, où elle croit enfin gagner quelque argent, la mode change ou tombe dans le domaine du commun, ce qui pourrait vous laisser croire que puisqu'on en vend davantage, il va y avoir une recrudescence de travail. Pas du tout. Cela signifie qu'il faut faire pour 1 fr. ce qu'on vous payait 3 fr. »

Le citoyen Adhémar Leclerc de Paris, portant sa vue vers les derniers horizons de la question, n'hésite pas à assigner pour cause à notre dépopulation relative vis-à-vis des autres peuples, la dure servitude du travail des femmes.

« Cette obligation au travail de tous les jours, dit-il, la difficulté qu'éprouvent toutes les femmes à travailler chez elles, et la facilité de se placer en atelier, fait que la femme ne peut nourrir et élever son enfant.

« On s'est beaucoup occupé, ces derniers temps, des causes de la dépopulation en France. Elles ne sont pas ailleurs que là, dans le travail excessif que notre époque exige des femmes, ce qui les fait d'une mauvaise constitution et les rend incapables d'élever et d'allaiter leurs enfants. »

Il est hors de doute, en effet, que le travail industriel enlève à la femme la possibilité d'élever ses enfants. Or, les petits enfants, privés de l'état de promiscuité naturelle avec leur mère, sont exposés à périr. Inutile de citer ici les statistiques qui établissent cette désolante vérité. Un fait qu'on a peut-être moins mis en lumière et qui, à ce titre, mérite d'être consigné, c'est la mortalité qui sévit sur la femme employée aux travaux de l'industrie lorsqu'elle devient mère. Le logis, désert pendant le jour, l'oblige à se confier à des établissements hospitaliers, lorsqu'arrive le dernier terme de la grossesse. Elle vient la première affronter là le danger de mort qui menacera plus tard son enfant isolé. La statistique de 1873, que j'ai sous la main, en témoigne. Elle nous apprend que sur 100 décès provenant d'accouchements, 75 se produisent dans les hôpitaux, 19 dans les maisons de sages-femmes et 6 seulement au domicile privé, dont l'ouvrière des villes particulièrement, ne peut jouir en pareil cas, comme nous venons de le remarquer.

Mais ces causes défavorables sont-elles réellement la clé du mystère de la dépopulation ? Il y en a certainement une autre dont on est vite frappé lorsqu'on observe sérieusement autour de soi.

Les progrès de l'industrie, dans ces derniers temps, et le développement du réseau des chemins de fer, qui a donné une énorme impulsion à la mise en valeur et à la circulation des produits, a trouvé la société économique dans son antagonisme originaire des intérêts et dans son obscurité native au regard des lois rationnelles de l'échange. Il en est résulté un jeu effréné de la spéculation qui trouvait une riche source d'aubaines dans l'afflux des richesses. Des fortunes soudaines, dont beaucoup ne devaient rien au travail, mais, tout à des calculs de bourse, se sont formées à tous les degrés de l'échelle sociale, révolutionnant brillamment, dans des proportions diverses, la situation des particuliers. Le sentiment de l'égalité, dans la masse, a universalisé l'idéal du bien-être dont on avait sous les yeux les exemples d'acquisition rapide. Le plus petit s'est donné pour tâche de rivaliser les situations moyennes, et les moyennes de rivaliser les plus élevées. L'émulation générale pour les jouissances matérielles s'est déclarée à l'état de fièvre sociale. Mais la richesse publique n'avait pas crû dans la proportion de nos prétentions. L'excédant de production avait bien pu transformer la situation de quelques-uns. Il était insuffisant pour doter un plus grand nombre. On se l'expliquera si l'on veut bien considérer qu'aujourd'hui, d'après les calculs les plus accrédités, le revenu moyen par tête, en France, n'est, au plus, par jour, que de 1 fr., soit 4 fr. pour une famille de 4 personnes. Cependant, le pli de la dépense était pris par l'ensemble des consommateurs. Dans ces conditions, avoir des enfants devenait un frein à la jouissance, puisqu'on se trouvait en face de la nécessité de partager entre un plus grand nombre de têtes les ressources du ménage. On s'est donc résolu à faire attendre la progéniture. C'était fatal dans une période sociale où la consommation par tête cessait d'être en proportion avec le revenu public.

L'économiste Malthus, de plaisante mémoire, avait conseillé la pénurie dans la progéniture pour éviter de dépasser la limite correspondante des forces productives du sol. Il n'avait pas prévu le cas de l'abstinence en vue de combler l'égoïsme.

Aujourd'hui, les femmes ayant quelques moyens ont pris l'habitude d'un grand luxe de toilette. Elles causent ainsi un double trouble social : elles activent la consommation improductive qui détruit des richesses sans en créer d'autres et fait dévier le travail de son véritable courant ; d'autre part elles donnent un exemple pernicieux à la médiocrité et font sentir plus durement son néant à la pauvreté. Ajoutons, en hors d'œuvre, que dans les grandes villes, l'excentricité de leurs toilettes les expose souvent à de honteuses confusions, dont plus de modestie les affranchirait.

Revenons à la question du travail. Il est intéressant de consigner la plainte de la citoyenne Raoult sur l'expropriation du travail des femmes par les hommes.

« Nous avons comme encouragement à nous associer, dit-elle, les résultats obtenus par les associations d'hommes ; il nous faudra beaucoup de persévérance. Nous avons beaucoup à lutter contre ceux-là même qui devraient nous protéger, et qui, tous les jours, nous prennent nos travaux les plus lucratifs. Ne voyons-nous pas tous les jours des laboureurs quitter la charrue pour devenir coiffeurs, comme si ce métier n'était pas le plus féminin de tous les métiers et ne devrait pas être exclusivement exercé par les femmes.

« Dans les magasins de nouveautés, dans les grandes maisons de couture, ne voyons-nous pas les hommes occupés à prendre des mesures, tailler des étoffes et essayer des robes et des confections. Je n'ai jamais compris qu'une femme fût assez peu scrupuleuse pour accepter qu'un homme lui essayât une robe, et pourtant il s'en trouve qui sont considérées dans la société comme très-honnêtes.

« Dans la lingerie, combien d'hommes taillent les étoffes, mesurent les dentelles, et piquent à la mécanique !

« Entrez dans une mercerie. Qui vous sert du fil, des aiguilles, des rubans, une branche de fleurs ? C'est à penser que bientôt nous serons forcées de nous mettre paveurs, charpentiers et maçons, pour remplacer ces messieurs qui nous prennent tous nos travaux. »

C'est là une spirituelle sortie ; mais on se réjouit au moins en un sens de cette élimination systématique des femmes, lorsqu'on entend le citoyen Adhémar Leclerc, sur la question douloureuse de la démoralisation de la femme. Après avoir attaqué la bourgeoisie qu'il dénonce comme trop humanisée par la galanterie de ses mœurs et pas assez par sa compassion pour l'indigence de l'ouvrière, le citoyen Adhémar Leclerc fait la grave déclaration suivante :

« Dans les villes du Nord principalement, il est de notoriété publique qu'une femme de fabrique, pour rester vertueuse, doit, avant de résister aux attaques de la rue, repousser les attaques du dedans, les plus dangereuses, celles qui ont pour moyen de réussite la menace de n'être plus occupée. »

A la vérité, il est à ma connaissance personnelle que la dépendance industrielle de la femme place souvent sa dignité dans les conditions les plus horribles. J'ai connu les secrets d'atelier d'une fabrique de boutons, située aux environs de Paris. Cette fabrique occupait une véritable compagnie de femmes. Le distributeur du travail leur distribuait également ses grâces par droit de suzeraineté et aucune ne s'était sentie la liberté suffisante pour les refuser. La tolérance des unes détermine d'ailleurs la tolérance des autres. Le mauvais exemple répété, dépouille le vice de son infamie. Ce qu'une bonne éducation première avait fait considérer comme honteux, est regardé à la fin comme une nécessité commune, une vulgarité de la vie, rabaissée à l'animalité.

Les plaintes des orateurs se sont dirigées également contre le travail dans les prisons et dans les couvents. L'idée de concurrence, bien entendu, a été l'inspiratrice de ces récriminations. C'est toujours la même erreur qui consiste à croire que les travailleurs se nuisent entre eux par leur nombre. Pourquoi ne pas pousser la logique jusqu'au bout et ne pas demander la suppression d'une partie de leur effectif par un moyen expéditif, ménageant la sensibilité générale?

Si l'idée de concurrence par le nombre est vraie, la solution est de s'entredétruire.

Il y a d'ailleurs inexactitude, à partir de cette donnée, que le travail des prisons est livré contre un salaire infime. Le règlement officiel concernant le travail des prisons, édicte que l'entrepreneur du travail pénitentiaire doit le payer au taux des salaires similaires extérieurs, sauf, en certains cas, une réduction qui ne peut dépasser un cinquième de ce taux, et que justifient des considérations relatives à la qualité et aux conditions particulières de la production. Le malheureux prisonnier trouve dans le travail un adoucissement aux souffrances de la captivité, dans ces enfers terrestres de la répression moderne; une partie de son salaire concourt à l'apaisement de ses besoins, en dehors du régime réglementaire, et l'autre partie est encaissée par l'administration comme atténuation de ses dépenses. Du reste, les chambres de commerce, auxquelles je ne prêterais pas ma confiance sur bien d'autres points, sont toujours consultées pour la fixation des prix du travail dans les prisons.

En 1848, la Commission du Luxembourg n'eut garde de ne pas réclamer l'abolition du travail dans les prisons. Il fut aboli le 24 mars 1848. Le 9 janvier 1849, l'évidence, la nécessité, le vœu, l'intérêt moral et physique des détenus, obligeaient à le rétablir.

Le travail dans les couvents, considéré indépendamment de l'esprit des corporations religieuses, est absolument irréprochable. Il est exécuté en général par des élèves qui cumulent ainsi l'instruction et l'apprentissage. Faudrait-il interdire aux enfants de travailler utilement pour la société, tout en s'exerçant à l'aptitude professionnelle? L'apprentie doit-elle être considérée comme la concurrente de sa mère, selon l'opinion exprimée à propos des couvents, par le citoyen Irénée Dauthier? De pareilles théories conduiraient directement à l'annulation des forces sociales.

Les couvents, dans l'ordre général, doivent être combattus, parce qu'ils suppriment les autonomies individuelles, spiritualisent la vie en contre-sens des destinées humaines, et atteignent le principe de la famille, par leur organisation communiste. Mais il faut s'arrêter là. En y introduisant le travail, on y a fait brèche en faveur du courant des idées modernes. Notre critique doit les épargner de ce côté.

Je reconnais bien que ce qui donne lieu à gémir, c'est le ba prix du salaire dans les couvents de France, comparé au salaire parisien. Mais cette différence existe aussi entre les ouvrières libres de province et celles de Paris. Écoutons plutôt la citoyenne Raoult :

« Je termine en priant les délégués de province, ici présents, de porter à nos sœurs des départements, l'expression de nos sympathies les plus sincères et de leur faire connaître la situation dans laquelle se trouvent les ouvrières parisiennes, par suite du bon marché excessif des travaux exécutés en province. »

La citoyenne André, déléguée de la chambre syndicale des lingères de Paris, en a dit autant au banquet qui a suivi les travaux du Congrès, dans une harangue, à l'adresse des femmes de la province.

Ces exhortations resteront fatalement sans résultat. Ni les couvents, ni les ouvrières de province n'ont la liberté d'élever leurs prix.

Il entre dans le salaire, nous l'avons vu, un élément important, qui est l'utilité. Ce qu'on a produit en utilité, a tendance à s'échanger contre une utilité égale. Or, les doses d'utilité ne sont pas les mêmes dans toutes les localités. La lingerie, par exemple, n'aura pas la même valeur d'utilité dans un petit centre de mœurs primitives, que dans un grand centre raffiné. Le travail de la lingerie, en province, pourra donc ne représenter qu'une valeur échangeable relativement faible, et le salaire qui paiera ce travail, sera lui-même, par la loi de l'équation, relativement modéré. L'industrie des transports, en amenant à Paris les produits confectionnés en province, leur fera contracter sans doute un excédant de valeur, mais cet excédant n'atteindra pas la limite de l'utilité parisienne originaire, et les salaires de Paris baisseront par phénomène d'équilibre.

L'ouvrière de Paris en souffrira, certes. Les conditions de la vie économique, sont plus dures pour elle que pour l'ouvrière de province. Celle-ci, du fait de son milieu local, n'a pas à subvenir aux frais d'une consommation excentrique. L'ouvrière de Paris, au contraire, membre d'une cité dépensière et fastueuse, doit faire face pour sa part, à l'entretien du luxe public, et elle en paye largement les frais en acquittant le prix élevé des objets de consommation qui lui sont nécessaires. Aussi, doit-elle savoir, que pour vivre honorablement à Paris, il faut, malgré sa constitution délicate, qu'elle produise beaucoup, en allongeant ses journées, ou que, par son talent, elle crée des utilités sur lesquelles règne la cherté. On ne se place pas impunément dans un milieu où la consommation est suractive. Là, le sort forcé du travailleur est de peiner parce qu'une production abondante doit venir alimenter une consommation étendue.

La graduation de la consommation dans l'échelle des localités, explique, concurremment avec la nature des utilités produites, la série des salaires inégaux suivant les lieux. Elle est la raison de la faculté qu'ont ces salaires inégaux de permettre une existence sociale à peu près égale partout et rend compte de la loi en vertu de laquelle l'intensité d'effort à laquelle est condamné le travailleur croît ou décroît avec l'importance des localités.

Aucune prière, aucun appel fraternel ne pourra rien

changer à cet ordre naturel des choses qui n'est que le phénomène de la responsabilité des milieux.

Divers orateurs ont proposé, pour remédier à la situation critique des ouvrières, l'application du principe d'association. Nous examinerons à propos de la sixième question, le rôle assigné à ce puissant agent.

D'autres, laissant à l'avenir ce qu'on peut tirer du principe d'association, ont voulu réagir sur le présent. Le citoyen Adhémar Leclere, dans cet ordre d'idées, a formulé cette série de conclusions dictatoriales :

« Le remède que j'apporte à tout cela : c'est 1° l'augmentation du salaire de l'homme ; 2° l'augmentation du salaire de la femme ; 3° la fixation des heures de travail de la femme à six heures ; 4° l'admission, dans les ateliers de couture, de la machine à coudre électrique, ou de toute autre machine qui ne demande pas le mouvement des jambes ; 5° le travail au foyer ; 6° la fondation de chambres syndicales chargées de répartir le travail entre les ouvrières en chambre. »

Cela revient à dire qu'il y a lieu de fonder l'empire industriel dans lequel l'État, puissance économique omnipotente, règlera toute la série des opérations de la production, décidera des aptitudes et les répartira, et — ce qui sera inévitable sous peine de perturbation violente — fixera pour tous et pour chacun la limite et la nature de la consommation. Saint-Simon et Fourrier avaient déjà imaginé cela ; mais moins timides, ils avaient conclu à l'institution de grands prêtres exerçant la prescience en toutes choses et décidant souverainement même en matière de mariage et de procréation d'enfants. En effet, quelle autorité autre que celle d'un Dieu aurait pu faire accepter la réglementation et l'abolition de toute liberté individuelle que suppose un pareil système d'organisation sociale ?

Le citoyen Délion se borne à proposer en ces termes, l'obligation du tarif :

« Le seul moyen qui peut nous permettre de remédier à cette situation sur laquelle j'ai beaucoup réfléchi, c'est *le tarif*, surtout si ce tarif repose sur des bases excellentes et rationnelles ; avec le tarif, dis-je, le travail est payé non plus d'après la main qui l'a exécuté, mais d'après ce qu'il vaut ; à mon sens, le tarif seul peut mettre un terme à la concurrence que le capital fait faire à l'homme par le travail de la femme. »

Le tarif obligatoire n'est possible ni par l'État, ni par la coalition des volontés ouvrières. On ne saurait tarifer, autrement que par pure fiction, des utilités essentiellement variables et qui ne peuvent s'échanger que contre des utilités reconnues égales par la délibération libre des contractants. Serait-ce en vue de l'entrepreneur que le tarif nécessairement élevé serait établi ? S'il s'y conformait il lui serait impossible de tenir devant la production libre, individuelle, qui lui ferait immédiatement concurrence et le résultat d'une pareille innovation serait évidemment d'enrayer la production et d'amener le chômage, le pire des fléaux publics et privés. Le tarif obligatoire est une erreur qu'une dure expérience, celle du maximum, a jugée sous la première République. Les esprits éclairés ne peuvent admettre qu'on la recommence.

CONCLUSIONS DU CONGRÈS

La citoyenne André présente, au nom de la 1re commission, le rapport ci-dessous adopté par le Congrès :

« Citoyens et citoyennes,

« La commission que vous aviez nommée pour étudier les différentes conclusions présentées par les orateurs qui se sont fait entendre sur la première question, traitant du travail des femmes, m'a chargée de vous lire son rapport.

« Afin de le rendre clair, elle a cru devoir le diviser en deux parties bien distinctes, vous jugerez, citoyens, si elle a atteint son but.

« PREMIÈRE PARTIE

« *Nos vœux, nos désirs, nos aspirations.*

« Le travail des femmes, citoyens, vous l'avez reconnu, au point de vue pratique, est nécessaire: sa suppression bouleverserait le système économique, vous l'avez bien compris et tous nos efforts doivent tendre à l'améliorer.

« En effet, si nous étions assez forts pour décréter ou faire décréter, en France, la suppression du travail des femmes, dans les usines, fabriques, ateliers de toutes sortes, qu'arriverait-il ? C'est que ne pouvant faire de même dans tous les pays, l'industrie française, incapable de soutenir la concurrence étrangère, mourrait, faute de production.

« Cette raison écartée, citoyens, et tout en reconnaissant le droit au travail pour la femme, nous voudrions qu'elle ne fît rien en dehors du foyer.

« Le travail de la femme dans la fabrique, l'usine et certains grands ateliers, est une atteinte aux lois qui régissent ou qui devraient régir l'hygiène; c'est la destruction de la morale, la véritable religion de l'ouvrier.

« Sans vouloir empiéter sur le travail de la commission étudiant la question des chambres syndicales, nous émettons le vœu qu'il rentre dans les attributions des chambres syndicales de femmes le droit de surveiller la morale et l'hygiène dans les ateliers de femmes employant des jeunes filles.

« Certains orateurs vous ont parlé des inconvénients présentés par le travail s'exécutant dans les couvents et dans les prisons.

« Nous vous reparlerons tout à l'heure dans notre deuxième partie du travail dans les couvents auquel nous croyons avoir trouvé un remède.

« Quant au travail exécuté par les femmes dans les maisons de détention, votre commission pense que nous ne pouvons que le déplorer.

« Quand nous aurons des législateurs sortis de notre sein, nous leur demanderons la suppression ou tout au moins une rétribution faite au tarif, et ne laissant aucune raison de bénéfice à ceux qui en profitent.

« Contentons-nous, aujourd'hui, d'exposer nos aspirations et nos vœux, en émettant le désir qu'un avenir prochain vienne les réaliser.

« Nous désirons aussi, citoyens, ainsi que la citoyenne Raoult vous l'a demandé, qu'un mécanicien humanitaire et philanthrope s'occupe de la recherche d'un agent facile, peu coûteux, destiné à remplacer la pédale de la machine à coudre (moteur électrique ou autre).

« DEUXIÈME PARTIE

« Nos vœux exposés, nous allons vous présenter des moyens pratiques et pouvant s'appliquer à l'amélioration du travail de la femme.

« 1° Création immédiate de chambres syndicales de femmes.

« 2° La durée de la journée ne devant pas dépasser huit heures, sans réduction de salaire.

« 3° La suppression du travail de nuit interdit par une loi dans les manufactures.

« La journée réduite à 8 heures, sans diminution de salaire, et la suppression du travail de nuit ayant pour résultat de répartir le travail sur un plus grand nombre,

3.

éviteront les longs chômages provenant souvent de cette activité fébrile dont le patron seul bénéficie, et forceront ce dernier, pour soutenir sa réputation de faire vite, à employer un plus grand nombre de bras. Nous demandons également que le travail de la femme, fait concurremment avec l'homme, soit rétribué également : à travail égal, salaire égal ;

« La suppression du travail dans les écoles du soir et primaires.

« 4° Le remaniement de la loi du travail des enfants dans les manufactures et son application dans les ouvroirs, couvents, prisons, fixant le minimum d'âge à 13 ans et la durée du travail à 6 heures en 3 séances.

« 5° Création d'ouvroirs laïques destinés à faire concurrence aux couvents et aux établissements du même genre, cléricaux.

« Et à ce sujet la commission vous propose la base suivante :

« Le travail rétribué largement pour les ouvrières instruisant professionnellement les enfants ; pas de dividendes ni bénéfices pour elles, ni pour aucun comité de direction ; les bénefices reconnus aux inventaires seraient partagés au marc le franc, entre les jeunes apprenties.

« 6° Création de sociétés corporatives ayant pour but d'élaborer et de mettre en vigueur les tarifs des travaux les concernant et susceptibles d'être exécutés aux pièces, s'entendant pour ce but avec les chambres syndicales.

« Nous ferons un appel aux hommes assez peu soucieux de leur dignité, pour occuper des emplois qui appartiennent à la faiblesse de la femme.

« Nous demandons également pour la femme, une éducation plus solide et qui lui permette de laisser de côté certains travaux qui ne nécessitent que la force, et qui par cela même appartiennent aux hommes ; cette éducation lui permettra d'occuper certains emplois intellectuels auxquels jusqu'alors elle n'a pu songer.

« Laissez-nous aussi, citoyens, jeter un blâme par la grande voix du Congrès, sur ces misérables, indignes du nom d'hommes, qui spéculent sur le produit du travail de leurs femmes, et en profitent souvent pour ne rien faire eux-mêmes.

« Nous terminerons en vous demandant la création d'une société protectrice de la jeunesse qui aurait, comme la société protectrice des animaux, le droit de dresser des procès-verbaux chaque fois qu'elle se trouverait en face d'infractions aux lois humanitaires s'appliquant à l'enfance et à l'adolescence. »

Les observations faites dans le cours de ce chapitre nous dispensent de reprendre en détail les conclusions de la citoyenne André. Je ne les appelle pas les conclusions de la commission parce que l'exiguité du temps a forcément investi le rapporteur, dans chaque commission, du droit de formuler plus particulièrement son opinion propre.

Je me bornerai seulement à relever, dans le travail de la citoyenne André, un point qui prouve que, malgré ses intentions novatrices, elle en est encore à la copie de certaines banalités économiques. Elle prétend ne pas vouloir supprimer le travail des femmes dans les usines, parce que la même mesure ne pourrait être prise à l'étranger ; « l'industrie française incapable de soutenir la concurrence étrangère mourrait faute de production. »

C'est une grande formule funèbre ; mais ce n'est que cela. « Soutenir la concurrence étrangère » est une vieille thèse chère à la grande industrie et qui lui a déjà valu pas mal de privilèges nationaux. La reprendre pour son compte c'est lui procurer certes le plus grand plaisir. En réalité cette opinion repose sur deux erreurs, la première, que nous avons déjà combattue, consiste à voir un danger de concurrence dans le nombre des travailleurs, la seconde est de penser que l'importation des produits étrangers peut tarir l'industrie du pays.

Toute transaction commerciale consistant en un échange d'utilités égales, comment une nation pourrait-elle recevoir de l'industrie de sa voisine sans lui rendre l'équivalent par son industrie propre? L'importation ne se subit pas. Elle s'obtient. Elle veut des facultés égales d'exportation. L'importation et l'exportation réunies forment nécessairement une équation. La théorie du solde en espèces, dont se sont gonflées si souvent les assemblées politiques, est une pleine fantaisie. D'une manière générale, et toutes les opérations avec les différents pays confondues, le solde en espèces ne se produit pas. Dans tous les cas il n'aurait aucunement la valeur d'un signe de prospérité pour la nation qui le recevrait. Les espèces sont elles-mêmes des marchandises et ne changent rien au fait de l'échange par équivalence d'utilité. Si une nation a besoin d'or, elle en importe contre d'autres produits; mais cet or ne représente pas, pour elle, un solde dans le sens d'un bénéfice acquis. Cette erreur est monstrueuse. On n'en a pas commis une plus grande en pensant que le soleil tournait autour de la terre. Les statistiques de la douane, influencées par tant de causes de perturbation, et si incertaines dans l'esprit même de ceux qui les composent, ne peuvent, avec leurs variations, être invoquées contre l'évidence. La concurrence étrangère menacera, sans doute, certaines entreprises, certains intérêts capitalistes, si la nation préfère la fabrication étrangère à la fabrication française dans une espèce déterminée ; mais, on peut être rassuré pour l'ensemble des intérêts : on ne viendra pas nous faire concurrence sur le marché si nous n'avons pas de quoi rendre en produits de notre cru. L'importance de l'importation se règle fatalement sur la mesure possible de l'exportation. En résumé, les femmes françaises peuvent tout à coup abandonner les usines si elles sont en état de le faire ; il en résultera tout au plus quelques sinistres particuliers dans le monde capitaliste, une diminution problématique de la production intérieure et, dans ce cas, un abaissement du niveau des exportations et des importations. Quant à l'industrie nationale, ses causes d'activité subsisteront entièrement, et rien, absolument rien, n'y viendra porter atteinte.

La citoyenne André s'est rencontrée, sur ce sujet, bien malgré elle, sans doute, avec un homme considérable, M. Pouyer-Quertier, qui, dans la séance de l'Assemblée nationale du 5 février 1873, fit rejeter le projet d'affranchir les femmes du travail de nuit dans les manufactures, par la raison prismatique qu'il fallait lutter contre l'Angleterre.

CHAMBRES SYNDICALES

Identités séparées de la bourgeoisie et du prolétariat. — La liberté du travail et l'isolement des forces ouvrières. — Objet des chambres syndicales d'ouvriers. — Le régime d'oppression des maîtrises et le régime de liberté des chambres syndicales.

Les intérêts communs créent des groupements naturels qui tendent à une organisation systématique dans un but de conservation et de progrès.

La féodalité a eu ses alliances. Les corps de métiers ont eu, avant la Révolution, leurs corporations, leurs jurandes et maîtrises. Le barreau a son conseil de l'ordre, les avoués, les notaires, les agents de change, les huissiers. ont des chambres professionnelles. En dehors de ces carrières fermées par le privilège, les intérêts distincts qui occupent une place dans la société, sont en général pourvus, sous des formes variées, de moyens de solidarité, d'un mécanisme collectif.

La bourgeoisie, née de la Révolution de 1789, ne peut être physiologiquement confondue dans la nation avec le prolétariat. Elle forme, par les intérêts matériels immenses, dont elle est le pivot, un incomparable organe d'impulsion, de direction et de distribution. Elle jouit de la force de rapprochement et compose un faisceau inattaquable au milieu des institutions qu'elle a fondées. Elle peut faire face, comme grande division du corps social, à toutes les nécessités de sa conservation et de son développement. Par l'association, elle solidarise ses capitaux; par son influence, elle gouverne le marché public; par son état de culture intellectuelle, elle occupe toutes les hautes fonctions dans l'État, et remplit les rangs de la magistrature comme ceux de l'armée. Sans m'arrêter ici à la question de savoir si ce départage de la puissance est absolument correct, si le jeu des mérites et des libertés, dans les personnes, a été suffisant pour en garantir la rigoureuse justice, je ne serai que rationnel en constatant que la bourgeoisie est, en fait, une identité sociale particulière, possédant dans sa plénitude la force collective.

Considérée dans la spécialité mercantile et industrielle, la bourgeoisie a pour se concerter, ses cercles d'agrément, remplaçant pour elle le café public, et ses chambres syndicales, d'une existence incontestée. Les chambres syndicales de patrons existent à l'état de véritables institutions sociales, faisant corps avec l'organisation publique générale. Les tribunaux de commerce leur renvoient couramment les affaires qui touchent aux intérêts professionnels, et l'État tient compte de leur influence.

Les ouvriers ne sont point placés dans la même situation. Leur position matérielle ne leur permet guère d'étendre leurs relations amicales, qui ne peuvent ainsi se transformer en lien de solidarité universelle. Longtemps empêchée et entravée, l'organisation assez récente de leurs chambres syndicales, n'est qu'un produit d'une tolérance indécise. Le prolétariat peut donc se prétendre lésé dans ses besoins de rapprochement, d'entente et de concours mutuel. C'est en vertu de cette situation, qu'il affirme être dommageable pour lui, qu'il réclame aujourd'hui le droit de fonder librement ses chambres sy dicales particulières.

En d'autres termes, le prolétariat demande l'abolition de l'article 2 de la loi de 1791, par laquelle la bourgeoisie révolutionnaire détruisit le privilége des maîtrises et les jurandes, et, du même coup, frappa la solidarité ouvrière.

« Les citoyens d'un même état et profession, dit cet article 2, les entrepreneurs, ceux qui ont boutique ouverte, les ouvriers et compagnons d'un art quelconque, ne pourront, lorsqu'ils se trouveront ensemble, se nommer ni président, ni secrétaire, ni syndics, tenir des registres, prendre des arrêtés ou des délibérations, former des règlements sur leurs prétendus intérêts communs. »

C'était la condamnation à l'isolement.

Les producteurs munis d'avances, ainsi armés d'un moteur économique, purent seuls triompher dans cette lutte des intérêts, impulsés tout-à-coup vers la séparation par tête et l'antagonisme. Le producteur sans crédit, c'est-à-dire le travailleur n'ayant que sa capacité professionnelle, ne put profiter pleinement des bienfaits de la liberté conquise. Sorti d'une situation abjecte par la Révolution de 1789, le prolétariat est demeuré, en France, une des divisions du corps social arrêtée dans son relèvement. La propriété n'a pas pour lui de facilité d'accession. Émancipé civilement, politiquement et moralement, le prolétaire est moins garanti peut-être aujourd'hui qu'autrefois dans la continuité de ses moyens d'existence.

L'idée du groupement des travailleurs, en réaction contre l'isolement économique, s'est élancée de l'An-

4

gleterre, sous l'inspiration de certains proscrits français, faits par le coup d'État de 1851. Le 28 septembre 1864, en effet, à Saint-Martin's Hall de Londres, était fondée la fameuse *Association internationale des travailleurs,* dont les sections s'étaient si rapidement répandues en France. Interdite maintenant par la loi française comme ayant pris depuis sa fondation un caractère dangereux pour l'ordre public, l'*Association internationale des travailleurs* a fait place, dans les préoccupations des ouvriers français, à l'organisation des chambres syndicales.

Chaque corps de métier comporte en principe une chambre syndicale distincte, élue par les ouvriers de la profession. Paris marche ainsi. Dans les régions du pays où les ouvriers d'une même profession ne forment pas un effectif suffisant, le groupement de plusieurs professions similaires donne lieu à la création d'une chambre syndicale commune.

L'objet des chambres syndicales d'ouvriers, dans la pensée des travailleurs, déjà exprimée par la délégation ouvrière de 1867 à l'exposition universelle de Paris, serait de faire contre-poids à l'organisation formidable, disent-ils, des chambres syndicales des commerçants et des fabricants. Composées de syndics choisis par les ouvriers compétents, elles fourniraient des experts autorisés pour les affaires soumises à la juridiction des prud'hommes, des juges de paix et des tribunaux de commerce; elles donneraient des arbitres pour les règlements d'ateliers, l'emploi des matières insalubres, l'état des outils, machines et ateliers ; elles fonctionneraient pour la garantie des inventions faites par des ouvriers, l'organisation de l'enseignement professionnel et mutuel, la surveillance paternelle des contrats d'apprentissage ; elles résoudraient, à l'usage de tous, les problèmes relatifs au taux et à la variation du salaire ; elles centraliseraient les informations, renseigneraient et conseilleraient ; enfin, elles mettraient en œuvre les moyens propres à fonder et multiplier les associations de prévoyance et les sociétés coopératives de production, point culminant de l'agitation ouvrière.

Les chambres syndicales ouvrières obtiendraient l'attention des législateurs pour la réforme des lois gênant le travail ou la liberté des travailleurs. Le Congrès a fourni lui-même la preuve de cette consultation politique. Conseil improvisé de la classe ouvrière, plusieurs de ses membres ont été invités par un groupe important de députés de la Chambre, à venir présenter leurs observations sur le projet de loi tendant à donner désormais un caractère légal à l'institution des chambres syndicales.

La délégation ouvrière à l'exposition universelle de 1867 avait montré, antérieurement, l'influence considérable que peut exercer une représentation organisée des intérêts des travailleurs. Cette délégation qui, pendant plus d'une année, grâce à un essai de tolérance du pouvoir politique, a tenu ses séances dans le bâtiment des écoles communales du passage Raoul, à Paris, a signalé son passage par un fait énorme dans l'ordre législatif. Elle a réclamé auprès des pouvoirs publics et obtenu l'abolition de l'article 1781 du code civil, qui consacrait la servitude morale de la classe ouvrière, en accordant aux patrons, devant les tribunaux, le privilège d'être crus sur leur simple affirmation dans les litiges relatifs aux salaires. La délégation ouvrière avait aussi amené à maturité la question de la suppression des livrets.

Le livret ouvrier doit être demandé au bureau de police, et cette obligation atteint les femmes aussi bien que les hommes, même les femmes qui veulent travailler dans leur chambre, quand c'est d'un patron qu'elles doivent obtenir de l'ouvrage. Le livret suit l'ouvrier dans tous ses déplacements d'atelier et de localité ; il reçoit la mention des redevances dues au patron ; il est l'œil policier toujours ouvert sur la personne du titulaire ; il est la chaîne qui lui rappelle, à tous les instants, l'infériorité de sa condition. « Celui qui voyagerait sans être muni d'un livret, dûment visé, dit l'article 3 de l'arrêté du gouvernement du 9 frimaire an XII, pourra être réputé vagabond et être arrêté et puni comme tel. » L'empire, mis en demeure par les délégués du passage Raoul, avait, à la veille de son effondrement, préparé, dans une procédure solennelle, la suppression des livrets. L'Empereur avait présidé lui-même, pour cet objet, le Conseil d'Etat auquel il avait adressé un discours destiné à un retentissement intéressé. Dès ce jour, d'ailleurs, la formalité du livret perdit dans la pratique son caractère rigoureux d'obligation. Mais les événements suspendirent le travail de réforme législative commencé. L'idée n'a été reprise depuis par aucun homme politique. L'initiative des chambres syndicales ouvrières y pourvoira, car l'envie de guérir le mal vient, à coup sûr, à ceux qui en souffrent.

Certains esprits s'effraieront de la puissance de commandement que pourraient prendre les chambres syndicales ouvrières à l'égard des travailleurs de leur ressort. Ils tiendront ces organes nouveaux comme la force exécutive du prolétariat organisé et, partant, comme dangereux pour l'ordre dans les relations industrielles. Ces craintes doivent tomber devant cette considération que les chambres syndicales ouvrières ne disposeront d'autre moyen d'action que la force morale. Or, dans ce domaine, il est rationnel que leur influence fasse équilibre aux autres influences établies en face d'elles. La plus grande somme de justice se trouve précisément dans la pratique plénière des libertés réciproques.

Les maîtrises, avant la Révolution, comportaient le droit de contrainte matérielle. La liberté des professions n'était pas permise. La dissidence n'était pas autorisée. La force publique était à la discrétion de la maîtrise.

« Le travail considéré comme domanial était absorbé par les communautés qui seules patentées, avaient le droit de faire le commerce. On les appelait le collège des six corps, et leur fédération était un droit tellement reconnu que Savary disait : *Il faut les considérer comme les canaux par où tout le commerce doit passer*. Leur devise était un hercule assis et faisant des efforts inutiles pour briser un faisceau de six baguettes ; ce faisceau était le symbole de leur union et de leur monopole. Cette fédération donnait licence d'apprentissage et de maîtrise ; sans sa permission, il était impossible de travailler et le génie de l'ardeur venait inutilement solliciter le droit au travail, qui était le droit de vivre. » (V. Avril, *Histoire philosophique du crédit*).

Aucune comparaison ne peut donc être établie entre les anciennes maîtrises arc-boutées de leurs tribunaux corporatifs qui portaient le nom de jurandes et les moyens de concert amiable que les ouvriers veulent instituer sous le nom de chambres syndicales.

LES DÉBATS DU CONGRÈS

Théorie du groupement. — Appréciation du projet de loi sur les chambres syndicales. — Mélange du collectif et du personnel. — Le citoyen Dupire et l'allongement de la journée de travail causé par l'introduction des machines. — Intervention de l'autorité. — Effets meurtriers de la mode sur le travail.

Ce qui a été dit par les orateurs du Congrès sur la question des chambres syndicales ressemble étonnamment à ce qui avait été dit sur la question du travail des femmes, et à ce qui sera dit sur les autres questions. Le fond de tous les discours est invariablement la peinture attristante de la situation de l'ouvrier et l'exhortation sentimentale à des organisations solidaires. Je détache ce qui peut être utile à citer.

Sur l'influence pratique des chambres syndicales, le citoyen Bonne, délégué de la chambre syndicale de Roubaix, cite l'exemple suivant :

« Je vous dirai qu'à Roubaix, avant l'existence de la chambre syndicale, nous avions des prud'hommes élus par 80 ou 70 électeurs. Depuis cette époque, notre liste a obtenu une majorité de 600 voix sur la liste concurrente. Par conséquent, 600 électeurs de plus ont pris part à cette élection. »

Sur l'origine du droit syndical, le citoyen Daniel, au début de son discours, fait cette claire exposition qu'il importe de reproduire parce qu'elle donne une idée de la direction de l'esprit ouvrier dans l'ordre des arguments :

« Citoyens, la question à l'ordre du jour est celle des chambres syndicales.

« Avant la Révolution, les intérêts étaient groupés, le groupement datait du moyen-âge.

« Il y avait alors ce que l'on appelait les communautés agricoles et les communautés d'artisans, c'est-à-dire que ceux qui travaillaient la terre formaient des communes, et ceux qui exploitaient le commerce et l'industrie des corporations.

« Qu'on ne s'y trompe pas, citoyens, ces corporations et ces communes n'étaient pas autre chose que ce que nous appelons aujourd'hui des chambres syndicales, mais avec cette différence que les chambres syndicales que nous réclamons, sont imprégnées de l'esprit de liberté et d'égalité, tandis que celles de l'ancien régime reposaient sur le privilége, ou si l'on aime mieux, sur la domination du seigneur ou du patron.

« Je n'ai pas à m'occuper de la facon dont ces communautés étaient dirigées ou gouvernées; je tiens simplement à constater que les intérêts étaient groupés, qu'ils étaient légaux, qu'ils avaient une vie propre et que de ce groupement, il pouvait résulter des bienfaits considérables.

« La Révolution aurait donc dû consister à mettre l'égalité et la liberté dans ces chambres syndicales industrielles ou agricoles du privilége. »

Les orateurs qui ont parlé du projet de loi présenté par des députés libéraux pour donner une existence légale aux chambres syndicales, n'ont pas été tendres pour ce projet, ni pour ses auteurs. D'après la proposition, les syndicats seraient astreints à faire auprès des maires, préfet de police et procureurs de la République, le dépôt de leurs statuts et la déclaration du nom et de l'adresse de leurs membres. Tous les ans renouvellement obligatoire de la même formalité. A défaut amende de 16 à 200 fr.

Le citoyen Donnay, délégué de la chambre syndicale des mécaniciens de Paris, s'exprime ainsi à ce propos :

« Ces deux articles suffiraient à nous faire repousser le projet ; c'est un nouveau traquenard, que nous pouvons comparer, toutefois, avec des circonstances aggravantes, à la loi du 22 juin 1854 sur les livrets ; c'est une loi de police d'un nouveau genre, et nous ne ferons pas aux conseils syndicaux l'injure de croire qu'ils consentiront à devenir les auxiliaires de la préfecture de police et des parquets.

« Nous estimons que ces deux articles auraient pour conséquence immédiate la désagrégation des chambres syndicales, et qu'au bout de quelques mois, elles seraient complétement anéanties. »

« Nous refusons donc de tomber dans cet immense filet qui nous est tendu d'une façon si naïve et si peu scrupuleuse. »

De son côté le citoyen Daniel ajoute :

« Ce projet a posé aux associations de travailleurs des conditions qu'on ne demande jamais aux associations de capitaux, aux associations religieuses, et même aux associations civiles. »

Ces critiques me paraissent sévères. Il arrive assez souvent à ceux qui n'ont pas la pratique des choses de ne les trouver bonnes et acceptables que telles qu'elles seraient sorties de leur cerveau vierge. Peut-être ces regrets de paternité ont ils eu leur part, dans la circonstance.

Peut on espérer qu'une société politique habituée de longue main à ne voir sa sécurité que dans l'excès de la réglementation, va jeter par-dessus bord même une garantie aussi minime en elle-même que celle de la déclaration relative au personnel ?

En y réfléchissant, je puis imputer l'irritation des orateurs au souvenir des persécutions, visites domiciliaires, arrestations préventives, que, dans les temps de trouble, le malheur d'avoir figuré sur une simple liste de camarades attirait.

Mais cette considération, de l'ordre sentimental, ne peut malheureusement être invoquée en matière d'exigences administratives normalement acceptables.

Où les orateurs du congrès me paraissent avoir eu l'occasion d'une grande supériorité de raisonnement sur les auteurs du projet de loi, c'est en discutant la disposition en vertu de laquelle les syndicats de patrons et d'ouvriers réunis pourraient conclure des conventions professionnelles engageant personnellement, pour cinq ans, les adhérents des sociétés contractantes. En effet si quelque chose pouvait rappeler la tyrannie des maitrises et jurandes, ce serait bien cette obligation de vivre pendant cinq ans, sous prétexte de stabilité, d'ordre et de garantie, sous un régime économique résultant d'une simple délibération de syndics. Traiter juridiquement pour un troupeau, enchaîner toutes les libertés individuelles par la décision de quelques uns, tel est le tableau. On peut s'étonner de voir que l'atteinte au principe de la liberté individuelle du travail parte de ceux-là mêmes qui paraissent assez souvent redouter pareille erreur dans la classe ouvrière.

Un travail remarquable tant par la force de la conception que par la connaissance des points de doctrine et le classement des idées, s'est fait jour dans le débat. Il s'agit d'un discours du citoyen Dupire, non lu par suite d'arrivée tardive du tour de parole, mais que la publicité quotidienne a reproduit.

Le citoyen Dupire, délégué de la chambre syndicale des tailleurs de Paris, a signalé comme mission pressante des chambres syndicales, leur action persuasive pour amener la réduction de la durée de la journée de travail.

L'excès de la journée de travail chez les uns, d'après lui, crée le chômage pour les autres. L'introduction des machines dans l'industrie, a produit l'abréviation du travail et racheté le travailleur de l'accablement physique ; mais d'autre part la vitesse des machines a condamné l'ouvrier à l'accélération dans la production. Ne pouvant multiplier l'intensité de ses efforts, il a rétabli l'équilibre par l'allongement de la journée de travail. Un supplément de durée, dans la journée de travail, équivaut à la suppression du travail pour un certain nombre. De là, la progression du chômage.

Le citoyen Dupire, appartenant à l'industrie du vêtement d'homme, rappelle que, d'après des statistiques, dressées par la chambre de commerce de Paris, la durée du chômage annuel dans cette industrie était de deux à quatre mois en 1846, avant l'usage des machines à coudre, tandis qu'en 1860, cinq ans après l'apparition de la machine à coudre, le chômage était de quatre à six mois.

« Aujourd'hui, dit-il, la durée du chômage est encore augmentée, et on peut affirmer qu'elle est au moins de sept à huit mois. J'en appelle au témoignage de tous les ouvriers tailleurs, et tous vous diront que les deux bonnes saisons qui existent n'ont, pour chacune d'elles, que deux mois ou deux mois et demi de durée. Le reste du temps est employé, soit au chômage complet, soit à exécuter des produits de pacotille, dont le salaire est insuffisant pour faire vivre l'ouvrier. »

Il n'y a point à prétendre, d'après le citoyen Dupire,

que les machines par leur vertu créatrice augmentent la quantité des produits et rendent la consommation plus accessible à la masse. A si bas prix que soient les objets de consommation, l'ouvrier ne peut les acquérir si le chômage lui retire son salaire. D'autre part les machines n'ont pas pour simple effet de déloger les ouvriers d'une industrie pour les reverser dans une autre. Les ressources du sol sont limitées. On ne peut par exemple obtenir de l'action féconde de la terre plus de matière textile sans sacrifier d'autres plantations et par conséquent sans produire moins de vins ou de matière à soie. On ne peut pas plus fabriquer de souliers que la quantité des cuirs, limitée par les animaux vivant sur des pâturages eux-mêmes limités, ne le permet. Les machines ne déplacent pas l'ouvrier ; elles le laissent sans gîte. Pourquoi ? par ce que ce n'est point l'ouvrier qui profite des abréviations de la machine et parce qu'au lieu de conserver le même personnel le fabricant, outillé plus puissamment, le diminue en allongeant la journée de travail de ce qui reste. Il faut donc par l'entente et la coalition légale viser à l'acceptation par les patrons de la réduction de la journée de travail afin que l'ensemble des travailleurs puisse être occupé.

A l'appui de sa manière de voir le citoyen Dupire raconte ce qui suit :

« Au moment de l'invasion allemande, en septembre 1870, les usines se sont fermées à peu près complètement dans les pays envahis ; c'est ainsi que les fabriques de tissus qui existent à St-Quentin et dans les environs de cette ville, cessèrent de produire et renvoyèrent leurs ouvriers. Les travaux suspendus, la misère fut grande dans ce pays où l'industrie des tissus est l'unique ressource des travailleurs.

« Cependant, quelque temps avant l'armistice, quelques usines rouvrirent leurs ateliers et un tiers à peu près de la masse totale des ouvriers inoccupés y rentrèrent; les deux autres tiers erraient par les rues, attendant leur tour; mais la détresse les força à aller offrir leurs bras au rabais aux gérants des usines ouvertes; ces derniers les acceptèrent, en renvoyant les premiers ouvriers d'abord entrés.

« C'est ainsi que la misère forçant les ouvriers à se faire concurrence entre eux, poussés qu'ils étaient par la faim, qu'il faut satisfaire à tout prix, ils en étaient arrivés à offrir leurs bras pour une vingtaine de sous par jour pour une journée moyenne; or, comme cette somme était insuffisante pour les faire vivre, ils étaient obligés de prolonger leur présence à l'usine jusqu'à 22 heures par jour pour ne pas mourir de faim. C'est alors que le préfet de l'Aisne, apprenant cette situation, à savoir qu'une partie des tisseurs travaillaient de 18 à 22 heures par jour, lorsqu'une autre partie chômait faute de travail; c'est alors, dis-je, que le préfet de l'Aisne rendit un arrêté aux termes duquel il était interdit aux ouvriers qui travaillaient de prolonger leur journée à l'usine au-dessus de 10 heures par jour.

« Cet arrêté fit l'effet d'un coup de baguette magique, car, dès le lendemain de son application, un seul ouvrier ne pouvant plus faire le travail de deux, les ouvriers en chômage eurent accès dans les ateliers et y rentrèrent de suite. »

Le citoyen Dupire a formulé ainsi ses conclusions :

« Les chambres syndicales ouvrières sont invitées à concentrer tous leurs efforts en vue de diminuer la durée générale et normale du travail dans toutes les professions, et en même temps de faire augmenter le salaire de l'ouvrier.

« Les chambres syndicales ouvrières doivent user de toute leur influence pour entraver la concurrence que font aux hommes les femmes mariées et les enfants dans les usines, ateliers, fabriques et manufactures.

« Les dites chambres syndicales ouvrières useront également de toute leur influence pour faire passer ces idées dans les esprits et faire accepter ces principes par l'opinion publique. »

La force morale et de propagande des compagnies syndicales, à laquelle le citoyen Dupire a pensé, n'est pas un levier imaginaire. L'idée est le plus grand moteur de ce monde et les effets de sa propagation sont incompressibles. Mais l'on peut demeurer incertain que le mal et le remède soient tels qu'ils ont été vus.

Les mécaniques remplissant l'office des bras des travailleurs, lorsqu'elles surviennent, c'est comme si le nombre des ouvriers d'une partie venait soudainement de s'accroître. Il en résulte une faculté d'abondance du produit intéressé qui en tempère l'utilité ou valeur échangeable. Le travailleur dès lors voit son salaire s'abaisser, puisque, comme nous l'avons vu à propos de la question du travail des femmes, le salaire, n'est que la représentation de l'utilité correspondante qu'on peut exiger d'autrui. Par cette raison, dans le cas qui nous occupe, la dépression du salaire est inévitable.

L'effet dommageable ne se rectifie que par la désertion d'un certain nombre de travailleurs passant dans une autre partie. La limite de production de l'espèce se trouvant ainsi ramenée au point normal pour chaque tête de producteur, le salaire redevient rémunérateur en même temps que la plus grande quantité des produits, conséquence du fonctionnement des machines, étend le bien être général.

Maintenir le même nombre de travailleurs concurremment avec les machines et vouloir, non pas seulement conserver le taux des salaires, mais l'élever, est une impossibilité contre laquelle les arrêtés des préfets ne pouraient absolument rien. Les prescriptions de l'autorité publique peuvent sans doute intervenir pour activer des transactions devenues nécessaires entre le capital et le travail, mais elles seraient impuissantes a changer le rapport forcé des choses.

Si la juste répartition des produits est une solution du problème social, la juste répartition du travail en est une autre non moins indispensable. Au fur et à mesure que les machines envahissent le travail industriel, elles permettent d'utiliser des matières appropriables auparavant délaissées et qu'on s'était habitué à considérer comme vides d'utilité. Non-seulement elles multiplient indirectement les matières premières, mais encore, par les transports rapides et considérables qu'elles permettent dans leur application à la locomotion, elles font entrer, dans le domaine de la consommation, des produits que la nature donnait en pure perte jusque-là. Nous sommes loin d'avoir épuisé toutes les conquêtes du génie moderne dans ce sens. Les travailleurs, expulsés d'un côté par le progrès, ont largement de quoi se retourner dans les nouvelles voies ouvertes à l'activité humaine. La limitation des richesses naturelles est une désespérance trop hâtive. Les campagnes manquent de bras. C'est l'opposé de l'encombrement des travailleurs.

Existant en principe, le danger de l'encombrement des travailleurs justifierait les grosses armées permanentes, qui neutralisent la concurrence ouvrière, et la guerre, qui la supprime.

La répartition du travail en nombre, en nature et en temps, peut éviter bien des crises. C'est avec juste raison que le citoyen Dupire se plaint que l'industrie du vêtement a son activité concentrée comme par accès dans de courtes périodes de l'année.

Le règne de la mode, pour une forte part, le veut ainsi. Le dernier modèle provoque la fièvre des commandes, tandis qu'entre temps toutes les déterminations de la consommation restent suspendues. Il faut s'exténuer à faire dans un court intervalle ce qui eût été l'œuvre normale de la succession du temps.

Mais la mode pétulante, ne poursuivant que des satisfactions idéelles, peut être justement refrénée dans ses ardeurs par la libre coalition ouvrière, résistant au travail précipité et imposant une meilleure répartition du temps. La même opinion peut être exprimée au sujet de toutes les exigences excessives auxquelles la consommation, servie par un excès de concurrence, s'est accoutumée. Certains travaux d'imprimerie et la fabrication du pain, pendant la nuit, sont dans ce cas. Nous voulons avoir chaque matin, à notre lever, notre journal, notre café au lait et notre petit pain. Nous ne réfléchissons pas que nous n'obtenons ces satisfactions impatientes qu'en imposant aux autres le martyre dans le travail.

La consommation n'a pas plus le droit d'abus que la production. Il appartiendra précisément aux chambres syndicales d'ouvriers de convertir l'opinion publique à ces vérités à peine entrevues aujourd'hui.

CONCLUSIONS DU CONGRÈS

Le citoyen Charvet, teinturier, délégué de la commission centrale de Lyon, au nom de la deuxième commission, présente le rapport ci-dessous, adopté par le Congrès :

« Citoyens et citoyennes,

« L'utilité de la création des chambres syndicales ayant été démontrée au Congrès avec beaucoup de talent par les citoyens Bonne (de Roubaix), Pessoy (de Besançon), Dufaux (de Bordeaux), Vonnois (de Marseille).

« Les neuf membres nommés en assemblée générale, pour étudier les rapports des orateurs, ont établi des conclusions définitives qui doivent être soumises à votre appréciation.

« Considérant que les conclusions des citoyens Donnay (de Paris), Daniel (de Paris), Boissonet (de Saint-Etienne), Charvet (de Lyon), ont été approuvées moralement par vous ;

« La commission soumet à votre approbation les conclusions suivantes :

« Art. 1er. — Abrogation des articles 291-292-293-291 du Code pénal, ainsi que des autres lois restrictives contre la liberté de réunion et d'association.

« Art. 2. — L'abrogation de ces quatre articles nous rendant la complète liberté de réunion et d'association, nous demandons le retrait du projet de loi, déposé à l'Assemblée, réglementant les chambres syndicales.

« Considérant que le temps nous manque pour développer longuement nos conclusions, nous proposons qu'il soit nommé une commission spéciale, composée de délégués de Paris, chargée de présenter à nos députés les plus autorisés les délibérations du Congrès, afin que nos revendications soient défendues par nos législateurs, et que le prochain Congrès nous trouve prêts à soutenir la question sociale, qui est la base fondamentale de toutes les sociétés. »

LES CONSEILS DE PRUD'HOMMES

Fonctionnement des prud'hommes. — Le salarié inhabile de par la loi à être partie dans un contrat. — Idée de la justice arbitrale.

Les tribunaux civils et de paix sont pourvus de l'omnipotence de compétence. Ils jugent en matière civile commerciale et professionnelle. Cependant, les intérêts commerciaux et professionnels exigeant, de la part des juges, le sens que donne la pratique même des choses, la loi a prévu l'installation de tribunaux de commerce et de conseils de prud'hommes sur les points locaux où les intérêts de cette nature se trouvent groupés en grand nombre.

Les attributions des prud'hommes consistent à terminer les différends qui s'élèvent entre les fabricants et les ouvriers, entre les chefs d'atelier et les compagnons ou apprentis, au sujet de leurs obligations réciproques.

Les prud'hommes ont un bureau de conciliation dont les solutions sont acceptées dans le plus grand nombre des cas.

Lorsqu'ils sont requis de juger, leur juridiction s'exerce sans forme de procédure et sans frais.

Ils sont élus pour six ans dans des assemblées électorales composées de patrons et d'ouvriers, les patrons devant choisir les prud'hommes ouvriers à nommer, et les ouvriers les prud'hommes patrons. Le vote a lieu par catégories professionnelles similaires. Les électeurs doivent avoir trois années de domicile. L'identité de l'électeur, en ce qui concerne les ouvriers, a pour preuve le livret.

Le conseil des prudhommes, dans les audiences de jugement, doit être composé d'un président ou d'un vice-président et d'au moins quatre autres membres dont deux de la série des patrons et deux de la série des ouvriers. Les présidents et vice-présidents sont nommés par l'administration publique. En cas d'absence du président ou du vice-président, la présidence ne peut être exercée que par un prud'homme patron.

Les domestiques sont exceptés de la juridiction des prud'hommes, par cette raison que les juges de paix, dans la pratique ordinaire de la vie, ont les moyens personnels de se former une compétence sur les rapports d'intérêts entre les maîtres et leurs domestiques. Les employés des agences de toutes sortes, des compagnies d'assurances et de chemins de fer, des banques, sociétés de crédit et autres analogues ne relèvent pas non plus de la juridiction des prud'hommes, ces agences, compagnies, sociétés et maisons n'étant pas assimilées aux fabricants ou marchands.

L'appel d'un jugement rendu par les prud'hommes est porté devant le tribunal de commerce.

Les prud'hommes, pour être aptes, n'ont point à faire d'études juridiques. Le code civil, à l'égard du louage des services, qui est la modalité sociale des ouvriers et employés, ne contient que cet article :

« Article 1780. — On ne peut engager ses services « qu'à temps ou pour une entreprise déterminée. »

Cette réglementation expéditive a eu la prétention de traduire juridiquement le principe de l'interdiction du servage, en ne permettant pas la perpétuité de la location des services. Mais c'est une arme à deux tranchants. Si d'une part elle protège le travailleur contre des engagements qui enchaîneraient indéfiniment sa liberté économique, d'autre part elle sépare ses intérêts de ceux de l'entreprise générique et durable à laquelle il consacre son temps et sa force. Elle lui fait pour condition normale l'instabilité et l'insécurité. Son sort ne peut être lié à la prospérité de l'œuvre à laquelle il contribue. On l'occupe sans que l'obligation de le conserver naisse en principe de la ponctualité et de la persévérance de ses services. Le lien qui le rattache à son travail peut être brisé à la volonté d'une seule des parties. La loi n'admet pas le quasi-contrat (article 1371 du code civil) en matière de louage des services. Quelques employés arbitrairement révoqués, cessant de courber la tête, ont cru pouvoir porter leur cause devant les tribunaux. Déboutés, ils ont appris que l'article 1780 les rend libres en n'obligeant personne à leur égard. Tout contrat stipulant la durée en faveur du salarié est nul en droit.

Les prud'hommes, enfermés dans cette législation étroite et simple, puisent dans leur fond d'équité les éléments de leurs résolutions.

Ce n'est pas qu'à mon sens il y ait lieu de regretter que nous n'ayons pas un code de plus, le code du travail. En principe, la justice est un péril, non point par son fait propre, mais par la difficulté et l'incertitude humaine de ses informations. Elle prononce en conscience. Elle ignore si elle a été dans la vérité pure ;

elle sait seulement avoir été dans la vérité nécessaire, celle qui résulte des faits révélés et de l'obligation, d'ordre public, de juger entre les parties. L'idéal d'une société pratique doit être d'y recourir le plus rarement possible. D'autre part, si la loi écrite, l'infinité des textes sont une garantie de justice égale et un soulagement de responsabilité pour le juge, ils sont aussi une cause de confusion et d'embarras et font infléchir la justice vers la lettre aveugle. L'inconvénient, ici, ne dépasse-t-il pas l'avantage ?

Quand il est absolument besoin de recourir à la justice, une juridiction arbitrale, comme celle des prud'hommes, s'inspirant du droit rationel et dégagée de procédures formalistes, est peut-être la meilleure.

La loi accorde aux prud'hommes le droit de surveiller l'emploi des enfants dans les manufactures. Ils reçoivent une indemnité modique, soit par jetons de présence pour les audiences de jugement, soit sous forme d'allocation fixe, selon les localités. Les frais de fonctionnement des conseils de prud'hommes sont à la charge des communes.

LES DÉBATS DU CONGRÈS

Marche des idées de réforme. — Les fonctions de juge sont nécessairement une profession sociale. — Vue générale sur le partage des attributions officielles. — Les attributions législatives appartiennent à tous. — Les attributions exécutives appartiennent aux carrières professionnelles. — Critique de la gratuité de la justice. — Le prestige des insignes.

Sur la nomination des présidents et vice-présidents des conseils de prud'hommes, le citoyen Vernet, ouvrier mécanicien, l'un des organisateurs du Congrès, s'est rendu l'organe de la pensée unanime en formulant cette critique :

« Puisque les conseils de prud'hommes sont composés mi-partie ouvriers, mi-partie patrons, il faudrait que les intérêts en présence fussent sur le pied de l'égalité. Or, il n'en est rien. Dans le conseil de *prud'hommes*, cette égalité est illusoire et pour deux raisons, la première, c'est que le président et le vice-président de ces conseils ont voix prédominante en cas de partage, et qu'ils sont toujours choisis par le gouvernement parmi les patrons. »

La réforme à réaliser, dans ce sens, devrait être facile à obtenir si les précédents laissés par l'Empire devaient, en cette matière, exercer une influence. En effet, dans son journal *le Peuple*, consacré à la propagande de la démocratie césarienne, l'Empire, à la date du 22 mars 1869, annonçait la double intention de procurer une existence légale aux chambres syndicales et de soumettre la nomination des présidents et vice-présidents des conseils de prud'hommes à l'élection. Mais la politique du jour est plus dure aux revendications ouvrières. Quelque temps après la clôture du Congrès, la Chambre des députés, saisissant une occasion rare de témoigner de son intérêt aux travailleurs, rendit une loi accordant aux bureaux des prud'hommes la nomination de leurs présidents et vice-présidents. Cette loi n'a qu'entrevu le jour. Le Sénat en a fait tomber successivement tous les articles, sans en excepter un seul, afin qu'elle ne puisse pas même, comme l'a fait observer un sénateur, retourner en réparation à la Chambre des députés. (Séance du sénat du 1er mars 1877.)

Les conditions restrictives de l'électorat n'ont pas manqué d'être attaquées par les orateurs du Congrès.

Le citoyen Castaing, délégué de la chambre syndicale des cordonniers de Bordeaux, dit à ce sujet :

« La loi porte que pour participer à l'élection d'un membre du conseil des prud'hommes, il faut trois ans de domicile, tandis qu'il suffit de six mois de domicile pour être un électeur politique. C'est là une anomalie, car il en résulte que les hommes les mieux intentionnés, les plus aptes à émettre un vote intelligent au point de vue de la justice pratique se trouvent ne pouvoir pas le faire. Je demande que la durée de domicile soit réduite de trois ans à six mois, comme cela existe pour l'électeur politique. »

Indépendamment des limitations légales de l'électorat, l'obligation du livret et peut-être le mal affreux de l'indifférence chez un grand nombre d'ouvriers, contribuent à réduire le corps électoral ouvrier des prud'hommes à des proportions très-faibles.

A ce propos, le citoyen Houdinet, délégué de la chambre syndicale des menuisiers en bâtiment de Paris, fournit le renseignement suivant :

« Je dois, citoyens, vous donner communication d'une note que me fait parvenir mon camarade Delhomme, des prud'hommes. 4,000 patrons, presque la totalité votent dans les élections, tandis que sur 200 corporations comprenant 150,000 ouvriers, on compte à peine 5,000 électeurs. Ces chiffres n'ont pas besoin de commentaires. »

La délégation ouvrière à l'Exposition universelle de 1867 avait été plus loin que le Congrès dans la question de l'élargissement du cadre électoral. Son projet de réorganisation générale des conseils de prud'hommes accorde l'électorat même aux étrangers comme ayant, au point de vue de la juridiction du travail, des intérêts identiques à ceux des ouvriers nés français. L'article 12 de ce projet, article qui n'eût peut-être point vu le jour, dans la plénitude de son texte, quelques années plus tard, était ainsi conçu :

« Sont électeurs tous ouvriers, *sans distinction de* « *nationalité*, âgés de 21 ans et ayant six mois de do- « micile. Ils sont éligibles à 25 ans. »

La création de conseils de prud'hommes sur toutes les parties du territoire est un vœu très-ardent de la population ouvrière française. Le citoyen Castaing s'en est fait l'écho en s'exprimant ainsi :

« Pourquoi demandons-nous que les conseils de prud'hommes soient répandus sur toute la surface de la France? C'est que dans la plupart des chefs-lieux de département, d'arrondissement et de canton, les questions de travail ressortent de la juridiction des juges de paix, et tous les justiciables, tailleurs, charpentiers, tailleurs de pierre, relèvent de lui, et je vous demande si les juges de paix peuvent être compétents pour juger les différends entre ouvriers d'une partie ou d'une autre? Cela n'est pas possible parce qu'ils n'ont pas appris d'autre métier que celui d'écrire. »

Une autre question importante est celle de l'indépendance des prud'hommes ouvriers. Trois causes peuvent la contrarier : le temps qui leur manque pour façonner leur esprit aux difficultés de leur tâche de juge, l'isolement où les place l'insuffisance de l'organisation syndicale ouvrière, et, enfin, l'infériorité des ressources pécuniaires.

En ce qui regarde le point d'appui à prendre sur les chambres syndicales ouvrières, la solution est dans le zèle des corporations ouvrières à les multiplier et dans l'amendement de la loi qui leur donnera le droit à la vie légale, et en fera, par suite, les auxiliaires compétents des conseils de prud'hommes.

Quant à la disposition du temps et à l'infériorité des ressources personnelles, c'est un inconvénient qui atteint le droit populaire à l'égard de toutes les fonctions électives. C'est un vice qui tient à l'état social général et qui ne se guérira qu'avec le temps et un autre plan de vie publique.

« Pour les fonctions considérables qu'ils ont à remplir, et qui demandent des pertes énormes de temps, dit le citoyen Vernet, les prud'hommes ouvriers ne sont pas rétribués.

« A Lyon, les prud'hommes touchent 1,000 fr. par an ; à Roubaix, 200 fr.; à Bordeaux, ils reçoivent un jeton de présence de la valeur de 3 fr.; mais, à Paris, où le service est considérable, où cinquante-deux prud'hommes doivent régler tous les différends qui s'élèvent entre patrons et ouvriers dans près de neuf cents industries, le prud'homme ouvrier ne reçoit qu'un jeton de présence de 5 fr. pour les séances officielles seulement, et, qu'on le remarque, il ne reçoit aucune indemnité pour les expertises, les conciliations et la surveillance des apprentis dont il est chargé.

« Ce qui fait que le prud'homme ouvrier touche par an la valeur, en moyenne, de 120 fr. pour une perte réelle de 75 journées de travail, sans compter naturellement les frais de déplacement auxquels il est obligé. »

Ces remarques établissent, en effet, que le prud'homme ouvrier est pourvu d'un honneur fort lourd à porter pour lui. Aussi l'exactitude à siéger des prud'hommes ouvriers laisse-t-elle beaucoup à désirer.

« Il y a des catégories, dit le citoyen Houdinet, où, sur trente professions, trois ou quatre seulement se présentent au Conseil. »

Mais l'attribution d'un traitement sérieux aux prud'hommes pris parmi les travailleurs ne remédierait pas à l'incapacité sociale des éligibles et des élus. On a pris l'habitude, pour le besoin de posséder une formule de revendication, de demander la rétribution de toutes les fonctions électives. En allant au fond de la question on trouve que cette solution n'en est pas une.

Tout citoyen est, avant tout, une individualité économique qui doit à la société une application systématique, c'est-à-dire utile de ses facultés. En d'autres termes, son concours professionnel est d'obligation. L'habileté, dans la profession, ne s'acquiert et ne se conserve que par la pratique continue. Les intérêts du travailleur, d'un autre côté, ne prennent un caractère quelconque de fixité, c'est-à-dire de sécurité, que par la persistance des relations dans un même rayon d'activité sociale. Sortir l'individu de sa sphère économique pour lui attribuer des fonctions électives, c'est, — abstraction faite des individualités rentières, — briser la trame de sa situation et le placer en face des périls de l'avenir. La rétribution qu'on pourra lui accorder pendant l'exercice de son mandat ne satisfera qu'un besoin temporaire sans rien garantir au-delà Qu'elle ne sera pas son inquiétude, si, outre les incertitudes de l'avenir, au bout d'une période déterminée, plus ou moins étendue, il est sujet, comme le voudraient certaines nécessités, à être révoqué au cours de ses fonctions par ses mandants? Son indépendance avec ou sans traitement reste sujette aux mêmes vicissitudes. Son instinct de la conservation personnelle lui commandera de se rapprocher peu à peu des grandes influences sociales traditionnelles, afin de parer, par d'utiles alliances, aux risques économiques des aventures électorales.

D'autre part, les fonctions électives qui comportent une application permanente, sont des catégories professionnelles dans lesquelles on n'acquiert la puissance économique utile que par l'apprentissage et l'usage constant. Les soumettre à des élections répétées, c'est en faire le jouet d'expériences incessantes et compromettantes. Le citoyen Castaing était dirigé par le sentiment naissant de cette vérité, lorsqu'il s'élevait, dans son discours, contre la réduction de la durée des fonctions de prud'homme à un an.

« Vous ne pouvez pas demander, dit-il, à un conseiller prud'homme, qui a fait son apprentissage depuis un an, de se retirer précisément au moment où il a acquis les connaissances nécessaires pour remplir son mandat. Ce n'est pas possible. C'est après cette année qu'il commence à comprendre les affaires. »

Or, il résulte de ces considérations d'ordre fondamental que les fonctions publiques comportant la continuité de l'action, comme celles de juge, de maire et d'adjoint ne doivent pas être subordonnées aux fluctuations de l'opinion. L'élection, au regard de leurs titulaires, a le caractère d'une injustice puisqu'elle compromet leur situation économique ; elle est une faute politique puisque les conditions des fonctions ne les rendent réellement possibles et acceptables que pour les hommes à l'abri du besoin de travailler pour vivre; elle est une faute sociale puisqu'elle va à l'encontre de la formation et de l'utilisation des capacités et compétences.

L'élection doit être réservée pour les assemblées

ayant un caractère législatif ou général ou local, omme les conseils municipaux des communes dans rdre des intérêts locaux. Le régime de l'élection leur e ap- plicable parce que, chargées d'établir les principes ré- néraux de gouvernement ou d'administration, ell s ne réclament pas de spécialistes, et que, perma nentes de droit, elles peuvent cependant accomplir leu tâche par intervalle sans suspension ou réduction de l'activité économique ordinaire des personnes. Le pro- létariat pourrait pénétrer dans cette sphère de la réelle puissance, sans empêchement matériel sensible. Le problème de la participation de tous aux affaires pu- bliques serait ainsi résolu en principe et en fait.

Organe de la conscience publique, ayant en lui la compétence générale du citoyen, le législateur, sorte de grand arbitre social, pourrait être pris, sans trouble économique, dans tous les rangs de la société. Simple rouage administratif, l'occupant de fonctions exécu- tives ou judiciaires serait subordonné par l'origine de sa nomination aux assemblées souveraines; il serait ex- clusivement pris parmi les spécialistes prouvant leur compétence et suivrait ainsi une carrière profession- nelle d'autant plus assurée qu'elle serait dépouillée d'allures politiques.

Les conseillers prud'hommes dans une pareille con- dition pourraient manifester l'indépendance, la com- pétence, l'exactitude et le sens pratique en vertu du- quel ils s'éclaireraient des connaissances profession- nelles des chambres syndicales.

L'ensemble de ce système comporterait, bien entendu, une large décentralisation politique et une assemblée législative fédérale plus occupée à défaire des lois qu'à en créer de nouvelles; mais il n'importe pas d'aborder ici cette question.

A côté de la rétribution des prud'hommes se plaçait

le principe de la gratuité de la justice. La juridiction des prud'hommes, comme nous l'avons dit, s'exerce sans frais ; mais le ministère des huissiers se paye lorsqu'il est employé. Le citoyen Castaing, dans le Congrès, s'est élevé contre cette obligation.

« Il a trois semaines, dit-il, je siégeais à Bordeaux et nous avons vu de malheureux ouvriers manquer complètement de ressources pour payer l'assignation qu'ils voulaient donner à leur patron. Ils ne pouvaient donc pas se faire rendre justice. C'est la gratuité qui permettra à tous les ouvriers de pouvoir se faire rendre justice. »

La gratuité complète de la justice, c'est, en effet, ce que le spectacle désolant de l'impuissance du droit dans le dénuement a fait ériger en principe de progrès.

Ce principe, cependant, peut laisser des scrupules. Il est bien certain que la partie lésée qui ne peut payer le coût d'une assignation se trouve en face de l'institution de la justice comme si cette institution n'existait pas. Mais, d'autre part, rendre absolument gratuit l'emploi des armes de la lutte judiciaire, c'est provoquer la multiplicité des procès entre les citoyens. Il faut avoir suivi les débats des tribunaux civils pour savoir combien sont puériles, le plus souvent, même sous le régime de la justice onéreuse, les causes de conflit qui mettent les plaideurs en présence. Le sentiment excessif du droit personnel, les mobiles d'amour-propre surtout, inspirent le plus grand nombre des clients de la justice. Quel déluge de papier timbré et quelle immense bataille juridique, s'il suffisait d'une visite de politesse faite à un huissier pour mettre en mouvement tout l'appareil judiciaire ! La paix et la conciliation dans les relations d'intérêts sont un résultat heureux imposé précisément, dans un grand nombre de cas, par la barrière des frais. Est-il bien sensé de faire tomber cet obstacle? Dommageable d'un côté, propice de l'autre, son maintien me paraît renfermer plus d'avantages que ne réparerait de torts sa suppression. Que de temps serait gagné, que d'ennuis évités, que d'argent épargné, de forces sociales économisées et d'amertumes écartées, si les adversaires, au lieu de s'acharner aux luttes judiciaires interminables et périlleuses, prenaient mutuellement le parti de choisir, parmi leurs amis, des arbitres amiables dont la décision fraternelle serait une solution volontairement acceptée! La gratuité absolue de la justice détournerait les citoyens de contracter ces habitudes raisonnables qui sont un grand progrès public à réaliser. C'est pourquoi la gratuité peut être regardée comme une inspiration plus généreuse que fondée au regard de l'intérêt social. La caisse de l'État serait d'ailleurs victime, ou plutôt celle des contribuables, car il faudrait demander à une aggravation de l'impôt la dépense de la chicane universelle.

Les frais judiciaires qu'il importerait de supprimer sont ceux dont l'effet est d'écraser les débiteurs condamnés, ou de rendre onéreuse l'intervention des tribunaux civils, quand elle est exigée par la loi, en dehors de tout conflit, pour le règlement de certains intérêts de famille. Dans les autres cas, si la cause avait un caractère exceptionnellement intéressant, l'assistance, par voie de solidarité, serait un devoir.

CONCLUSIONS DU CONGRÈS

Le citoyen Dufau, délégué de la chambre syndicale des ébénistes de Bordeaux, présente, au nom de la troisième commission, le rapport ci-dessous, adopté par le Congrès :

« Considérant que les lois de 1806, 1809, 1848, ne répondent plus à nos besoins, ainsi que toutes les lois antérieures, celles-ci sont, et demeurent, purement et simplement, abrogées ; en conséquence, nous émettons les vœux suivants :

« 1° Abrogation des lois et décrets ;

« 2° Code usuel unique, professionnel ;

« 3° Surveillance active des contrats sur l'apprentissage ;

« 4° Intervention directe sur les règlements d'ateliers, de chantiers, d'usines, de mines, de manufactures et de toutes les compagnies exploitées, tels que chemins de fer, omnibus, etc., etc.;

« 5° Electorat des conseils de prud'hommes, basé sur la liste électorale politique ;

« 6° Eligibilité des conseillers prud'hommes à l'âge de 25 ans et 3 ans d'aptitude professionnelle;

« 7° Augmentation du nombre de conseils et conseillers, suivant les besoins professionnels ;

« 8° Gratuité totale des frais judiciaires ;

« 9° Etablissement au moins d'un conseil de prud'hommes dans chaque canton;

« 10° Pour ce qui concerne le règlement intérieur de chaque conseil, la loi lui laissera son autonomie pleine et entière ;

« 11° Les conseils de prud'hommes sont composés, mi-partie de patrons et d'ouvriers ;

« Election des présidents, vice-présidents et secrétaires par le conseil;

« 12° Les conseillers seront indemnisés de tout service; chaque conseil fixera lui-même l'indemnité à allouer pour chaque déplacement d'un de ses membres ;

« 13° Tout jugement rendu par le conseil sera définitif s'il n'est frappé d'appel dans les trois jours. Tout jugement frappé d'appel sera exécutoire dans les vingt jours ;

« 14° Pour toutes les sommes supérieures à 500 fr., le tribunal d'appel sera formé par tous les conseils des prud'hommes du département, à raison d'un membre patron et d'un membre ouvrier par chaque conseil, sans pour cela dépasser le délai de vingt jours ;

« 15° Les conseillers prud'hommes devront, dans l'exercice de leurs fonctions, s'adjoindre des experts jurés, membres de la chambre syndicale de la profession dans laquelle se sera produit le différend ;

« 16° La durée des fonctions de conseillers prud'hommes est de trois années, les pouvoirs du président, vice-président et secrétaire sont d'une année ; ils sont révocables par le conseil réuni ;

« 17° Toutes les séances du conseil doivent être publiques ;

« 18° Ces magistrats sont amovibles et responsables ; ils seront toujours revêtus de leurs insignes dans l'exercice de leurs fonctions. »

Ces conclusions donnent au moins lieu à une remarque. Si, sur certains points, elles sont un produit accéléré de l'esprit réformateur, elles ont un caractère fruste lorsqu'elles imposent l'exhibition des insignes. La pensée novatrice contestera que le prud'homme puisse changer de valeur selon qu'il portera ou ne portera pas, en sautoir, un ruban moiré noir suspendant une médaille. J'entends que c'est le prestige qu'on désire pour le prud'homme ouvrier ; alors on pourra dire que le prestige sera pour le ruban et non pour l'homme. Justifiée ou non, l'idée d'une décoration propre à des fonctions ne paraissait pas devoir venir d'une assemblée, dont l'idéal, à d'autres points de vue, s'éloigne si radicalement des conceptions anciennes.

L'APPRENTISSAGE

ET

L'ENSEIGNEMENT PROFESSIONNEL

Nécessité du travail manuel pour tous les hommes. — Ecole-atelier. — Instruction intégrale exclusive du chômage. — Banalité de la formule : instruction laïque, gratuite et obligatoire. — Le problème de la gratuité résolu par l'application industrielle des élèves. — Dangers de la concentration scolaire. — L'enseignement par l'abstrait et par le concret. — Idées innées et vocation.

La nature de l'homme est triple : physique, sentimentale, intellectuelle.

Ces trois côtés de la nature humaine doivent être également cultivés dans l'individu, afin que l'accord des forces produise en lui la santé des idées, la pureté des sentiments et l'utile direction de la puissance physique. Arrivé au développement équilibré de ses facultés générales, l'homme jouit de la supériorité de la conscience et de la supériorité de l'action. Il devient une personne dans le sens le plus élevé du mot. La dignité lui donne la beauté morale, qui est un élément de la félicité, et l'aptitude à l'action intelligente et physique en fait un agent de prospérité sociale et privée, capable de pratiquer la réciprocité des services.

L'enfant, homme en voie de formation, doit être préparé à la vie sociale en vertu d'un programme tiré de l'observation de l'organisme de l'homme et de sa destinée naturelle.

C'est dire qu'on doit à l'enfant la mise en mouvement de ses facultés physiques, morales et intellectuelles.

L'enseignement est loin de ressembler à ce qu'il devrait être lorsqu'il se borne à la communication de connaissances abstraites, selon le programme suivi dans les écoles actuelles. Avant tout, on devrait apprendre à l'enfant l'emploi rationel et utile de ses moyens physiques.

Le besoin le plus impérieux chez l'enfant, celui qui prime tous les autres, c'est le besoin de mouvement, d'agir, d'opérer sur la matière. Dans nos établissements d'enseignement, c'est au contraire le premier besoin qu'on refoule. On y demande à l'enfant justement ce qu'il ne peut pas et ne doit pas donner : l'assiduité, la contention d'esprit soutenue et le silence. L'application raisonnée des forces, en d'autres termes, le métier, voilà le premier prélude d'activité à réserver à l'enfant, parce qu'il s'adaptera fort bien avec ses tendances naturelles, absolument contraires à la captivité. Les conditions de son développement normal exigent impérieusement que satisfaction soit donnée à ses dispositions à l'action physique. La gymnastique, innovation récente dans notre organisation scolaire, n'est que le témoignage de la reconnaissance tardive de la vérité sous ce rapport. Mais la gymnastique résout à moitié le problème. Elle sert l'organisme physique de l'enfant en l'aidant à se développer, mais elle ne met point ses forces en valeur puisqu'elle ne leur donne point une direction utile par l'application systématique aux œuvres de métier. La gymnastique accroît les forces par la dépense musculaire ; mais à la dépense des forces devrait correspondre l'acquisition de connaissances pratiques, l'initiation au métier. En abordant l'action industrielle, l'élève ne ferait pas plus d'efforts musculaires qu'en s'exerçant dans le vide et pour ainsi dire dans l'abstraction physique.

Le travail manuel n'a pas été jusqu'à présent un idéal d'enseignement parce que la science et le progrès ont été longtemps à le faire sortir de sa grossièreté primitive. L'ère des machines doit changer radicalement cette condition malheureuse. La brutalité, et par suite, l'abjection de l'action dans les premières formes du travail manuel, l'ont fait classer dogmatiquement parmi les fatalités répressives qui pèseraient sur la nature humaine déchue. De là, le travail manuel déconsidéré et la recherche de l'état d'inactivité industrielle comme la marque de la distinction et de la noblesse. L'activité factice de la guerre trompa longtemps le désœuvrement. On s'élevait par la lutte fratricide ; on s'abaissait par le travail. L'antique expression : *Le noble métier des armes,* est fille de ce préjugé.

Le travail manuel a fait, depuis, quelque chemin dans la considération publique. Il est le plus considérable agent des richesses sociales et domine tous les autres par son importance nécessaire. Au point de vue hygiénique, maintenant que les carnages de la guerre et de la chasse ne sont plus l'occupation normale des sociétés, il est la garantie de la conservation du mérite physique des races. Au point de vue intellectuel, il est un épuratif indispensable.

L'homme qui n'a mis en valeur, dans sa personne, que les forces intellectuelles, n'est pas équilibré dans sa nature. La perception vraie des choses lui échappe parce qu'il ne l'a pas complète. S'il est auteur, il risquera de tomber dans les mièvreries ridicules, il sera fécond dans la prolixité, subtil, utopiste, monomane, puéril, systématique ou érotique; de même que l'homme étiolé dans ses facultés sentimentales par un défaut de culture du cœur, parlera d'amours libres, d'insolidarité des pères et des mères et des crèches sociales remplaçant le centre de la famille.

Le travail manuel, en dosant le temps de l'application spéculative, en pondérant et complétant les forces, assainit le travail de l'esprit. Il guérit de l'abondance verbeuse, protège contre l'invasion des conceptions systématiques et favorise la sobriété et la force expressive de la forme.

L'école devrait être avant tout un atelier. L'enseignement de la morale et des connaissances abstraites marche à la suite.

Complet sous le rapport des aptitudes constitutives de la nature humaine, l'enseignement, d'un autre côté, doit être complet en ce qui regarde la série des connaissances.

Autrement dit, l'instruction doit être intégrale.

Elle doit s'appliquer à toutes les branches du savoir, considérées dans leur généralité, à tout ce qui compose l'outillage naturel dont chacun a besoin d'être pourvu pour se reconnaître dans le monde, y discerner le droit et le devoir et exercer le travail.

Il ne s'agit pas de vouloir l'impossible. Il n'est pas nécessaire que chaque élève soit un savant et un encyclopédiste achevé. Les connaissances générales utiles à la formation complète de l'entendement humain et de l'aptitude économique peuvent être acquises facilement par les écoliers, si elles leur sont distribuées avec une substantielle sobriété. Il n'importe pas, comme aujourd'hui, de s'adresser à la mémoire pour y entasser des formules et y fixer, en la forme pédagogique, des détails de science innombrables. L'élève que l'on bourre ainsi dégorge souvent dans l'âge adulte et possède un plus faible ressort dans le maniement pratique des connaissances que s'il avait moins emmagasiné à l'origine. Ce qu'il faut apprendre aux élèves ce sont les moyens principaux d'action intellectuelle et industrielle, les données mères d'où découlent toutes les autres et les faits importants qui dévoilent des points de vue généraux. Leur mémoire et leur application doivent être exercées seulement sur les grands principes qui sont à l'entrée de toute connaissance et de tout art. Sur le reste, il convient de se borner à promener leur attention de façon à dégager leur jugement et à leur livrer la série des points de repère à l'aide desquels tout peut être repris, plus tard, virilement, selon les besoins et les carrières. L'étude au delà de certaines limites restreintes n'appartient plus à l'école commune; elle relève de la profession.

Déblayé de l'infinité des déductions spéciales, l'enseignement commun peut s'étendre à l'ensemble du savoir connu, sans exiger une période scolaire plus longue que celle qu'exige l'école primaire actuelle. Mais réduire les révélations de l'école à quelques moyens de calcul et de langage, et à quelques principes sur les mouvements de la plume et du crayon, c'est faire souffrir une sorte de mutilation aux jeunes intelligences. Savoir tracer une ligne ou exécuter une opération de calcul est une acquisition vulgaire qui ne suffit pas à former une conscience intellectuelle. Or, la vie n'est qu'une épaisse obscurité si l'on n'y entre pas muni d'idées générales rayonnant dans tous les sens. Il faut que l'élève sache en gros comment les mouvements des astres peuvent mathématiquement être déterminés, comment se trouve faite, par la distance incommensurable des étoiles, la preuve de l'infinie immensité, comment la loi de la pesanteur s'exerce à la surface du globe, quel est le phénomène de l'affinité des corps en chimie, il lui faut connaître les phases de la formation géologique de la terre, les causes des phénomènes du temps, l'histoire des races et des langues, l'histoire des religions et des philosophies, le mécanisme du corps humain, l'origine et la liaison des faits ostensibles de l'économie sociale et politique. Ces connaissances sommaires s'imposent au citoyen et il n'en coûtera pas plus d'efforts à l'élève pour se les assimiler, qu'il n'en dépense pour revenir à satiété sur des matières limitées qui le fatiguent au lieu de le stimuler.

L'instruction primaire réduite, loin de servir inévitablement à l'émancipation des intelligences, peut contribuer, par ses ablations systématiques, à faire accepter le joug de la servitude. Nous en avons l'exemple par une certaine nation européenne, notre adversaire d'hier. L'instruction primaire obligatoire y marche de pair avec une civilisation fort peu avancée au point de vue démocratique. En ce qui regarde la France, on peut considérer les divers départements en comparant leurs votes politiques avec l'état de l'instruction primaire chez eux. Les esprits qu'une présomption logique trop hâtive a convaincu d'un rapport de mérite entre les deux choses seront singulièrement désabusés par cet examen.

L'instruction intégrale, indépendamment de sa vertu sur le développement des facultés, doit avoir un contrecoup formidable dans le monde économique. Elle vaut la suppression presque générale du chômage industriel.

Le chômage n'est point un fait d'ordre providentiel qui se produit en dehors des arrangements humains et qu'il faudrait subir comme une des misères inhérentes à notre existence en ce monde. Un acte de la volonté de l'homme le détermine toujours indirectement. Le plus souvent, cet acte de volonté réalise un progrès, payé d'autre part par la crise. L'introduction des machines, multipliant les produits du travail et substituant l'homme dans son assimilation à la brute, cause particulièrement ce double effet de progrès et de dommage. Toute modification fondamentale dans les procédés de fabrication, toute découverte de matière nouvelle mieux appropriée à la consommation, tout événement quelconque qui change les habitudes de la consommation, toute loi qui restreint ou restitue la liberté des échanges avec les autres nations, a pour conséquence forcée le chômage, parce que les conditions de la production sont quelque part renversées. Les bras sont disponibles ici parce que les machines ou une invention quelconque les a remplacés; ils le sont là parce que les débouchés ayant varié pour l'ensemble des industries, celles dont la production serait sans écoulement sont obligées d'éteindre leur activité. L'équilibre se rétablit à la longue parce que le choix des métiers parmi les travailleurs se modifie en conséquence de la situation générale, de manière à produire, après une période plus ou moins considérable, l'évacuation des industries supplantées. Mais au sein de notre organisation actuelle, pendant le temps nécessaire au remaniement des aptitudes professionnelles, il y a souffrance et dénuement pour un certain nombre, puisqu'il y a chômage. De plus, le chômage étant lié au progrès dans l'outillage mécanique, et ce genre de progrès ne devant pas s'arrêter, le chômage lui-même ne devrait pas avoir de fin. L'enseignement intégral professionnel est le moyen de sortir de ce cercle vicieux.

Par enseignement intégral professionnel, il faut entendre un apprentissage polytechnique, préparant l'élève aux formes générales diverses de l'application manuelle, l'initiant aux aptitudes en apparence contraires, mais relevant toutes, en réalité, du grand art d'agir sur la matière, de la déplacer, de l'installer et de la façonner. On n'apprendrait point, d'après cette vue, les rudiments d'un seul métier, mais les rudiments de plusieurs métiers, directement similaires ou non, comme on apprend l'histoire sans négliger le calcul et réciproquement. Ainsi pourvu, le jeune travailleur serait en état de parer, pour lui-même et pour le bien de la société, aux accidents provenant des transformations de l'organisme économique. Par la série de ses aptitudes, il pourrait, sans transition profondément dommageable, passer d'une industrie à l'autre selon les nécessités. Le trop plein survenu dans celle-ci pourrait rapidement combler les vides des industries insuffisamment fournies ou nouvellement créées, car l'homme, par cela même que la terre le porte, trouvera toujours l'utile emploi de son activité. La concurrence des bras dans les industries devenues trop pleines par suite d'un événement de progrès, paraît même comme la loi nécessaire en vertu de laquelle l'esprit humain est sollicité vers la recherche de richesses économiques nouvelles.

Antidote du chômage, l'instruction professionnelle intégrale ne serait pas sans puissance contre un autre mal affreux, l'abrutissement des travailleurs par la division du travail manufacturier. La condamnation à perpétuité d'un ouvrier à un travail parcellaire machinal sans cesse conforme à lui-même, excluant toute variété dans le mouvement et tout éveil de l'intelligence, est une sentence que peut accepter l'incapacité professionnelle, mais qui ne saurait être prononcée contre des travailleurs synthétiques. Le travail parcellaire continu n'est pas le dernier mot de l'organisation du travail industriel, car il ne se lie pas à des normalités. L'accélération de la production s'accorde certes avec cette extrême division du travail, d'après laquelle l'ouvrier a pour tâche de faire invariablement une queue de bouton, une tête d'épingle, ou moins encore. Mais d'autre part, la totalité des valeurs économiques contenues virtuellement dans le travailleur est annulée par cette destinée d'écureuil. Il est impossible que la vérité réside dans une combinaison où l'avantage serait payé par un sacrifice moins directement appréciable, mais réel et odieux.

Le travail parcellaire provoqué par les machines diminuera naturellement par le progrès même des machines qui, à leur tour, entreront largement dans la division, et, s'il n'est pas entièrement supprimé, il se confondra, dans la personne du même travailleur, avec des activités d'un autre ordre.

Comme formule, l'instruction intégrale est primée aujourd'hui par une autre formule moins raisonnée : l'instruction laïque, gratuite et obligatoire.

Laïque, il ne saurait y avoir de doute à cet égard dans ma pensée. Mais laïque ne doit pas signifier seulement l'exclusion du congréganiste qui, placé par le célibat en dehors de la normalité sociale, ne peut être admis, en effet, à diriger l'enfance ; ce mot doit dire surtout : exclusion des matières religieuses de toutes les parties de l'enseignement. Les croyances sont affaire de conscience adulte ou d'éducation de famille. L'école enseigne des moyens d'action qu'on appelle le savoir ; elle met des instruments, des leviers dans les mains des élèves ; elle dégage leurs facultés ; mais elle ne suit pas l'application de ces facultés dans la vie ; ce serait de l'indiscrétion. De même, elle doit s'abstenir d'être indiscrète en enseignant une religion ou même une morale. Religion et morale ne sont plus des facultés, mais une application libre des facultés dans laquelle l'école n'a rien à voir. L'école doit m'apprendre historiquement toutes les religions et toutes les morales, elle doit se garder de m'en enseigner aucune. Les écoles dites laïques existant aujourd'hui ne répondent en rien à cette manière d'envisager la question.

La gratuité rend à la masse une partie de l'impôt qui retombe sur elle. A ce point de vue elle ne saurait être combattue. Elle permet d'ailleurs d'instruire un certain nombre d'enfants qui, sans cela, erreraient ou seraient confiés prématurément à l'industrie. Mais l'organisation de l'instruction intégrale coûterait autrement d'argent que l'instruction primaire mutilée. L'impôt devrait être fondamentalement remanié pour supporter le poids d'une aussi formidable dépense. La gratuité absolue de l'instruction intégrale présente donc des difficultés.

Le mieux serait que chaque citoyen pût faire à sa guise la dépense de l'instruction de ses enfants et proportionnât cette dépense à sa volonté et à ses vues. Cette libre action n'est malheureusement pas possible pour tous, l'inégalité des conditions sociales s'y opposant. Il en résulte que l'enseignement public doit continuer à vivre sous le régime des subventions de l'Etat et des communes et qu'en raison de son extension par l'intégralité il devrait recevoir plus que jamais il n'a reçu, soit qu'on universalise la gratuité, soit qu'on la proportionne aux nécessités déclarées. Mais il y a lieu de remarquer que l'école-atelier pourrait ne pas être exclusivement une charge comme l'école d'aujourd'hui. Par l'enseignement professionnel, elle peut devenir une faculté économique immédiate, c'est-à-dire donner un rendement par l'échange commercial des produits sortis de la main des élèves. Il est fort probable que la solution du gros problème de la gratuité absolue se trouvera de ce côté. La gratuité alors proviendra de la productivité.

En réalité, la raison logique et la raison économique exigent que les exercices professionnels des élèves ne soient pas systématiquement stériles au point de vue de la production. Tout mouvement rationel doit converger vers une valeur. L'étude professionnelle ne doit pas être soustraite à cette loi, d'autant mieux que sa fécondité, au regard des facultés de l'élève, sera d'autant plus grande qu'elle aboutira à des créations pratiques, c'est-à-dire à la production de valeurs industrielles échangeables. Je ne m'arrête pas, à propos des écoles productives, à la fausse objection de la concurrence des travailleurs par l'accroissement de leur nombre. Comme nous l'avons vu antérieurement, l'utilisation de tous les bras disponibles procure un excédant de produits, par conséquent accroît la richesse générale. Le conflit fatal de la concurrence ne peut naître que d'une fausse répartition des travailleurs entre les différentes industries et d'une capacité professionnelle unilatérale qui force les ouvriers d'une partie à ne pas déloger quand les circonstances le voudraient.

L'instruction obligatoire, dernier terme de la formule, est un mot mieux intentionné que significatif.

En principe, dans une société si fortement réglementée, où l'État, pour tant de choses, est encore le uteur des individus, où le jacobinisme peut invoquer ant d'états de services, l'obligation légale de ne pas priver ses enfants de l'instruction et de ne pas en faire par là des valeurs sociales nulles ou dangereuses, semble une mesure parfaitement logique.

Nous avons, par l'État ou la société, l'obligation 'aller payer l'impôt chez le percepteur, de nous vêtir d'une certaine façon en réservant certains costumes à des catégories sociales, l'obligation de faire constater à la mairie nos naissances, nos mariages, nos décès, de nous faire inhumer dans des lieux communs déterminés, l'obligation de payer l'amende et d'aller en prison si notre langue où notre plume a dépassé certaines limites, l'obligation enfin de nous faire tuer sur le champ de carnage de la guerre, à l'appel d'un roulement de tambour. L'obligation de ne pas laisser en friches l'intelligence de nos enfants n'est pas moins acceptable.

Mais lorsque l'État prend l'enfant de la famille pour en faire un soldat, il sauvegarde les nécessités économiques personnelles du sujet. En effet, les besoins du soldat sont assurés s'il vit et supprimés s'il est tué. Or, dans le système de l'instruction obligatoire, qui se chargera de l'entretien de l'enfant pauvre, dont le travail est une ressource pour la famille? qui se chargera de l'enfant des journaliers, nomades du travail, obligés d'associer leur progéniture à leurs pérégrinations quotidiennes, non-seulement pour raison de bonification de salaire, mais à cause de l'impossibilité de diviser le foyer?

L'obligation, en présence de ces situations, ne serait qu'une fiction. Impuissante à procurer, elle devient impuissante à contraindre. L'obligation à elle seule n'est donc point une solution. Elle n'aurait toute sa puissance que le jour où la situation économique de chacun serait exempte de dénuement. Mais précisément ce jour-là elle perdrait sa raison d'être, car les causes qui font obstacle au peuplement de l'école auraient disparu.

Qu'on introduise nonobstant l'obligation dans la loi, pour y figurer plus spécialement à titre de commandement moral, je n'y contredirai pas; qu'on applique l'amende aux parents qui laisseraient notoirement leurs enfants dans l'inculture, malgré des ressources certaines, ce sera d'un bon exemple. Dans cette mesure, l'obligation pourra aider à l'émancipation intellectuelle du pays, mais elle sera loin d'en être le levier principal ; la réforme de l'enseignement par l'instruction intégrale y contribuerait avec une puissance autrement marquée.

La question générale de l'enseignement mérite d'être envisagée encore sous deux aspects, le groupe scolaire et les méthodes.

Notre pauvreté économique nous donne une tendance aux grandes unités de groupement selon la donnée communiste. On crée de vastes salles d'école où la phalange des élèves est sous la coupe d'un seul maître exerçant la centralisation par économie de fonctionnement. Qu'advient-il de l'application de ce système ? Les élèves ne peuvent être gardés contre le désordre de leur nombre que par une discipline dure, qui nuit à la formation de leur caractère, et par la continuité excessive d'une application silencieuse, qui les rebute.

L'école, au contraire, doit se composer d'un petit groupe d'ordonnance familliale, sous peine d'être un milieu oppressif et stérile. Le petit nombre des élèves, par rapport au maître, est une condition de la valeur morale et intellectuelle de l'enseignement. Plongé dans une masse compacte, l'élève ne se sent plus d'autre individualité que celle de son numéro d'ordre ; enveloppé en quelque sorte par l'anonyme, le sentiment de sa responsabilité lui échappe. Le maître, dans ces conditions, a pour obligation la réglementation et la sévérité ; il n'a de contact avec l'élève que par la domination. Une pareille organisation est aussi préjudiciable à l'enfant qu'irritante pour le maître.

La ville de Paris a fondé une école publique d'apprentis, à la Villette. Outre les connaissances abstraites, on y enseigne, au moyen de l'installation d'un vaste atelier, les rudiments des métiers. Quelques produits échangeables sont vendus au dehors. C'est en principe une excellente tentative ; mais elle est loin de produire tous les résultats qu'on pourrait en attendre précisément par les formes oppressives du travail résultant de la concentration.

Le véritable atelier-école appartient à l'initiative privée qui est à même de créer des installations de proportions mesurées. Aux maîtres qui entreprendraient ce nouvel enseignement, les communes et l'État devraient verser, au prorata de leurs élèves et selon les conditions déclarées par la famille, les subventions attribuées à la gratuité plus ou moins absolue. Le rendement de l'atelier compléterait les frais d'exploitation. L'atelier-école pourrait même être distinct de la classe proprement dite où se recevraient les connaissances qui ne s'adressent qu'à l'esprit. La classe serait plus particulièrement le lot de la femme, en vertu de l'aptitude spéciale à enseigner l'enfance que nous lui avons reconnue. Le veuvage et les circonstances accidentelles qui éloignent la femme de l'association conjugale trouveraient leur compensation dans cette noble pratique.

Les méthodes d'enseignement de leur côté exercent une influence considérable.

Rien n'est moins disposé que l'esprit de l'enfant à la métaphysique et à la pure abstraction, c'est-à-dire à la généralisation des idées. La condensation des faits connexes dans une formule supérieure qui les rattache tous est la partie de l'étude qui réclame le plus de forces cérébrales. L'esprit de l'enfant recherche avidement l'opposé de l'asbrait, c'est-à-dire le concret ;

en d'autre termes, il n'a de goût et d'aptitude pour acquérir une connaissance que s'il en touche l'utilité pratique, que si on lui en montre immédiatement l'application dans une action à sa portée. Ainsi, lorsqu'il en est, en arithmétique, à la formule de réduction à l'unité ou à celle des proportions pour la solution de certains problèmes, il reçoit d'abord avec résignation et sans intérêt les éléments de la théorie. Il est encore dans l'abstrait. Si, passant à l'application, on lui donne à résoudre, comme cela ne manque jamais dans l'enseignement actuel, un problème d'intérêts d'argent, son indifférence ne sera pas ébranlée, car les opérations financières, étrangères à son activité propre, sont encore de l'abstrait pour lui. Mais au contraire si on lui dit de supposer qu'à l'atelier ayant 20 chevilles à faire pour réunir deux parties d'une longueur d'un mètre, il est dans le besoin de savoir combien il lui faudra préparer de chevilles pour une longueur de 1 mètre 35 cent. alors son attention s'éveillera parce qu'il comprendra le parti à tirer du calcul ; il se réjouira de l'acquisition d'un instrument dont la puissance, voilée par l'abstraction, lui aurait échappé.

Il résulte de cette considération générale sur l'accession du savoir par l'enfant, que l'enseignement doit commencer beaucoup plus par la pratique des choses que par la théorie. Bien que cela paraisse au premier aspect un renversement de sens, cette marche à rebours du cheminement universitaire est la seule rationelle. Commencer par l'opération pratique instinctive pour aller progressivement vers la théorie réfléchie, tel est le plan qui convient à l'enfance. L'élève doit débuter par construire des phrases claires avant de s'appliquer aux subtilités de la grammaire, de même qu'on essaye le nourrisson au langage, sans lui parler de syllabes ; il doit assembler pratiquement des matériaux, mesurer des distances inaccessibles, avant de pénétrer les propriétés des triangles, observer les mouvements relatifs de la lune et du soleil, avant de sonder les lois astronomiques, et, en un mot, s'emparer des choses et en exercer le maniement avant de s'en assimiler les mystérieux éléments spéculatifs.

J'ouvre un ouvrage qu'on met dans les mains des enfants, le Cours de langue française de M. Guérard, agrégé de l'Université et j'y trouve cette définition du verbe, relativement simple :

« Le verbe est le mot de la proposition qui réunit
« l'attribut au sujet, en affirmant que cet attribut
« convient au sujet, actuellement, dans un temps passé
« ou dans l'avenir. »

Une métaphysique exténuante ressort de ces quelques mots lourds pour des esprits formés, à plus forte raison indigestes pour des enfants. Qu'après avoir manié expérimentalement le verbe, on tâche de masser [illegible]e de l'enfant, de manière à lui donner, par u[illegible] définition abstraite, l'idée générale complexe du verbe, rien de plus admissible. Mais, arrêter au préalable son attention sur cette définition et ne lui permettre de la franchir, comme on le fait maintenant, que lorsque sa mémoire rebelle l'aura enfin retenue, c'est entraver l'essor de [illegible]n intelligence et le river pendant des années à une étude aussi vaine qu'onéreuse pour son instruction générale.

Consultez aussi la Nouvelle arithmétique des écoles primaires de M. G. Ritt, et lisez seulement la définition de la multiplication :

« La multiplication est une opération qui a pour

« but, étant donnés deux nombres, de former un « troisième nombre qui soit composé avec l'un des « deux nombres donnés comme l'autre est composé « avec l'unité. »

C'est causer un irréparable tort à l'esprit des élèves que de les forcer à languir sur des abstractions de cette nature. On aurait réussi mille fois à leur apprendre la multiplication pendant le temps passé, en exercices de mémoire et explications, à leur assimiler une définition aride qui n'est jamais bien conservée. Quel besoin, dans l'application utile, l'opérateur a-t-il de se représenter, quand il multiplie, que le produit à obtenir doit-être composé avec l'un des deux nombres donnés comme l'autre avec l'unité ? Ce qui importe, c'est qu'il soit toujours en état d'opérer, c'est-à-dire de multiplier ; la théorie, qui a sa puissance, ne doit pas lui être cachée, mais les théories appartiennent à l'ordre des constatations ; il suffit qu'elles soient révélées et qu'on sache comment à l'aide du livre elles peuvent être retrouvées, en cas de besoin, dans tout leur enchaînement.

Il est vrai qu'il existe des élèves qui s'assimilent facilement et en grand nombre les matières abstraites. Ils sont les lauréats de l'Université. Ils ne forment pas la généralité et leur exemple par conséquent ne peut servir à fonder la règle. Ce sont des esprits dont l'aptitude à l'abstration provient d'habitudes spéculatives contractées par les ascendants et qui, assez souvent, perdent en énergie d'application ce qu'ils ont gagné à être particulièrement doués.

L'enseignement retourné est le régime normal. Le dijonnais Jacotot, systématisateur à outrance, en faisait en réalité la base de sa méthode, qui fit plus de bruit que de prosélytes.

L'enseignement par abstraction, pratiqué de nos jours, est une conception spiritualiste qui suppose dans l'être des idées innées auxquelles on peut faire appel du premier coup. L'enseignement par la pratique est d'accord avec cette donnée naturelle toute différente que les idées naissent par les sensations. L'abstraction de la couleur est interdite à l'aveugle de naissance. Aristote, avant l'ère chrétienne, assignait déjà aux idées la seule origine des sensations; mais le flot spiritualiste noye encore en partie cette vérité.

Les idées innées, comme la vocation, sont, à n'en pas douter, des fictions. L'esprit ne conçoit que par le témoignage des sens, vérité première sur laquelle doit s'appuyer tout système d'enseignement rationel. La vocation n'est pas une révélation. Elle résulte de la direction donnée par les circonstances. Le choix de l'activité individuelle, d'ailleurs, comme nous l'avons vu, doit être influencé par les lois naturelles de l'économie. L'aptitude innée n'est pas admissible. La vocation du grand compositeur Mozart vient du milieu professionnel où il est né et dans lequel il s'est développé ; celle de Shakspeare, du sort qui le réduisit à entrer, à Londres, dans une troupe de comédiens, après avoir furtivement quitté Stratford, avec sa femme, poursuivi pour délits de chasse et persiflage de la justice ; celle du premier Bonaparte, des antécédents militaires de son père, compagnon d'armes de Paolo, défenseur de l'indépendance de la Corse, et des circonstances vulgaires qui décidèrent de son entrée à l'école militaire de Brienne.

LES DÉBATS DU CONGRÈS

Divers éléments de la question. — Limitation du nombre des apprentis. — Autorité et liberté.

I

Sur la question de l'enseignement, les débats du Congrès ont manifesté un esprit novateur et une puissance de conception qu'il faut reconnaître. Le thème, presque banal, de l'instruction laïque, gratuite et obligatoire, a bien été soutenu, repris et varié par les orateurs ; mais au-dessus de cela, des aperçus ingénieux, des vues hardies empruntées à un large esprit d'observation ont sorti l'objet en discussion des pauvretés courantes.

Presque tous les aspects dont le sujet est susceptible ont été saisis et discutés, et, souvent, en partant des hauteurs de la synthèse des lois. Si la clarté et la sobriété du style, fruit d'une pratique suivie, avaient chez tous favorisé le développement des idées, leurs discours seraient dignes d'être largement répandus et médités.

Je n'entrerai pas dans l'analyse du travail de chacun. Je me bornerai à quelques courtes citations suffisantes pour permettre d'apprécier l'ensemble.

L'instruction pour tous et le suffrage universel sont deux principes rigoureusement liés. Le citoyen Delhomme, de Paris, le fait ressortir en ces termes :

« Je sais que depuis quelque temps l'on fait de louables efforts pour développer l'instruction, mais ces légères améliorations sont absolument insuffisantes, non-seulement sous le rapport de notre intérêt industriel et commercial, mais encore au point de vue social et politique, surtout en France, où le suffrage universel est la base de la constitution politique; il est irréfutable, citoyens, que la souveraineté nationale ne peut s'exercer sciemment, en parfaite connaissance de cause, qu'à la seule condition que chacun de nous possède les notions indispensables à l'examen et à l'accomplissement de ses devoirs civiques. »

La citoyenne Hardoin, institutrice de Paris, met en relief les vices de l'inégalité d'instruction entre la femme et l'homme.

« L'enfant aujourd'hui, dit-elle, est encore obligé d'aller chercher au dehors ce qu'il devrait trouver au foyer familial, — et c'est de cette inégalité d'instruction que proviennent encore ces séparations désolantes du mari et de la femme, qui font qu'au point de vue du savoir et de l'éducation, ils semblent avoir été élevés pour vivre chacun de leur côté, dans un monde différent. »

La gratuité absolue n'a pas fait reculer le citoyen Delhomme, pas plus que le Congrès tout entier, ainsi qu'on le verra plus loin.

« Que nos représentants, dit le citoyen Delhomme, s'emparent de cette tâche vraiment digne d'une *Assemblée républicaine*; qu'ils décrètent l'instruction gratuite au premier et au second degré, obligatoire pour tous et laïque. »

La femme institutrice née a été comprise par la citoyenne Hardoin qui dit :

« C'est la femme seule qui possède le secret de donner à l'intelligence de l'enfant cette nourriture douce, graduée et fortifiante, analogue à celle dont la nature l'a également dotée pour assurer les premiers développements du corps.

« Donc, si la femme est la première et la meilleure institutrice du jeune âge, il faut absolument développer, étendre ses connaissances. »

La femme mise systématiquement en possession de l'enseignement de l'enfance, c'est l'accroissement immense du personnel enseignant, malgré même les perspectives pécuniaires restreintes mais amendables de cette carrière. Voici comment s'exprime le citoyen Delhomme sur la pénurie des instituteurs :

« Citoyens, je me plais aussi à reconnaître que notre personnel laïque d'enseignement est digne à tous égards; mais il est trop restreint. A quoi attribuer cette pénurie regrettable ? A l'infime salaire que ces humbles pionniers de la civilisation reçoivent pour vivre.

« C'est avec un douloureux sentiment d'amertume, citoyens, quand on examine la différence des salaires, que l'on constate que nos instituteurs gagnent moins dans un an de labeur incessant que certaines danseuses dans huit jours. »

Les études purement spéculatives sont appréciées ainsi par le citoyen Lavy :

« Si donc le travail est une conséquence de la loi naturelle, si l'homme, par le fait de l'état social, est tenu de se soumettre à cette loi, si la vraie morale, non pas celle qui est à l'usage des oisifs et des fanatiques, lui apprend que c'est un devoir impérieux que de faire œuvre de ses mains, il est essentiel que notre éducation nationale soit changée, qu'elle revête un caractère pratique et que nos écoles primaires, secondaires ou supérieures, cessent de fausser les esprits, en leur livrant des notions stériles et qui, parfois, font de l'homme un déclassé.

« Cette nouvelle éducation, destinée à réformer nos mœurs, c'est l'éducation professionnelle. »

L'atelier-école, moins le caractère d'intégralité de l'instruction, est esquissé en deux mots, comme suit par le citoyen Desmoulins, instituteur de Paris :

« Il est possible d'introduire dans l'école primaire un enseignement professionnel également primaire, c'est-à-dire qui initie l'élève à l'usage des principaux outils et au traitement de certains corps, bois, métaux, substances textiles, etc. »

Le citoyen Desmoulins, à propos de son projet d'ateliers primaires qui seraient en même temps des athénées, montre l'idée de l'école-atelier entrée dans la réalité, par une méritoire initiative, à Paris. Il s'exprime ainsi sur ce sujet :

« Dira-t-on que notre but est trop élevé ? Nous nous rabattrons sur la réalité présente ; nous vous dirons : allez voir, rue Tournefort, le bel atelier ouvert par un instituteur primaire, au sein même de son école, et vous trouverez dans cet embryon d'un centre d'éducation professionnelle véritable, de puissants motifs d'espoir en l'avenir. »

Le citoyen Lavy reprend cette thèse dans le sens de l'instruction intégrale.

« Pour produire, dit-il, cette harmonie du cerveau, et par suite de l'intelligence, il faut donc que l'enseignement professionnel soit *encyclopédique*.

« L'enfant débutera à l'école primaire par quelques études générales, et il n'arrivera à l'enseignement professionnel que lorsque ses forces physiques et ses connaissances scolaires auront atteint un degré variable suivant les sujets. Le passage d'un enseignement à l'autre aura lieu de 9 à 12 ans.

« Le même local contiendra à la fois l'école et les ateliers. La raison, je vous l'ai donnée plus haut en vous montrant que les deux sont solidaires et concourent également à l'éducation de l'homme. »

L'apprentissage actuel serait considérablement abrégé par la préparation méthodique et puissante de l'école professionnelle. Il n'offrirait plus les mêmes dangers pour l'apprenti, que son savoir acquis protégerait contre les abus d'atelier, matériels et moraux, et contre les torts d'une maîtrise exploiteuse ou indifférente.

Écoutons, sur ce point, le citoyen Chateignier, délégué des mécaniciens en précision de Paris :

« Dans beaucoup d'ateliers, dit-il, l'apprenti ne devrait pas prendre ce nom ; on devrait plutôt le nommer : machine à faire des courses, homme de peine, ou petit spécialiste.

« Car, dans certaines maisons, beaucoup trop nombreuses, l'enfant ne fait aucune pièce un peu propre pendant tout son apprentissage ; faire des courses, travailler en spécialiste, et souvent (hors les courses) ne rien faire, voilà ses principales occupations ; il ne lui reste plus après avoir donné quatre années de son temps, qu'à changer de métier, s'il n'a pas les moyens de sacrifier encore un an ou deux pour finir d'apprendre dans une maison sérieuse (quand il peut en trouver une, où l'on veuille bien le garder). »

La limitation du nombre des apprentis est une autre

question que le citoyen Chateignier aborde par la face autoritaire. Il n'en laisse pas la solution à la liberté. Il établit d'abord ces constatations :

« Des patrons, dit-il, croient faire une bonne spéculation, ils croient comprendre leurs intérêts en occupant deux et trois fois plus d'apprentis que d'ouvriers, ils en font des spécialistes, sans s'occuper si ces enfants trouveront de l'ouvrage à leur sortie de chez eux. Est-ce légal ? Non, est-ce intelligent ? Non encore, car c'est ainsi qu'ils tuent l'industrie française.

« Nous connaissons des maisons où l'on occupe 10, 20, 30 apprentis, et combien d'ouvriers ? de 4 à 6. »

Passant alors à la nature du remède il s'exprime ainsi :

« Si je ne redoutais l'ingérence du gouvernement, quel qu'il soit, à l'égal d'une épidémie, je demanderais une loi fixant un maximum d'apprentis pour un nombre donné d'ouvriers.

« Il ne faut certainement pas revenir au système des maitrises et des corporations fermées ; ce n'est ni dans notre idée, ni compatible avec la marche du progrès ; cependant, comme je disais plus haut, il faut que le métier nourrisse celui qui l'exerce. Or, par le trop grand nombre d'apprentis, l'ouvrage finit par être rare, le gain de l'ouvrier n'est plus en proportion avec ses besoins, et les plus faibles d'entre eux sont sans travail.

« Je crois donc qu'actuellement une addition à la loi sur le travail des enfants serait utile en ce sens, que tout patron ne pourrait occuper qu'un nombre d'apprentis, en rapport avec le travail qu'il peut leur donner à faire. J'entends un travail sérieux. »

On voit par l'affirmation du principe de non intervention de l'État, si vite contredit par l'appel à la coercition de la loi, combien il est difficile d'échapper à la tentation de la force en faveur de ce qu'on croit le droit. La justice implique l'unité. L'autorité peut faire l'unité. Voilà pourquoi les cœurs enfiévrés du sentiment du droit songent à l'action de ce pouvoir. D'autre part, la vérité, la puissance réelle et le progrès impliquent la liberté, qui peut, par l'opinion et la contrainte morale, arriver, elle aussi, au résultat de l'unité. Mais la sagesse donne la préférence à cette dernière voie. Les constructions de la liberté sont durables parce qu'elles sont cimentées par le consentement de l'opinion. Les constructions de l'autorité sont plus douteuses dans leur solidité. Toutefois, je le reconnais, quoique à regret, il est des cas et des temps où l'action de l'autorité peut renverser, au profit de la justice, des habitudes vicieuses invétérées, empiétant sur l'avenir. Révolutionnaire alors, la loi ne doit avoir qu'un caractère transitoire et ne porter que sur des choses résolues dans la conscience publique. La limitation du nombre des apprentis est-elle une de ces matières que la loi puisse toucher en opposition avec le jeu des volontés réciproques? Il est permis de ne pas en être convaincu. L'exploitation de l'apprentissage n'est qu'une conséquence. Elle disparaîtra par la modification de l'ensemble des circonstances générales.

CONCLUSIONS DU CONGRÈS

Le citoyen Desmoulins, au nom de la 4e commission, présente le rapport ci-dessous adopté par le Congrès :

« Les deux questions proposées par le Congrès à l'égard de l'apprentissage et de l'enseignement professionnel rentrent, aux yeux de la commission, dans un système d'éducation nationale, laïque, obligatoire, professionnelle et gratuite à tous les degrés.

« Pour que cette éducation puisse s'établir, nous pensons qu'il est indispensable que toutes les lois restrictives de la liberté d'esprit soient abrogées. Nous demandons l'abrogation de ces lois et en particulier de la loi de Falloux (du 15 mars 1850).

« Nous demandons, en outre, une loi nouvelle qui rende l'éducation obligatoire.

« Il est inutile de revenir sur les considérations qui militent en faveur de l'éducation nationale, laïque, obligatoire et gratuite à tous les degrés; mais nous croyons nécessaire d'insister pour que cette éducation soit professionnelle; c'est-à-dire que dans le sein de l'école se trouve un atelier dans lequel les élèves des deux sexes recevraient un enseignement professionnel primaire, encyclopédique.

« Nous demandons la suppression de la lettre d'obédience, afin d'établir l'égalité de tous les instituteurs devant la loi.

« Il sera accordé dans toutes les écoles une plus large place à l'enseignement du dessin, de la musique, des langues vivantes et des sciences naturelles.

« Quant à l'apprentissage, le présent Congrès déclare qu'il est urgent qu'une loi nouvelle règle les contrats d'apprentissage; il pense, d'ailleurs, qu'il appartiendra aux associations coopératives de réaliser un véritable enseignement professionnel intégral.

« Rétribution plus large des instituteurs, professeurs et des institutrices. »

LA REPRÉSENTATION DIRECTE

DU PROLÉTARIAT AU PARLEMENT

Intérêts distincts du prolétariat. — Politique et socialisme. — L'avenir au prolétariat. — Rupture avec les personnalités politiques. — Orateurs des réunions publiques sous l'Empire. — Ambition et intrigue. — Condition de la moralité de la représentation ouvrière. — Galerie des élus du prolétariat depuis 1789.

Un peuple civilisé ne s'organise pas en vue de la pure culture des idées. Sa grande préoccupation est le traitement des intérêts. Tout le mécanisme politique, au fond, régit des intérêts. Les lois relatives à l'usage de la liberté visent les intérêts, car elles abritent contre la novation ou la provoquent selon les temps. Les lois commerciales influencent au premier chef les intérêts. L'impôt s'applique aux intérêts, les favorise chez les uns, les contrarie chez les autres. Les règlements de police touchent aux intérêts par une forme imprimée à l'activité générale. Qui dit société, dit liaison d'intérêts. Une société politique représente donc des intérêts.

Comme nous l'avons vu à propos des chambres syndicales, les intérêts sociaux actuels sont distincts, séparés, opposés même, quoique réunis en un faisceau légal. Dans les couches sociales apparaissent isolément la gent salariée, la gent à émoluments et la gent à bénéfices, toutes trois exprimant des intérêts qui peuvent passer pour absolument insolidaires. La première catégorie revendique et révolutionne à son heure, la seconde observe et la troisième refoule et contre-révolutionne au besoin.

Théoriquement, on peut envisager le corps social ainsi composé, comme un tout homogène, dont l'un quelconque de ses membres peut représenter indistinctement tous les autres. Dans cette hypothèse, la nation est regardée comme une grande personnalité étroitement une, qui n'aurait d'efforts à combiner que contre des dangers extérieurs égaux pour tous. Pratiquement, cette agrégation parfaite n'est point réalisée. Au point de vue politique, il y a une personnalité nationale incontestable. Mais la nation n'est pas une personnalité sociale. Un homme peut résumer la patrie, identité simple. Un homme ne résume pas la société, identité complexe. D'où il suit que lorsqu'il s'agit d'adopter des lois devant donner une modalité à l'activité des citoyens, l'extraction sociale du législateur n'est pas indifférente. Les intérêts distincts, les grandes divisions naturelles ou artificielles du corps social sont fondés à s'individualiser pour se faire représenter dans les conseils de la nation.

Tandis que la magistrature, le commerce, l'industrie, la propriété, la cléricature, les professions libérales et l'agio occupent les bancs des parlements, le salariat en est absent. La majeure partie de la population, cependant, se compose de salariés. C'est une anomalie qui se justifie, en fait, par cette raison que les lumières et la culture d'esprit abondent ailleurs que dans la catégorie prolétaire. Le choix devient forcé. Il n'en résulte pas moins, en principe, un préjudice, et un défaut d'équilibre dans le rapport des forces sociales au parlement. Les lumières de l'esprit ne sont ni l'équité obligée, ni l'information sûre, ni la sensation vraie. Les conditions sociales se substituent mal dans les assemblées souveraines. Aussi ne doit-on point s'étonner de voir aujourd'hui le prolétariat s'agiter, à la lumière des idées modernes, pour avoir sa part de représentation. L'avénement de la démocratie politique ne lui donne qu'une représentation indirecte formée d'amis et de protecteurs de sa faiblesse. Dans les assemblées d'administration locale, son influence ne s'est pas plus fait jour qu'en haut. On en a la preuve indirecte par la tendance des nouveaux conseils municipaux à continuer les travaux de luxe improductifs, à subventionner les théâtres et les courses de chevaux, toutes choses qui, plus spécialement, répondent aux goûts et aux habitudes d'une certaine région sociale.

Cela se voit bien mieux encore si l'on descend à certains détails misérables, comme la réglementation de la voierie par rapport aux servitudes ménagères, réglementation conçue de préférence d'après le sentiment d'un train de vie, et non d'après celui de la condition difficultueuse du petit nombre.

En 1863, les ouvriers socialistes de Paris, au milieu desquels se trouvait alors M. Tolain, entreprirent une première campagne en faveur de la candidature ouvrière. Ils publièrent le manifeste dit des Soixante par lequel ils formulaient le droit pour les travailleurs d'être représentés et protestaient contre la croyance que « la misère est d'institution divine. »

L'opposition libérale parlementaire qui régnait sur l'opinion, sous l'Empire, suscita des contradicteurs

9

aux Soixante. Un contre-manifeste ouvrier dit des Quatre-Vingts parut pour engager le prolétariat à ne pas faire défection aux notabilités de la politique. « Tant que nous n'aurons pas la liberté, d' aient les si- « gnataires du contre-manifeste, ne songeons qu'à la « conquérir. » De fait, la tentative des Soixante échoua platement et n'eut pas d'écho sérieux, même aux élections suivantes de 1869.

Après les événements de 70-71, lors des élections complémentaires de l'Assemblée nationale, l'idée fut reprise avec moins de hardiesse dans la forme, conséquence de l'anémie qui suit les troubles civils, mais avec un consentement moins infime de l'opinion. Comme en 1863, un groupe ouvrier influent fit opposition à ce mouvement. Son manifeste décourageant blâma comme une erreur le principe de l'autonomie politique du salariat et déclara intact le crédit des hautes personnalités parlementaires. Cette fois encore l'événement tourna entièrement à la confusion du principe des candidatures ouvrières.

Aujourd'hui, ce principe reparaît, lavé de ses humiliations par une perception plus nette et plus généralisée dans les esprits de la différence entre la politique parlementaire et la politique sociale, plus brièvement, entre la politique et le socialisme.

Le mot socialisme a été déconsidéré. Il n'en reste pas moins l'expression exacte d'un fait considérable : l'aspiration d'une partie de l'opinion à l'introduction de l'économie sociale dans la politique de gouvernement.

La politique pure agite les hommes pour de vains résultats. Au regard du peuple elle n'est que chimère. Elle se résume dans le mode d'exercer la puissance publique et dans la désignation des personnes à qui doit échoir cette puissance. Elle ne met guère en question la quantité constante de la puissance publique, quantité limitative des autonomies individuelles. Elle vit des conflits d'influence, qui sont pour elle une occasion de prestige par l'illustration de la tribune. Elle ne trouble aucune profondeur. Ses luttes les plus violentes s'accomplissent à la surface des choses et n'en intéressent pas les assises. Elle met en scène des ambitions; mais elle ne résout aucun problème parce qu'elle en ignore les éléments et les formules de solution. Elle n'est qu'un panorama de crises parlementaires. Compatible seulement avec la conception de l'État autoritaire et centralisateur, elle tend plus à reprendre qu'à octroyer. En contradiction avec le principe même de la puissance législative, elle est une carrière et livre l'accès de toutes les fonctions officielles. Activité sociale supérieure par l'attribut de la force, elle se condense et se spécialise dans quelques mains, où elle prend le caractère jaloux du privilège. Elle se lie, par instinct et nature, à tous les intérêts constitués avec lesquels elle est fortement charpentée. Elle se répand en promesses vis-à-vis des souffrants; mais elle ne peut rien pour le progrès véritable parce que le *statu quo* est le théâtre nécessaire de son action superficielle. Les libertés d'apparat sont le maximum de son effort. Les libertés profondes la font reculer parce qu'elles menaceraient sa propre existence.

L'économie sociale procède tout différemment. Elle supprime les tournois parlementaires qui font jaillir aveuglément les résolutions de l'ébranlement des sentiments ou des passions. A la place de l'inspiration, elle met la démonstration. Elle ne plaide pas, elle examine méthodiquement et discerne. Elle ne se règle pas sur l'intérêt des parties. Elle a pour guide et lumière la science qui dicte ses arrêts indépendamment de toutes considérations de personnes et de castes. Son objectif n'est pas le déplacement des ministres; mais bien la modification de l'économie générale des lois, dans le sens de l'égalité qui est l'idéal de la justice. La politique ne croit pas à l'extinction possible du paupérisme qu'elle regarde comme une fatalité naturelle. L'économie sociale déclare, avec l'autorité des formes scientifiques, que le paupérisme n'est qu'une erreur économique, contre laquelle l'homme a puissance d'action. Il s'agit donc pour l'économie sociale, autrement dit pour le socialisme, de reconnaître, en dehors des jeux de l'éloquence politique, quelles sont les lois qui ont pu régulariser cette erreur économique, la consolider dans sa base, et lui imprimer faussement le caractère d'un dogme social. Pour elle, toute loi mortaisée avec l'erreur économique, doit, non pas être modifiée politiquement dans son application, mais disparaître absolument, sans égard pour la tradition. Elle ne redoute pas, comme la politique, de perdre le pouvoir. Elle s'en démunit volontairement au profit des spontanéités sociales. En vertu de ses conclusions logiques, elle tend à la réduction des fonctions publiques comme nombre et attributions. Au rebours de la politique encore qui protége la tradition contre la liberté, le socialisme protége la liberté contre l'immobilité. La politique commande et gouverne au nom d'une entité conservatrice qu'on nomme l'État, le socialisme délie à la requête du droit, de la liberté et de l'ordre, car, n'en déplaise à ceux qui pourront prendre l'expression pour ironique, l'ordre n'est autre chose que la liberté du droit.

La politique, au temps de son règne incontesté, a fait commettre au peuple de notables inconséquences. C'est elle qui, sous la Restauration, par tactique d'opposition, l'a jeté dans l'idolâtrie de la gloire militaire en associant la cause de la liberté à la légende napoléonienne. C'est elle qui, le 15 mai 1848, le faisait marcher sur l'Assemblée constituante au cri de : Vive la Pologne ! qui était une consécration de l'idée catholico-féodale dont la Pologne est restée en Europe le dernier foyer.

Le peuple français a préparé tragiquement son divorce avec la politique, lorsqu'au coup d'État de décembre, le faubourg Saint-Antoine répondit à l'héroïque représentant du peuple, Baudin, monté sur les barricades : « Nous ne voulons pas nous faire tuer pour vos « vingt-cinq francs. » Cela voulait dire : La politique ne nous rapporte que le vain ramage de ses virtuoses. Nous n'avons plus de sacrifices à faire pour elle.

Les ouvriers estiment leur immixtion dans la représentation nationale, urgente, parce que leur catégorie sociale étant directement intéressée au triomphe du droit économique, l'énergie législative dans cette voie est en eux.

Envisagé sous son aspect décentralisateur, le socialisme satisferait d'ailleurs, dans son application normale, au principe de l'universalité de l'éligibilité. Nous avons vu, à propos de la question des prud'hommes, que la diversité des conditions sociales interdisait, en fait, le mandat public tel qu'il est conçu aujourd'hui à de nombreuses catégories de citoyens. Se conformant strictement à sa donnée fondamentale, qui est la répartition rationelle des forces, le socialisme séparerait entièrement les fonctions législatives des fonctions actives ou professions administratives. Il diviserait, fragmenterait la puissance législative de manière à la placer à portée domiciliaire des citoyens pour toutes les questions de gestion publique n'ayant pas un caractère fédéral ; il réduirait l'œuvre et la durée des grandes assemblées centrales, chargées seulement de fixer, dans de courtes assises plus ou moins accidentelles, les grands principes de gouvernement.

De même que géographiquement il donnerait à tout citoyen l'aptitude à la fonction législative, socialement il lui créerait la même aptitude en débarrassant l'attribution législative de tout ce qui, rationellement, revient à l'exécutif professionnel et en la rendant compatible, par son fonctionnement et sa limitation naturelle, avec l'activité économique ordinaire. Sans cet ensemble de choses, l'éligibilité resterait un privilége, alors même qu'elle s'étendrait à certaines individualités ouvrières, comme le comporteront fatalement les débuts du prolétariat en cette matière.

La masse ouvrière a d'autres raisons encore pour étayer sa prétention d'escalader les Parlements. Ses éclaireurs croient la vitalité bourgeoise en passe de s'éteindre. Les doctrinaires du catholicisme sont presque de son avis. Au mois de novembre 1873, le journal religieux l'*Univers* ne s'exprimait-il pas ainsi?

« Les classes supérieures, malgré de nombreuses exceptions individuelles, sont mortes ; elles n'ont foi en rien, ne veulent rien ; elles n'ont que des passions privées et ne vivent guère que pour jouir.

« Chez tous les peuples, la décadence est venue d'en haut et non d'en bas. C'est par le haut surtout que nous périssons. »

De son côté, un illustre disciple d'Auguste Comte, M. Littré, devenu immortel à l'Institut et inamovible au Sénat de la République, découvrait dès 1849, cet horizon hardi devant le prolétariat :

« La conséquence à peu près inévitable du système ici proposé, est de faire arriver le pouvoir central aux mains des prolétaires. Chaque classe, dans le monde moderne, a été révolutionnaire à son tour ; en d'autres termes, a servi l'évolution qui se prépare et le passage du régime théologique au régime positif. Les rois ont été longtemps les agents de ce mouvement. Puis est venu le tour des bourgeois qui se firent les exécuteurs des restes de la féodalité et sapèrent les bases de la royauté. Suffisants à mener à bien cette partie négative de notre régime transitoire, ils ne le sont pas pour la partie positive.

« Celle-ci échoit aux prolétaires; comme elle est voisine de la clôture de la révolution, elle exige un sentiment de la sociabilité, ne se trouvant aujourd'hui que chez ceux que leur nombre, leur pauvreté et leur dégagement de la plupart des préjugés métaphysiques appellent à ce rôle. Les prolétaires montent comme un flot grossissant. Les autres classes n'ont plus que des peurs et des regrets; eux seuls ont des aspirations et la fermeté du cœur. Les choses, en changeant, changent d'organes. Ceux qui ont entamé la révolution ne peuvent la finir. Cette tâche est dévolue aux prolétaires. » (*Conservation, Révolution et Positivisme.*)

En fait, le soupçon est entré dans l'âme populaire à l'égard des spécialistes et pourfendeurs de la politique. Proudhon en parle ainsi dans son ouvrage : *De la capacité politique des classes ouvrières :*

« Chez la plupart de nos agitateurs, les demandes de réforme sont des prétextes : ils n'y croient pas et ne s'en soucient guère. Ils seraient fâchés qu'on leur en démontrât la possibilité et qu'on les mît en demeure de procéder à l'exécution. »

La même manière de voir se fait jour sur un ton fort accentué en 1869, à la veille des élections législatives, dans un petit journal portant le titre équivoque de *La Loupe,* et qui tentait à Paris, sans aucun succès d'ailleurs, de mettre à flot la candidature sociale.

« Nous nous retrouverons toujours, disait-il, en face des mêmes ambitions brillantes, en face d'hommes qui se nomment les avocats du peuple et qui, sans le vouloir, se sont justement désignés ainsi. Ce sont bien, en effet, les avocats du peuple. Ils plaident la cause du peuple avec la même indifférence que la cause d'un accusé, sans ressentir aucune des angoisses de ceux dont ils prennent la défense, et n'ayant souci que de leur réputation d'avocat, des honneurs et des profits qu'elle peut leur rapporter. Oh! race d'avocats, qui avez baigné, dans votre enfance, dans le privilége de l'instruction supérieure, qui avez, dans votre jeunesse comblée de bienfaits, ébloui le quartier latin de vos toilettes excentriques et de vos tapages joyeux avec les filles des chiffonniers, parées de vos largesses, quand donc cesserez-vous d'offrir les services de votre éloquence d'apparat aux enfants du peuple, qui ont moins besoin de littérature que de vrai dévouement? »

Dans un autre numéro, le même journal revient sur cette thèse avec une sorte de verve courroucée :

« Nous n'aimons pas les chefs, dit-il, encore moins dans les partis politiques qu'ailleurs. Nous les méprisons; d'abord parce que l'exercice de leur autorité suppose l'obéissance dans la masse qu'ils dominent, c'est-à-dire l'annulation du jugement personnel de l'homme; en second lieu parce que celui qui veut servir de règle aux autres, est nécessairement rongé par un vice radical, l'orgueil, qu'il ne nous plaît pas d'entretenir à nos dépens. Ce que nous voulons être, c'est la manifestation même de la liberté humaine et l'action de la raison personnelle débarrassée des liens qui la subordonnent à la raison réputée supérieure d'une idole quelconque. »

Au point de vue de la fixité des affections, les politiques fraternels n'ont pas donné de gages. On sait avec quel joyeux sans-façon un député de l'Empire retourna ses culottes populaires pour les mettre à la mode impériale.

Sous le rapport du désintéressement personnel, la politique n'évite pas les éclaboussures du dépit démocratique. Au congrès ouvrier, la citoyenne Hardoin, dans le débat sur l'enseignement, a lancé ce trait oblique :

« Un grand nombre de nos législateurs, dit-elle, et de nos amis républicains, possèdent des fortunes immenses. Ont-ils songé à établir, ou même à avancer à titre de prêt, quelques ressources pour installer de nouvelles institutions ? »

Les socialistes imputent aux politiques libéraux qui se sont chargés de sa cause, le contraire du désintéressement en fait de partage des libertés. Ils invoquent à cet égard un souvenir important de l'histoire du dernier Empire. Arrivé à un certain moment de sa carrière, l'Empire, pressé par l'opinion, fit voter par son Corps législatif trois lois qui détendaient la compression générale. La première permettait les coalitions ouvrières, la seconde permettait les réunions publiques, notamment pour la discussion des questions ouvrières, la troisième, sur la presse, supprimait l'autorisation préalable et maintenait la barrière des cautionnements élevés. L'opposition, dite libérale, qui siégeait dans le Corps législatif, repoussa les deux lois d'intérêt populaire comme un cadeau perfide pour les ouvriers et accepta la loi sur la presse, tout auss grosse d'embûches, mais établissant par le cautionnement, un privilége en faveur des moyens pécuniaires.

La vigilance socialiste a donc fait ressortir que si les desseins de l'Empire n'avaient pas exigé l'adoption des trois lois, le peuple restait lié au même degré et les hautes situations sociales de l'opposition se trouvaient seules avoir acquis quelque chose.

La faculté que donne la fortune de créer des journaux pour retenir à soi l'opinion et l'impuissance sociale du prolétariat à en fonder pour l'attirer à lui, sont une marque frappante de la division des intérêts.

Le sentiment de l'insolidarité entre le peuple et ses directeurs se traduit parfois dans les rangs des prolétaires par une rébellion caractérisée. On n'a peut-être pas assez remarqué, en son temps, la tentative d'alliance entre un prince de la famille Bonaparte, se donnant comme révolutionnaire, M. Jérome Bonaparte, et le prolétariat, au moment des intrigues monarchistes de 1873. Les adhésions qui arrivaient moins péniblement qu'on ne devait s'y attendre, respiraient toutes un sentiment profond de réaction contre les politiques de la parole. Il convient pour fixer l'incident historique de rappeler un passage d'une des lettres reçues et publiées par le journal l'*Avenir national,* devenu l'organe du projet d'alliance. Au début de la série des griefs que formule cette lettre, on retrouve l'épisode parlementaire relatif aux trois lois libérales de l'Empire.

« Les républicains formalistes, dit le signataire, n'ont-ils pas pris le soin eux-mêmes de s'exclure de la confiance du peuple ? Sous l'Empire, on les a vus, au Corps législatif, voter sournoisement contre le projet de loi en faveur des grèves et du droit de réunion, parce qu'il s'agissait de libertés populaires et, au contraire, voter, dans le même temps, la loi en faveur de la presse cautionnée, parce qu'il s'agissait là d'une liberté bourgeoise qui devait s'acheter par des écus. Ne les a-t-on pas vus, dans l'assemblée actuelle, laisser tout faire sans protestation courageuse et persévérante, laisser décréter le pouvoir constituant de la Chambre, laisser désarmer les gardes nationales de toute la France, laisser porter et porter eux-mêmes la première atteinte au suffrage universel, en retirant le droit de vote à l'armée, laisser fonctionner pendant plus de trois ans, la plus épouvantable répression qui fut jamais, sans que l'autorité de leur caractère, l'influence de leur raison et de leur mérite ait jamais été un frein au moins modérateur? Ne les a-t-on pas vus, avec une confiance qui faisait mal à voir, sourire à l'avenir, au lendemain de tous les déboires parlementaires : projets de loi constitutionnelles, loi sur le jury, loi contre la presse, église Montmartre, révolution gouvernementale du 24 mai, préparation ostensible de la Monarchie?

« Le péril n'a cessé de grandir avec leur insuffisance. Après avoir ainsi démontré, dans une longue série d'événements que le courant, plus fort qu'eux, les emporte, qu'ils reconnaissent au peuple, le droit de se sauver en cherchant du secours ailleurs. »

« 30 septembre 1873. »

La détermination de rompre avec les politiques n'implique pas, aux yeux du moraliste, que les individualités prolétaires soient en elles-mêmes plus vertueuses et plus aptes à réaliser la justice que les individualités d'un autre ordre. L'ambition rôde au coin de toutes les consciences. Pris isolément, l'élu prolétaire serait le plus souvent une déception pour ses mandants. La masse ouvrière, précisément parce qu'elle est novice encore dans la pratique des droits politiques, est exposée à l'exploitation par les notabilités pérorantes qui peuvent surgir dans son propre sein. Il me souvient d'avoir observé le personnel des orateurs du prolétariat dans les réunions publiques vers la fin de l'Empire. Ceux que leurs facultés politiques ou parlementaires modestes protégeaient contre des espérances de fortune politique personnelle, avaient l'accent de la sincérité. La contradiction était pour eux un moyen de s'éclairer et leur parole ne trahissait pas le secret désir de briller et d'asservir par la supériorité apparente. Au contraire, il n'était pas rare de rencontrer parmi les mieux doués, la ruse parlementaire, le besoin de contredire non à cause des principes déformés en tant que de besoin, mais pour ne pas laisser aller l'influence ailleurs qu'à eux-mêmes. Leur orgueil et leur ambition prenaient pied sur la naïveté. Ceux-là, arrivés au Parlement, n'auraient pas manqué de se réfugier dans le bourgeoisisme, vœu de leur égoïsme aigu. L'un de ces personnages, pour utiliser l'illusion des sens, portait bottes hautes extérieures, tunique de velours bordée d'astracan et chapeau cônique de feutre doux à larges bords. C'était un foudre de subversion sociale. Fort intelligent d'ailleurs et possédant bien sa matière économique, on le retrouvait, après les événements de 1870-71, agrégé aux couches supérieures et tentant, par la plume, d'ajuster ses anciennes doctrines humanisées au principe du gouvernement du peuple par la politique spécialiste. Dans ces types de prolétaires en relief, on trouve aussi, la vérité exige qu'on ne le taise pas, le parfait jésuite. Celui-ci a soin de régler le fond et l'allure de ses idées d'après les circonstances, la marche de son ambition au dehors et la nature de son auditoire. Résolu et farouche dans les conciliabules populaires, il s'observe lorsque sa parole doit venir aux oreilles des puissants ; alors il alimente son auditoire accoutumé avec des traits spirituels, des railleries légères, des malices amusantes qui n'ont de portée que par les sous-entendus que la naïveté leur prête, et, en réalité, il chemine selon son but dissimulé, dans l'esprit des hommes arrivés, par l'apparence rassurante du bon sens et de la mesure. Inégal comme les chances de son ambition, il oublie d'être conforme à lui-même et parfois s'exalte imprudemment; il retombe vite, selon le besoin, dans l'assoupissement orgueilleux d'une sagesse qui lui donne, aux yeux des siens et des autres, un air de supériorité. Sinueux, tortueux, inconséquent, lâcheur et sans élan généreux, il trompe la logique et l'attente de tous. Noyé un jour, il reparaît l'autre, retrouvant crédit par le patelinage, la hardiesse opportune et surtout par la science de la crédulité des autres. Dévot de considération profitable, ce n'est pas le moins dangereux des favoris du prolétariat, car il trouvera des argumentations triomphantes pour ménager et camper l'adversaire, le gagner à la cause de sa personne, en faisant oublier la cause de ses amis.

L'espèce humaine est si bien sujette partout à la défaillance que l'Empire, expert en matière de séduction officielle, n'avait pas hésité à tenter d'entamer le prolétariat par la décoration. Lors de l'Exposition universelle de 1867, trois croix de la Légion d'honneur arrivèrent dans les rangs de la délégation ouvrière. Je ne prétends pas rendre responsables de cette faveur les honorables citoyens à qui elle fut accordée et que leur mérite personnel, étant admis le principe des distinctions honorifiques, justifiait nécessairement. Je ne me crois autorisé à citer leur nom que pour l'authenticité historique. Les nouveaux chevaliers furent les citoyens Alexandre, délégué des ouvriers horlogers, Mollet, délégué président, et Léon Barbier, délégué des ouvriers ferblantiers.

Si le prolétariat veut être représenté avec moralité au Parlement, il ne peut l'être par des individualités isolées, exposées à dévier dans le soin de leur avenir personnel. La moralité n'est pas une vertu individuelle, c'est un produit social. L'individu, sans relations avec ses semblables, n'a pas de motifs de moralité. Lié à d'autres individualités, il devient une personne par la loi des relations. Telle est la condition de la moralité. Or, quelques prolétaires disséminés sur les bancs d'une chambre politique, c'est pour eux l'isolement. La campagne sincère du travail ne peut être menée que par un groupe suffisamment important de prolétaires, solidarisés par le but et gardés contre les défaillances par le nombre.

Il ne faut pas se dissimuler que la difficulté de faire sortir des urnes toute une série de travailleurs est considérable. D'abord, la conversion du suffrage universel à ce principe est à obtenir. En outre, la difficulté du choix des candidats existe socialement et politiquement : socialement, parce que peu de prolétaires, parmi l'élite, peuvent risquer l'assiette de leur activité économique quotidienne, pour obéir à un mandat qui suspend forcément cette activité ; politiquement, parce que le salarié, dépendant, est rarement autorisé par ceux qui l'occupent à tenter même l'ébauche de sa candidature. Il résulte de cette situation fatale que les citoyens les plus dignes peuvent être écartés de la représentation et que la part la plus large, dans l'accession au titre de candidat, reste réservée aux plus aventureux. Telles sont invariablement, en toutes matières, les conséquences du défaut de liberté. L'absence de la liberté produit le mal à coup sûr. La jouissance de la liberté ne comporte que des maux éventuels, en tout cas balancés par la part du bien. En ce qui regarde la liberté d'éligibilité, ses limites forcées seront un obstacle, non pas infranchissable, mais sérieux à la constitution numérique de la représentation du prolétariat dans les chambres politiques.

Il est intéressant, avant de terminer ce chapitre, de voir combien d'élections le prolétariat a pu produire à son compte depuis 1789 et comment ont marché ses élus. Un simple mot sur chacun.

Armonville, ouvrier cardeur de laine, envoyé à la Convention par le département de la Marne. Fidèle ami de Marat. Reprit l'usage de sa profession après la séparation de la Convention. Mourut misérable à l'hôpital. Comme l'indique sa fin, il garda ses convictions jusqu'au bout.

Martin Bernard, compositeur d'imprimerie, enfermé au mont Saint-Michel et à Doullens par le gouvernement de Louis-Philippe, élu à la Constituante de 1848 et à la Législative. Réfugié en Suisse depuis le 13 juin 1849. Nommé à l'Assemblée nationale après la guerre de 1870-71. Non réélu en 1876. Demeure dans les rangs du parti républicain sans manifester toutefois un concours bien actif.

Corbon, d'abord rattacheur de fils, puis sculpteur sur bois. Vice-président de la Constituante de 1848. Député à l'Assemblée nationale de 1871. Devenu sénateur inamovible.

Agricol Perdiguier, ouvrier menuisier. Élu à la Constituante de 1848 et à la Législative. Proscrit de décembre 1851. Décédé il y a peu de temps, fort amorti au point de vue politique et ayant perdu toute habitude professionnelle.

Boichot, sergent d'infanterie de ligne, élu à la Législative en 1849. Réfugié en Belgique, où il a fondé une maison d'éducation et publié des ouvrages d'instruction élémentaire.

Nadaud, ouvrier maçon, envoyé en 1849 à l'Assemblée législative par la Creuse. Exilé par le coup d'Etat. Instituteur à Londres. Élu à l'Assemblée législative de 1876. Constant dans ses aspirations démocratiques.

Rattier, sergent au 48e de ligne, élu à la Législative de 1849. Réfugié d'abord en Amérique, il revint à Paris où il ne trouva que des occupations dures et fort peu lucratives. Nommé chef de bataillon de la garde nationale après le 4 septembre 1870. Arrêté et inquiété après la Commune. Vit pauvre et fidèle à son passé.

Commissaire, sergent aux chasseurs à pied, élu à la Législative de 1849 par le Bas-Rhin et par le Rhône où il était connu comme ouvrier en soieries. Enfermé à Belle-Isle à la suite du 13 juin 1849.

Peupin, ouvrier horloger, nommé en 1848 par les électeurs de Paris. Nommé, par l'Empire, directeur du bureau des secours et dons de l'empereur, chevalier, puis officier de la Légion d'Honneur.

Greppo, ouvrier pour la fabrication de la soie. Élu à la Constituante de 1848 et à la Législative. Banni après le 2 décembre, il fut nommé à l'Assemblée nationale de 1871 et réélu à l'Assemblée législative de 1876. Personnalité obscure. Homme dévoué, cœur fraternel. Son allure politique, ramenée à des formes tempestives, le sépare du parti populaire militant.

Alexandre Martin dit *Albert*, ouvrier mécanicien, membre du gouvernement provisoire et élu à la Constituante en 1848. Condamné à la déportation après le 15 mai, il ne reparut plus par la suite dans la vie politique.

Renaud, ouvrier ferblantier, nommé en 1848 par le département de l'Isère. Non réélu à la Législative, il reprit l'usage de sa profession et rentra dans l'obscurité.

Rossel (Victor), contre-maître menuisier de la marine, nommé à la Constituante de 1848 par le Finistère. Sa carrière politique ne fut pas profitable à la démocratie. Non réélu à la Législative, il fut admis dans le corps des agents comptables de la marine.

Target (Léon), contre-maître charpentier sur le port de Rochefort, porté à la Constituante par la Charente-Inférieure. Nulle trace de sa vigueur démocratique. Après la séparation de la Constituante est retourné à ses outils.

Debain, ancien ouvrier du port de Rochefort, devenu instituteur. Nommé à la Constituante par la Charente-Inférieure. Inspira des regrets aux ouvriers. Non réélu à la Législative, sa personnalité s'est dérobée depuis.

Doutré (Esprit), ouvrier typographe, représentant de Lyon à la Constituante et à la Législative. Vota constamment dans le sens de son mandat.

Benoît (Joseph), contre-maître dans une manufacture de soieries à Lyon, élu à la Constituante et à la Législative. Réfugié en Suisse après le coup d'Etat de décembre.

Brandsept, ouvrier cordonnier, élu par le Bas-Rhin à la Législative. Socialiste persistant.

Beyer, ouvrier peintre de Strasbourg, nommé à la Législative où il se tint correctement dans sa ligne.

Mathieu (*Louisy*), homme de couleur, ouvrier typographe, nommé à la Constituante par la Guadeloupe. N'a donné lieu à aucune critique sérieuse de la part de ses électeurs.

André, ouvrier sur le port de Toulon, envoyé à la Constituante par le département du Var. Chercha bientôt, auprès des hommes puissants, à se faire une réputation de bon sens et d'honnêteté, en se déclarant non contaminé par l'idée socialiste. Revint ensuite au parti avancé: mais ses électeurs, variant à leur tour, ne le renvoyèrent pas à la Législative.

Lécuyer, ouvrier mécanicien, plus connu comme sauveteur courageux que comme esprit politique. Élu représentant de Seine-et-Oise à la Constituante. Se rangea aussitôt, à la grande stupéfaction de ses électeurs, du côté des hommes honnêtes et modérés, selon l'expression du temps.

Regembal, tailleur de pierre dans l'Ain, *Astouin*, porte-faix de Marseille, *Lemonnier* (*Jean-Nicolas*), ouvrier serrurier dans le Calvados, *Faure*, coutelier lyonnais, socialiste ardent, furent nommés, les trois premiers, à la Constituante, le dernier à la Législative. Pas de trace de leur sillage sur la mer de la politique.

Malon, ouvrier nacrier, élu à l'Assemblée nationale de 1871. Donna bientôt sa démission. Élu ensuite membre de la Commune de Paris. Sous l'Empire, correspondant de l'Internationale et promoteur des sections françaises, en collaboration avec divers hommes marquants du parti ouvrier, notamment l'ouvrier en papier peint Héligon, devenu maire de Montrouge après le 4 septembre 1870, élevé, après la Commune, au poste officiel de conservateur de l'Entrepôt de Bercy. Malon, réfugié à l'étranger avec sa femme, s'est vu deux fois expulsé d'Italie à cause de ses antécédents. Publie des ouvrages sur la nouvelle politique sociale.

Tolain ouvrier ciseleur, nommé à l'assemblée nationale de 1871 par le département de la Seine. Ancien membre de l'*Internationale*; devenu sénateur.

LES DÉBATS DU CONGRÈS

Persiflage des politiques. — Le scrutin de liste article de foi. — Circonscriptions électorales administratives. — La majorité du Parlement pouvant être la minorité. — Les orateurs Prost et Chabert.

La tribune ouvrière s'est vengée de la tribune politique. Le député soyeux a été maculé, le candidat aux grasses promesses sifflé, le bourgeois bénéficiaire des révolutions charivarisé.

Le citoyen Defolly, délégué de la chambre syndicale des selliers de Paris, parle ainsi :

« Il est généralement admis — et cela malheureusement — que tout individu qui vient, en frac noir et cravate blanche, nous débiter éloquemment quelques tartines assez corsées de flatteries, est seul compétent pour défendre nos intérêts. Une fois dans la place, il nous appelle vile multitude. — Toujours la fable du corbeau et du renard. — Ah ! la Fontaine était un bien grand homme !.. Mais nous avons une si bonne tête qu'une chanson nous guérit et nous recommençons à la prochaine occasion. »

Le citoyen Olligier, délégué de la chambre syndicale des tabletiers en peignes de Paris, reprend de la manière suivante : « Nous avons toujours vu que ceux qui ont fait les révolutions, qui se sont mis à leur tête, ont été des bourgeois. Mais qui ont-ils fait marcher ? qui ont-ils toujours placé au premier rang du danger, devant les fusils des Suisses ou derrière les barricades, sinon nous autres travailleurs ? Ah ! citoyens, quand ils ont eu besoin de nous, ils ont toujours bien su venir nous trouver ; ils nous ont adulés : « Le peuple est bon !... il est juste !... » disaient-ils. Oui, mais le lendemain de la victoire, que nous leur donnions au prix de notre sang, ils nous abandonnaient et ne nous connaissaient plus. »

Le citoyen Bolâtre, délégué de l'association générale des cordonniers de Paris et ex-gérant condamné du journal *les Droits de l'homme* dit :

« Les ouvriers qui ne peuvent être aujourd'hui que très exceptionnellement journalistes, qui ne peuvent pas du tout être avocats, sont dans un état d'infériorité légale contre lequel ils ont le droit de protester. Il leur appartient de réclamer l'abolition du monopole de droit appartenant aux avocats et du monopole de fait appartenant aux journalistes. »

Dans la partie de son discours relative aux moyens de faire réussir la candidature ouvrière, le citoyen

Bolâtre recommande la panacée politique du scrutin de liste. Cette idée, du reste, est revenue fréquemment dans les débats du Congrès, où, à propos d'une chose, on parlait de toutes. Je la regarde comme une réminiscence de servitude envers la suzeraineté des politiques.

Scrutin de liste ! Cela fait une facile formule de revendication, d'autant mieux que l'essai du scrutin de circonscription vient d'une inspiration rétrograde. Mais le scrutin de liste n'est pas un dogme qu'on ne puisse pénétrer. Or, le scrutin de liste profite surtout aux grosses notabilités de la politique et à leurs doublures. C'est la candidature forcée. Par ses grands collèges formés de la masse entière d'un département il isole l'électeur de l'éligible. Il oblige à des moyens d'action difficiles, dispendieux comme temps et comme argent, en un mot à des sacrifices de diverses natures qui sont le privilége du loisir et du capital. Pour les politiques de notoriété et de ressources, le scrutin de liste vaut fief électoral. Gouvernant l'opinion du département par la coalition de leurs candidatures, forçant la confiance par leur patronage réciproque, s'imposant à l'impuissance de l'électeur par le voile qui les cache au contrôle de chaque localité, parlant à la renommée par le déluge de leurs affiches et par le bruit de leurs journaux dont ils sont les propriétaires ou les actionnaires, ils commandent le vote bien plus qu'ils ne le subissent. Dans tous les cas, il n'y a point de place sur leur liste pour un candidat qui n'est pas de leur origine et dont l'entrée en lice, isolément et avec de faibles moyens, serait suivie d'un insuccès certain. Les transactions toutefois ne les rebutent pas. Un mélange de nuances sur la liste ne prépare que mieux la réussite, mais s'ils transigent, c'est contre le parti populaire, ou si par hasard la concession se fait inversement, le candidat populaire admis exceptionnellement, l'intrus, aura fait au préalable acte de déférence et se sera lié c'est-à-dire annulé pour l'avenir. Le scrutin de circonscription sous l'Empire a fait entrer au corps législatif, dans les derniers temps, des lutteurs redoutables que le scrutin de liste, avec ses prud'homies, aurait infailliblement écartés.

A sa décharge, le scrutin de liste peut invoquer son hospitalité possible pour les minorités, précisément par le système des transactions ; mais nous venons de constater de quel côté penche sa balance et d'ailleurs je ne suis pas certain que dans une chambre politique appelée à des actes de décision, il soit absolument nécessaire d'avoir des parleurs en opposition de nuances ou de principes.

Toute disposition électorale qui, comme le scrutin de liste, tend à noyer les électeurs dans leur masse, porte atteinte à leur liberté par la difficulté de l'entente. Ce que perdent les électeurs en pouvoir, l'intrigue et l'influence pécuniaire le gagnent. Le scrutin par circonscriptions restreintes est un organisme simple, relativement facile à mettre en mouvement et à l'aide duquel le peuple, s'il le veut, peut entrer en concurrence. Susceptible d'être amendé, la réforme capitale à y introduire serait d'égaliser sensiblement les circonscriptions, de manière qu'on ne voie pas, comme aujourd'hui, 42,000 électeurs disséminés dans les Basses-Alpes, élire proportionnellement plus de deux fois autant de députés que les 460,000 électeurs de Paris, réputé le foyer de la civilisation. Le système des circonscriptions entendu de cette façon donne la représentation de divisions administratives arbitraires et non la représentation proportionnée de la France. En le perfectionnant par le côté faux, on pourrait arriver à réduire, dans le Parlement, la majorité réelle à une imperceptible minorité. La politique spécialiste n'a pas entrepris de campagne sur ce sujet et les indépendants du salariat paraissent avoir simplement calqué son silence.

Les plus pressés parmi les futurs candidats ouvriers ne sont point sans doute encore disposés par eux-mêmes à faire mauvaise figure au scrutin de liste, car ils peuvent espérer d'en profiter. Une bonne fortune personnelle peut les faire agréer des politiques et leur permettre de gravir à leur tour l'estrade de la grande candidature.

En ce qui regarde le scrutin de circonscription proportionnel aux circonscriptions et non au nombre des électeurs, les anomalies qu'il produit sont graves, bien que les politiques ne s'en soucient.

La Chambre des députés actuelle se compose de 525 députés, non compris les sept députés de l'Algérie et des colonies.

Le nombre total des électeurs de la France continentale est de 9,872,739.

Or, par le fait de l'arrangement des circonscriptions électorales, il se trouve que les 36 départements suivants :

Allier.
Basses-Alpes.
Hautes-Alpes.
Alpes-Maritimes.
Ardèche.
Ardennes.
Aube.
Aveyron.
Bouches-du-Rhône.
Calvados.
Cantal.
Corrèze.
Corse.
Côtes-du-Nord.
Creuse.
Dordogne.
Doubs.
Eure-et-Loir.
Finistère.
Gers.
Indre.
Isère.
Landes.
Lozère.

Manche. | Haute-Savoie.
Nord. | Seine-Inférieure.
Basses-Pyrénées. | Seine-et-Oise.
Hautes-Pyrénées. | Vienne.
Haut-Rhin. | Haute-Vienne.
Savoie. | Pyrénées-Orientales.

lesquels renferment 3,670,186 électeurs, ont une représentation moyenne de 5.86 députés par cent mille électeurs, soit au total 217 députés, tandis que les 51 départements ci-dessous :

Ain. | Haute-Marne.
Aisne. | Mayenne.
Ariége. | Meurthe-et-Moselle.
Aude. | Meuse.
Charente. | Morbihan.
Charente-Inférieure. | Nièvre.
Cher. | Oise.
Côte-d'Or. | Orne.
Drôme. | Pas-de-Calais.
Eure. | Puy-de-Dôme.
Gard. | Rhône.
Haute-Garonne. | Haute-Saône.
Gironde. | Saône-et-Loire.
Hérault. | Sarthe.
Ille-et-Vilaine. | Seine.
Indre-et-Loire. | Seine-et-Marne.
Jura. | Deux-Sèvres
Loir-et-Cher. | Somme.
Loire. | Tarn.
Haute-Loire. | Tarn-et-Garonne.
Loire-Inférieure. | Var.
Loiret. | Vaucluse.
Lot. | Vendée.
Lot-et-Garonne. | Vosges.
Maine-et-Loire. | Yonne.
Marne.

lesquels comprennent 6,262,761 électeurs, n'ont qu'une représentation moyenne de 4.88 députés par cent mille électeurs, soit au total 308 députés.

Si la proportion visait rationnellement le nombre des électeurs, les 36 premiers départements représentant les 37/100 de la population de la France auraient 194 députés assis sur les bancs de la Chambre au lieu de 217, et, inversement, les 51 autres départements, représentant les 63/100 de la France, en auraient 331 au lieu de 308.

Il en résulte que dans la Chambre actuelle, le vote de chaque député étant égal à celui de chaque autre, abstraction faite de la quantité d'électeurs qu'il représente, la minorité de la France peut être légalement la majorité. Le plus petit nombre des Français, divisés d'opinion, peut imposer sa loi au plus grand nombre.

En effet, la majorité absolue sur 525 députés est de 263. Nous supposons, par une hypothèse admissible, que dans une question donnée, les opinions se divisent numériquement dans le sens du partage des départements en fortement et faiblement représentés. Les 217 députés des départements fortement représentés émettront un vote déterminé. Ralliant 46 des autres députés, ils formeront la majorité de 263 requise. Cependant leurs 217 premières voix n'en valaient, en arithmétique équitable, que 194. Or, 194 plus 46, soit 240, sont des chiffres qui les laissaient en minorité, puisque la majorité absolue exige 263. Ils auraient encore 23 voix à gagner avant d'arriver à la majorité.

Le scrutin par circonscriptions administratives, circonscriptions par arrondissements ou circonscriptions départementales, ce qui comprend aussi le cas du scrutin de liste —, crée donc des majorités légales qui ne sont pas des majorités réelles. Ce système fausse la souveraineté nationale dans son principe de force numérique, base du droit politique moderne.

Au Congrès, deux orateurs ont pris un relief particulier dans le débat, ce sont les citoyens Prost (Victor), délégué des travailleurs de Dijon, et Chabert, délégué de la chambre syndicale des graveurs de Paris.

Le premier, vaillant, aux formes corporelles et au tour d'idée athlétique, débordant de juvénile sincérité et d'émotions viriles, s'est emparé du procédé terrible de la ligne droite pour attaquer les politiques. L'autre, précautionneux, parlementaire expérimenté par l'habitude des réunions, évitant toute compromission, s'est tenu dans les limites d'une improvisation intéressante, sans aspérités. Ses conclusions ont été pour le partage amiable de la députation entre les occupants de la politique, chez lesquels sont les légistes érudits, et les ouvriers, qui peuvent fournir des défenseurs du travail autorisés.

Voici comment s'exprime le citoyen Prost sur le milieu d'extraction des députés actuels :

« La bourgeoisie a absolument perdu tous les liens qui la rattachaient au peuple ; elle constitue dans notre société une classe à part, avec les intérêts distincts qui ne sont pas du tout ceux du travailleur. Autrefois, lorsqu'il y avait la noblesse, la bourgeoisie marchait avec le peuple, dont elle avait besoin pour renverser la noblesse qui les dominait. Aujourd'hui, la noblesse n'existe plus, aussi vous voyez la bourgeoisie se faire réactionnaire et cléricale, comme jamais la noblesse de jadis ne l'a été.

« Dans ce que je vous dis sur la bourgeoisie, il y a des restrictions. On trouve beaucoup de ses membres qui sont animés des meilleures intentions, que leur amour du pays et du progrès pousse du côté du peuple, lequel dans ses flancs porte l'avenir et la vérité.

« Mais en raison de son éducation, de sa tournure d'esprit, de son instruction, cette partie de la bourgeoisie ne comprend plus ce que veut le peuple, quels sont ses besoins et ses aspirations. »

Chargeant sur l'opposition parlementaire de l'Empire, l'orateur signale les libéraux qui la composaient comme prêts à « passer au 2 décembre si le 4 septembre leur en avait donné le temps. »

« Dans ces conditions, citoyens, continue-t-il, si les travailleurs veulent être véritablement représentés, il faut qu'ils se défient des bourgeois de tous ordres, car, ou ils sont traîtres, ou ils sont incapables de représenter le prolétariat dans les Chambres, attendu qu'ils n'en connaissent pas les besoins. Il faut également qu'ils se défient des politiciens, c'est-à-dire de ces gens qui font de la politique par profession, sans conviction, et qui travaillent dans les idées démocratiques, socialistes ou autres, comme un capitaliste travaille dans le cuir, le fer, ou la chaudronnerie. »

Avant de formuler ses conclusions pour la candidature ouvrière, avec subordination de l'élu à ses électeurs, le citoyen Prost émet ces considérations :

« Nous avons, vous le savez, beaucoup de lois restrictives à faire rapporter, et nous ne les ferons jamais rapporter, si nous nous confions à la bourgeoisie ou aux politiciens. — Pour défendre les intérêts du peuple en cette circonstance, il nous faut des hommes du peuple, animés de nos sentiments, qui aient les mêmes intérêts, qui sortent de l'atelier et que l'on connaisse, des hommes qui, du jour au lendemain peuvent être remis dans leur ancienne condition, s'ils viennent à faillir à leur mandat, et qui, par conséquent, soient aussi intéressés que leurs mandants à modifier ce qui existe aujourd'hui, et dont, en tant que travailleurs, ils souffrent autant que nous.

« Choisis dans ces conditions, les représentants du prolétariat au Parlement sont aussi intéressés que leurs électeurs aux réformes contenues dans le mandat qui leur a été donné. En travaillant pour nous, ils travailleront pour eux ; ce sera donc le moyen pour nous d'être loyalement servis. »

Le citoyen Chabert aborde ainsi la question des classes sociales par rapport à la représentation :

« Dans l'Assemblée toutes les situations sociales sont représentées, toutes, excepté celle de 16 millions de producteurs dont nous faisons partie. Oui, dans l'Assemblée, nous sommes représentés par zéro, et, quand nous avons réclamé notre représentation, on nous a répondu : Oui, en principe, c'est votre droit et, en principe, il serait excellent que vous fussiez représentés ; mais il est trop tôt, ne vous pressez pas, attendez donc encore, la poire n'est pas mûre....

« Quand on a présenté les candidatures ouvrières, — retenez bien ce point, — on a dit : Vous ressuscitez les classes. Non, il n'est pas besoin de les ressusciter, car nous savons bien qu'elles existent et nous le déplorons, mais ce n'est pas de notre faute s'il en est ainsi. Qui donc a constitué les classes ? Est-ce nous, qui en souffrons ? Qui donc répète, tous les jours, qu'il faut que les classes dirigeantes continuent à diriger ? et qui ajoute qu'il ne faut pas oublier les classes laborieuses et nécessiteuses ? »

Sur le point des capacités personnelles, le citoyen Chabert dit :

« Il ne faut pas croire non plus qu'il faille, pour faire un député, une somme de capacités politiques énorme. Je vous assure que si vous voyiez en déshabillé nos grands politiques, ils ont cela de commun avec le reste des mortels qu'ils sont bien souvent au-dessous de la moyenne. Dans une Assemblée, il y a vingt ou trente orateurs et chefs de file et les autres sont un peu comme les moutons de Panurge. »

En ce qui regarde le rôle politique de la femme, le citoyen Chabert l'annule en des termes qui ne dépareraient pas les meilleurs discours parlementaires.

« Qu'elles restent, dit-il, au foyer, à la famille, qu'elles s'occupent de l'éducation de nos enfants, leur intervention dans nos discordes civiles sera bien plus forte, bien plus grande, bien plus efficace que si elles se mêlaient dans ces questions politiques, où souvent des hommes d'une grande valeur se rapetissent ; je crois qu'elles doivent être dédaignées par elles, et que du moment quelles auront l'égalité des droits civils, elles doivent renfermer leur action dans la famille, et que là elles feront de bien meilleure politique que celle qu'elles feraient dans le journal ou à la tribune. »

Ajoutons pour la curiosité du lecteur un mot sur la personnalité des deux orateurs, Prost et Chabert. La profession du citoyen Prost est celle d'horloger-mécanicien ; il habite la Côte-d'Or et travaille manuellement, mais c'est plutôt un artisan assis dans sa situation qu'un ouvrier à la condition précaire. Le citoyen Chabert est un graveur émérite sur métaux. Jadis établi à titre d'associé, il est revenu au travail du simple ouvrier avec les avantages que lui assurait son talent, reconnu paraît-il. La Société catholique d'*Economie charitable* n'a pas dédaigné, après les événements de 1870-71, de le convoquer tout particulièrement à ses assemblées, où sa parole, à cause de son esprit jugé pratique, était volontiers invoquée contre les constructions théoriques d'ouvriers moins prudents. Dans le même temps, il déconseillait l'action politique ouvrière indépendante. En 1876, à Paris, lors des élections législatives, nous le trouvons candidat pour la représentation des intérêts ouvriers, soutenu, dans une mesure quelconque, par quelques notabilités politiques du parti avancé et luttant contre un concurrent appartenant à la démocratie hautaine. A l'ouverture des urnes, il n'a manqué le but que d'une faible distance.

CONCLUSIONS DU CONGRÈS

Le citoyen Albert, typographe, délégué de la commission centrale de Lyon, présente au nom de la cinquième commission, le rapport ci-dessous adopté par le Congrès :

« Considérant que l'utilité de la canditature ouvrière a été suffisamment démontrée par les orateurs qui ont traité cette importante question.

« Considérant que si nous désirons mettre en pratique les théories développées sur toutes les questions du programme par les citoyennes et citoyens qui se sont succédé à cette tribune durant la session du Congrès, il est indispensable :

« D'amener l'Etat, non pas à s'occuper de nos affaires, mais à supprimer les nombreuses entraves semées sur notre route et à nous donner les libertés politiques nécessaires à l'amélioration de notre sort.

« Considérant que, de toutes les classes celle qui souffre le plus de la privation de ces libertés, c'est incontestablement la classe ouvrière ;

« Qu'il est de toute nécessité qu'elle possède des législateurs sortis de son sein pour les revendiquer ;

« Que ce point acquis, il est urgent de trouver le moyen pratique de faire triompher au pl tôt les candidatures ouvrières.

« Nous avons l'honneur de soumettre à la sanction du Congrès les conclusions suivantes :

« 1° Tout Français jouissant de ses droits civils et politiques doit être électeur sans condition de domicile ;

« 2° Nécessité absolue du retour au scrutin de liste ;

« 3° Constitution partout où faire se pourra d'un jury d'examen, composé exclusivement d'ouvriers, à l'effet de se rendre compte des capacités et des convictions politiques des candidats.

« 4° Fondation d'un journal socialiste destiné à servir de trait d'union entre les travailleurs de Paris et ceux de province.

« Nomination par le Congrès d'une commission chargée d'étudier les voies et moyens d'arriver à sa création.

« 5° Chaque localité sera juge du système à adopter pour faire face pécunairement aux frais qu'engendreront les élections.

« Citoyennes et Citoyens,

« La commission ne se dissimule pas que la tâche est difficile et qu'il reste énormément à faire pour arriver au succès, car nous avons à lutter, non-seulement contre les classes privilégiées, mais encore contre l'indifférence, malheureusement trop grande, qui règne parmi les travailleurs.

« A vous, délégués de Paris, à nous, délégués de province, à déployer, chacun dans le milieu où nous vivons, tout ce que nous possédons de force, d'intelligence et d'énergie pour combattre cette insouciance, qui nous perdrait. Ramenons à nous les indifférents ; protégeons les faibles, éclairons les ignorants.

« Montrons aux classes dirigeantes que nous saurons trouver parmi nous des citoyens capables de défendre, par la parole ou par la plume, au sein du Parlement, les intérêts des travailleurs, comme ils sauraient, au besoin, défendre par les armes la République si elle était en péril, la patrie si elle était en danger.

« Nous arriverons ainsi, soyez-en convaincus, citoyens, à établir sur des bases inébranlables, le seul gouvernement digne de la France : la République démocratique et sociale. »

LES ASSOCIATIONS COOPÉRATIVES

DE PRODUCTION, DE CONSOMMATION ET DE CRÉDIT

Les idées que la question du principe coopératif soulève, sont trop nombreuses pour que la clarté de l'exposition ne gagne pas à une division.

LE FAIT DE LA MISÈRE

Les économistes, les philosophes, les hommes de foi et les politiques en face de la question des inégalités sociales.

Juvénal, qui vivait à une époque où l'idée humaine commençait à naître dans le sein même de la corruption romaine, peint ainsi l'un des effets de la pauvreté, dans une de ses immortelles satires :

« Le pauvre ! il est ici le jouet de tous. Sa lacerne se déchire, on le raille ; sa toge est tachée, on le raille ; ses chaussures sont fendues, ou leurs plaies béantes laissent entrevoir le gros fil qui voudrait en vain les cicatriser, on le raille encore! De toutes tes misères, ô triste Pauvreté, la plus poignante est de rendre les hommes ridicules. »

Le ridicule est l'extinction de la dignité dans l'homme. On peut dire que l'homme n'existe pas quand le ridicule l'afflige. Tel est le résultat de la misère qui, pour diminuer et effacer l'homme, le fait passer par une série de tortures : l'asservissement, l'annulation des forces intellectuelles, la paralysie des forces morales, le dénuement, la maladie, l'infirmité, la vieillesse anticipée.

La misère est donc une tache hideuse dans l'humanité! Tous les cœurs sensibles, tous les esprits justes et élevés ont dû se demander s'il était possible de la retrancher de ce monde. Des affirmations directement opposées à leur aspiration généreuse sont venues, les unes avec l'autorité des déductions scientifiques, les autres avec la puissance du style et de la méditation philosophique, décourager l'espérance.

On déclare l'égalité de sort des êtres humains une illusion radicale. Le salariat serait une juste forme de l'inégalité; on l'affirme un dogme économique et on signale la dépendance d'une partie des hommes vis-à-vis des autres, les distances morales qui les séparent, comme d'ordre naturel ou providentiel.

Écoutons un économiste libéral, un homme de mérite et de talent, M. Joseph Garnier, fort au courant de toutes les revendications nouvelles et dont les travaux ont reçu l'approbation de l'Académie des sciences morales et politiques.

« La suppression générale du salariat n'est qu'une exagération...

« Le pauvre doit se former de bonne heure à la dure loi du travail... »

Contre les conséquences de la baisse des salaires, M. Joseph Garnier ne voit que la continence dans le prolifique et l'émigration pour les contrées désertes :

« D'abord l'accroissement de la population, dit-il, peut être ralenti et le nombre d'ouvriers limité par des mariages tardifs et prévoyants ; une meilleure distribution de la population peut être obtenue ; une émigration efficace peut s'établir. » (*Traité d'économie politique.*)

Le célèbre Malthus, moins gêné par les lumières de son époque, s'exprime ainsi :

« Un homme qui naît dans un monde déjà occupé, si les riches n'ont pas besoin de son travail, est réellement de trop sur la terre. Au grand banquet de la nature, il n'y a point de couvert mis pour lui. La nature lui commande de s'en aller et elle ne tardera pas à mettre elle-même cet ordre à exécution. » (*Essai sur la population.*)

Un économiste populaire allemand, M. Schulze-Delitzch, qu'on a fait passer bien à tort, en France, pour un socialiste et qui n'est qu'un économiste libéral vulgarisateur, parle ainsi de son côté :

« Des qualités et des dispositions naturelles dépend le succès de la vie ; c'est grâce à elles qu'on arrive à la puissance, à la propriété, à la fortune. De tout temps il en fut ainsi et il en sera toujours de même. Celui qui grâce aux aptitudes indiquées plus haut est parvenu à se créer une position et qui a mis son activité au service d'un grand nombre, celui autour duquel se groupent de nombreux et puissants intérêts, celui enfin qui est à la tête d'entreprises d'où dépend l'existence de bien des gens (le grand propriétaire foncier, le grand industriel) exercera naturellement une influence considérable, soutenu et porté qu'il est par tous ceux qui l'entourent et dont le bien-être est plus ou moins lié à sa bonne ou à sa mauvaise fortune. Et qui donc voudrait changer cette économie de la nature? N'a-t-elle pas agi très-sagement en se refusant à douer les hommes d'une manière égale?... Finissons-en avec ces rêveries et ces utopies; prenons les choses telles qu'elles sont et puisque nous ne pouvons pas changer la nature humaine, au lieu de cette égalité de condition et de position sociales, contentons-nous de l'égalité de tous devant la loi, de l'égalité légale, de l'égalité politique. »

Passons aux philosophes.

Deux ans après l'invite effrayante adressée par lui au prolétariat révolutionnaire et dont on a vu les termes au chapitre consacré à la représentation du prolétariat au Parlement, M. Littré, isolé et dépité par les progrès du socialisme indépendant, écrivait :

« Le temps moderne qui a secoué si complètement les inégalités de la noblesse, accepte par le fait aujourd'hui et acceptera par la raison, dans l'avenir, les inégalités de la richesse. Celles-là sont réelles et indestructibles...

« Les conditions d'un ordre économique meilleur seront, pour les prolétaires : éducation, travail, ménage, mais non capital et richesse. Et cela suffit au bonheur. » (*Conservation, révolution et positivisme.*)

M. Renan, un indépendant du dogme catholique, auteur de l'admirable *Vie de Jésus*, dit de son côté, avec une incroyable netteté :

« On supprime l'humanité si l'on n'admet pas que des classes entières doivent vivre de la gloire et de la jouissance des autres.

« La nature a voulu que l'humanité fût à plusieurs degrés. C'est la grossièreté de plusieurs qui fait l'éducation d'un seul. C'est la sueur de plusieurs qui permet la vie noble d'un petit nombre. » (*Philosophie de l'histoire contemporaine.*)

M. de Mun, capitaine de cuirassiers alors, philosophe et homme de foi religieuse, disait dans sa conférence de 1873 à Lyon :

« Non, il n'est pas vrai qu'il n'existe plus de distinctions sociales, ni qu'il faille les effacer ; non, il n'est pas vrai que la direction de la chose publique, que l'exercice de l'autorité ne soient pas le légitime privilège et comme l'apanage héréditaire de certaines classes. Ces classes existent dans toute société vivante et qui veut vivre, elles en sont l'élément indispensable. »

L'esprit politique, à son tour, parle de la manière suivante, par la bouche d'un comité de notables formé à Paris à l'occasion des premières élections sénatoriales de 1876 :

« Nous tous qui voulons vivre honorablement du fruit de notre travail ou du travail *accumulé* de nos pères... », — ce qui équivaut, vu la prudence obligée du langage électoral, à la proclamation de la perpétuité nécessaire du salariat et de la hiérarchie économique.

La commission d'enquête sur les conditions du travail en France, nommée par l'Assemblée nationale de 1871, manifeste les mêmes vues par l'organe de son rapporteur, M. Ducarre, député de Lyon, qui n'a pas reparu à l'Assemblée législative de 1876 :

« Le régime actuel, dit M. Ducarre, est la raison d'être de notre prospérité industrielle..... Faut-il donc le supprimer parce que, par leur faute, un certain nombre d'ouvriers sont dans une fausse situation économique et sociale ?... Il n'y a à se montrer accessibles à l'espoir d'une rénovation sociale que les ouvriers qui se sont créés des besoins qu'ils ne peuvent ensuite satisfaire. » (*Rapport à l'Assemblée nationale.*)

Dans le journalisme, l'idée d'une amélioration sociale est plus lestement traitée :

« On vous a comprimés, dites-vous. C'est fort heureux et nous espérons bien voir toujours comprimer et réprimer ceux qui donnent à vos doctrines la seule application vraiment logique et pratique. C'est pour les socialistes pratiques, c'est tout exprès pour eux, que l'on a inventé les gendarmes, les maisons centrales, les bagnes et les pénitenciers. » (*Le Pays* du 23 février 1869.)

« A voir impartialement le fond des choses, —, c'est maintenant M. Maxime du Camp (*Revue de France, 1874*) qui parle — on reconnaît que le plus souvent l'ouvrier demande un gros salaire, non pas pour épargner et assurer la paix de sa vieillesse, mais pour s'amuser et se jeter à travers les jouissances brutales où l'homme se complait. »

Ainsi, d'après ces citations, la misère et les vices feraient partie de la charpente immuable du monde. La nature humaine déchue payerait par cette destinée anxieuse des torts impossibles à racheter ou bien, s'abusant dans le sentiment qu'elle croit avoir de la justice, elle ne serait qu'une hiérarchisation brutale, obéissant à des lois mathématiques brutales et où les différences de destin ne seraient que l'inexorable condition de l'universelle harmonie. La grâce ou les mystères atomiques décideraient seuls des supériorités et du bonheur, rare d'ailleurs, en faveur des personnes.

LE LOYER DES CAPITAUX

Le loyer des capitaux producteur d'inégalité sociale. — Nature du capital. — Souveraineté économique du capital. — Le consommateur salarié seul paye finalement le loyer des capitaux. — L'inégalité du crédit produisant le luxe exagéré. — Les expositions universelles privées du côté utilitaire, qui devrait être leur objectif. — Coût inévitable du crédit dans l'état actuel des intérêts. — Le taux de l'intérêt doit être libre.

Le mal organique de la misère peut avoir plusieurs causes : la paresse, l'ignorance, les fatalités économiques. La paresse est fille de l'ignorance. L'ignorance produit également les fatalités économiques et par la révolution naturelle des causes et des effets les fatalités économiques engendrent à leur tour l'ignorance.

L'intérêt de la question semble donc consister à étudier les fatalités économiques pour savoir ensuite si elles peuvent être réparables.

Économiquement, l'inégalité sociale naît du loyer des capitaux ou encore, ce qui revient au même, de l'inégalité du crédit, car, en vertu du coût du capital, le crédit est possible pour les uns, difficultueux ou impossible pour les autres.

Dans son acception générale, le capital n'est autre chose que la richesse. La richesse représente tout ce qui peut servir à l'entretien des forces humaines. Le cerveau de l'homme est un capital parce qu'il conçoit des plans en vertu desquels les appétits naturels de l'humanité peuvent être satisfaits. Il trouve les moyens d'appropriation de la matière, il crée les fictions de l'art qui, en colorant les idées et en émouvant le sentiment, procurent un plaisir rénovateur des forces générales de l'être; enfin il puise en lui-même sa propre alimentation au point de vue des forces spéculatives qui se traduisent, dans l'application, par des forces réelles. La rivière qui coule est aussi, et d'une manière plus apparente, un capital, car elle fournit l'eau nécessaire aux besoins domestiques et industriels; elle est un moteur mécanique qui fait tourner la roue du moulin. Les faits météorologiques, la pluie, le vent, la neige, l'électricité du ciel et de la terre sont tour à tour capitaux ou fléaux, suivant qu'ils se produisent à temps ou à contre-temps. La terre cultivable est un capital au plus haut degré d'évidence, puisque c'est dans son sein que s'élaborent, à des états d'avancement divers, les comestibles nécessaires à la nourriture de l'homme. Les maisons, capital, puisqu'elles abritent et conservent l'homme à la santé et concourent ainsi au développement et au maintien de ses forces intégrales. Les routes, chemins, canaux, tout cela capital, puisque faculté de transport des personnes et des choses et par conséquent possibilité de répartition. Les produits créés par l'industrie, capital encore, puisque sous forme d'outils ou d'objets de consommation-jouissance, ils viennent s'adapter à des besoins. Les produits épargnés, tels que l'argent monnayé, capital de même, puisque réserve de moyens. Enfin, le talent personnel, capital aussi, puisque capable de productions désirées.

Les uns de ces capitaux sont entièrement gratuits, c'est-à-dire directement fournis par la nature; les autres résultent pour partie de l'effort de l'homme. Mais dans l'un et l'autre cas, il y a richesse, puisqu'il y a puissance et faculté.

Dans son acception non plus spéculative, mais pratique, le capital répond à une autre idée. Il indique l'épargne dans la main des individus quelle que soit son origine. Le salaire, en tant que salaire, n'est pas un capital individuel, car dans les mains de celui qui le reçoit il ne représente pas l'épargne, mais un moyen de vivre dans le moment présent. Au contraire, si, progressivement une partie du salaire est mise de côté, l'accumulation de ces parties conservées constituera un capital individuel, plus ou moins conservable dans le temps, et dont la destination immédiate ne sera pas les exigences de l'existence quotidienne. Un gain réalisé au-delà des limites des besoins ordinaires de la vie, un héritage en terres, maisons ou espèces qui échoit au cours de l'activité économique, sont des capitaux individuels.

Le capital ainsi entendu est le souverain de la société économique. Rien ne peut se faire sans son ordre et sans sa permission. Aucune richesse naturelle, aucune capacité ne peuvent être mises en valeur sans son intervention. L'artisan qui veut s'installer a besoin d'occuper un atelier, de se procurer des matières premières, des instruments de travail et des subsistances, pour atteindre le jour où ses produits pourront entrer dans le courant des échanges. S'il est démuni d'avances, si l'épargne lui manque, si l'exiguité de son salaire ne la lui a pas permise, il est obligé de tenter le recours au crédit, c'est-à-dire à l'épargne des autres ou mieux encore au capital. Le capital consent à se prêter, mais à la condition qu'on lui paye le service qu'il rend.

Frédéric Bastiat, dans son écrit *Capital et Rente*, exprime une idée qui n'est pas une de celles sur lesquelles on puisse le contredire.

« Il y a dans le prêt, dit-il, un véritable échange, un véritable service rendu par le prêteur et qui met un service équivalent à la charge de l'emprunteur, — deux services dont la valeur comparée ne peut être appréciée, comme celles de tous les services possibles, que par la liberté. »

Le capital perçoit le prix de ses services sous les noms d'intérêts, dividendes, profits, bénéfices, commission, escompte, selon qu'il s'agit d'argent prêté, de valeurs mobilières souscrites, d'opérations en commandite ou de marchandises livrées avec paiement à terme. C'est, sous une dénomination générale, le loyer des capitaux, ou encore le prix du crédit. Rien de moins contestable que le coût du capital emprunté, puisqu'il procure installation, moyens de travail et provisions de bouche à celui qui n'a rien de tout cela ; bien plus, dans le prêt, le capital se risque plus ou moins largement et la redevance qu'il exige comprend à juste titre une sorte de prime d'assurance.

Le loyer des capitaux est prélevé par l'artisan emprunteur sur le produit de son travail, dont il distrait chaque jour une part pour son capitaliste. Jusqu'à ce qu'il puisse rembourser, s'il y arrive sans aliénation de propriété, il doit lui faire sa rente régulièrement. Si cet artisan rembourse dans des conditions heureuses et à court terme, il n'aura payé la rente du capital qu'à titre d'intermédiaire, car alors ses produits, favorisés d'ailleurs par les débouchés, auront contenu, dans leur prix de vente, le loyer des capitaux empruntés et c'est le consommateur en réalité qui aura renté le capital. Après amortissement, c'est l'artisan, devenu définitivement capitaliste lui-même, qui percevra pour son propre compte la rente soldée par les consommateurs. On voit par là deux choses : le capital engendre le capital par le jeu du crédit, ce qui enrichit la société; en fait il prend sa rente sur le travail ou sur la consommation, ce qui appauvrit le travailleur.

Travail ou consommation dans l'espèce, c'est tout un.

Le consommateur qui paye la rente du capital n'est pas le consommateur capitaliste, mais bien le consommateur-salarié. En effet, le consommateur-capitaliste, s'il est marchand, répète sur ses acheteurs propres la redevance acquise au capital et n'en garde rien à sa charge; s'il est simplement un homme vivant de la rente de son capital, la répétition est toute faite puisque c'est à lui, comme capitaliste-prêteur, autrement dit, comme marchand d'argent, que l'ensemble des consommateurs paye la cherté. Le consommateur salarié, lui, ne peut répéter sur personne n'étant pas vendeur.

L'impôt public, tel qu'il est institué actuellement, passe par les mêmes répercussions. Il est avancé par le capital à l'État, répété par le capital dans le prix des choses marchandes et finalement payé, avec intérêts, par le consommateur salarié, obligé d'acheter pour consommer et non pour vendre.

Maître, par le besoin qu'on a de ses services, le capital ne se laisse pas entamer.

Insuffisant dans sa masse pour arriver dans toutes les mains, il a la vertu du privilège et la force de la coalition dans celles qui le détiennent. Il y a privilège d'activité économique par le capital, car la concurrence est limitée entre capitalistes. L'inégalité forcée du crédit entre tous les membres de la famille économique le veut ainsi. Produire utilement et vendre relativement cher résultent de moyens que procure le capital. Avec lui, non-seulement les bénéfices sur la consommation amortissent le capital de fondation, mais encore forment un nouveau capital individuel s'élevant à côté du salariat.

Il associe intimement à son action et admet à un certain partage des profits, les capacités individuelles réelles ou supposées qu'il lui paraît bon de recruter.

Ces capacités sont alors regardées elles-mêmes comme un capital adjoint à l'autre et sont rentées par d'importants appointements ou émoluments.

Du fait de la location des capitaux sortent donc deux conséquences, l'une heureuse, l'autre malheureuse. Si le capital loué féconde l'activité sociale, il place le travail sous la dépendance. Il lui crée un régime spécial de servitude. L'inégalité sensible des conditions devient inévitable.

Dans cette opposition de fortune, il faut mettre sur le même pied le salarié sans mélange et les travailleurs propriétaires d'un capital ingrat, comme un outillage imparfait, une terre mauvaise dont le rendement équivaut à peine au travail de culture. Dans ce dernier cas, le travailleur est sous la dépendance de son propre capital non susceptible de location. Il s'exténue pour en tirer sa subsistance, loin d'en obtenir une rente. Toutefois, la permanence du moyen de travail vaut ici faveur de sécurité, ce dont ne jouit pas le salarié exposé au chômage et aux révocations d'emploi. Il arrive que le salarié et le propriétaire se confondent dans la même personne. Alors la situation économique du sujet participe de l'un et de l'autre état, avec les variantes résultant du mérite ou de la pauvreté du capital possédé.

Il est difficile de déterminer la quantité des capitaux appropriés qui, en France, par insuffisance de vertu productive, ne sont pas susceptibles de location ou, autrement dit, de rente. En les évaluant au tiers de la masse des capitaux français, qu'on chiffre par 150 milliards, le reste des capitaux rentés serait de 100 milliards. A raison d'une moyenne de cinq pour cent de rentes, ce qui est loin être exagéré si l'on considère l'importance de certains dividendes, l'intérêt annuel servi par le travail au capital serait en France de 5 milliards, sur un revenu général de 12 milliards. On compte environ, dans notre pays, 8 millions de pères de famille ; le loyer des capitaux répondrait au chiffre annuel de 625 francs par père de famille.

On ne s'étonnera pas que l'écart soit si peu grand entre l'importance de la rente et le reste du revenu national. La vie réduite est la condition du plus grand nombre.

« D'après un extrait du *Bulletin administratif de* « *l'Instruction publique,* publié en 1865, disait M. de « Ventavon, député de la droite, dans la séance du 29 « décembre 1873, à propos du projet d'impôt sur le sel, « le nombre total des familles travaillant pour autrui à « la journée, à la façon ou à la tâche, est représenté « par 5,373,456 pères de famille.

« Savez-vous comment se décomposent ces 5,373,000 « familles ? le voici :

« Il y en a imposées à la contribution personnelle et « mobilière, 2,211,910. Pour elles, la moyenne de cette « contribution est de 3 francs 02.

« 1,666,000 familles sont dispensées de la contribution « personnelle et mobilière, en raison de leur indigence.

« Enfin, 1,495,000 familles non-seulement sont affran- « chies de tout impôt, mais sont reconnues notoire- « ment insolvables, et, pour la plupart reçoivent des « secours de l'assistance publique. »

On se rendra compte encore de la modération de consommation imposée au plus grand nombre quand on se représentera la part de certains produits qui reviendrait par jour à chaque Français, si l'on opérait une distribution égale entre toutes les bouches :

Céréales et légumes secs	8	décilitres.
Pommes de terre......	6	id.

Viande................	41 grammes.
Vin....................	18 centilitres (un verre).
Bière et cidre.........	11 centilitres.

(*Achille Mercier.*)

Ce n'est pas qu'avant la Révolution, la frugalité obligatoire eût des limites moins étroites. Bien au contraire. Concurremment avec l'inégalité du crédit, l'absorption des grandes fortunes nobiliaires et l'inactivité économique relative, rendaient le sort des salariés incomparablement malheureux.

« Nous ne voulons plus, lisait-on dans le *Cahier des pauvres* en 1791, que les salaires soient aussi froidement calculés d'après les maximes meurtrières d'un luxe effréné ou d'une cupidité insatiable. — On avait constaté en effet que la moyenne de la vie n'était plus que de 28 ans et 25 0/0 étaient exempts pour défaut de taille. » (*Conférence par Nadaud.*)

L'inégalité du crédit ayant pour effet de faire affluer les produits du travail vers le capital, formant autant de centres d'attraction qu'il y a de capitalistes, la vie se trouve amplement pourvue chez certaines individualités. Telle est l'origine des habitudes de luxe dans la société. Or, le luxe, plaie sociale dorée, est une cause de lésion pour la masse. Il consomme les produits sans mesure ni ménagement et, par la raréfaction, les rend moins accessibles à tous. Il approprie les capitaux naturels (matière, capacité), à la production des superfluités, aliment de ses appétits, et mutile ainsi les forces de l'industrie à l'égard de la production des choses nécessaires, salut du plus grand nombre. Je passe sur la question de ses détestables effets en morale. Il a pour stimulant les aubaines, les à-coup, les bonheurs du capital. Comme signe de la dans les convoitises personnelles. eilleux le simulent. Les parvenus ɛtunes traditionnelles le dardent. n entretient l'illusion chez un grand mirage malsain qu'est dû l'affol- ître, dans la population de Paris. tre actuel est une insanité ou une y précipite néanmoins par besoin ın sentiment de frivolité qui naît La guerre, en nous prenant notre ıblant de la dette des milliards de ılmé notre enivrement des futilités ıe la gêne des situations s'exprime ıe, les recettes des théâtres, bals montent comme si le butin de la r nous. Voici jusqu'en 1874, terme progression de ces recettes :

.....	16,075,000 fr.	»
.....	17,775,049	»
.....	18,748,688	»
.....	20,459,046	»
.....	23,212,430	»

ırsière, nantie de capitaux réunis égime de l'inégalité du crédit, a sa ;anctionner l'inégalité des condi- 'oitement les petits capitaux qui marché et fait ainsi redescendre elle sociale à leurs propriétaires rée des valeurs alléchantes qui, s dupes parmi les plus humbles et à l'aide duquel l'épargne dissé- ıpriété dans la main de quelques

t M. Michel Chevalier, dans un

moment où le levain Saint-Simonien refermentait en lui, la spéculation est sans aucun rapport avec la prospérité du pays. Pour unique résultat, elle produit le désespoir d'un grand nombre, et si elle peuple quelque chose, c'est l'Hôtel-Dieu ou la Morgue. Ce sont là de tristes vérités, mais ce sont pourtant de celles qu'il faut dire. »

Les expositions publiques des produits de l'industrie se ressentent d'une manière frappante de l'ascendant du capital et des mœurs exigeantes qu'il autorise. Ces exhibitions des œuvres qu'enfante le génie novateur du travail devraient avant tout manifester les nouvelles créations de l'industrie en vue des besoins propres des travailleurs. Au contraire, cette partie utilitaire, la seule qui soit un objectif, est sacrifiée. Tout le soleil luit pour Monseigneur le Luxe, c'est-à-dire pour ce qui regarde les besoins du plus petit nombre. Sous ce rapport, la dernière exposition universelle de 1867 était un véritable accablement.

De tout temps, l'intérêt du crédit ou l'usure, comme on l'appelait autrefois, avant que le terme ne prît une vilaine signification, fut reconnue comme une cause de péril pour les petites situations. Moïse, dans ses préceptes, recommandait la tempérance dans le loyer des capitaux. Solon, le législateur grec, en faisait l'objet de dispositions légales. Les séditions incessantes du prolétariat romain avaient pour but l'affranchissement des débiteurs de l'oppression des prêteurs. « L'usure, dit Esquiros, dans son *Histoire des Martyrs de la Liberté*, donnait aux patriciens des hommes et de la terre, les deux choses dont la race romaine fut avide. » Jésus, dans sa langue mystique, formulait cette pensée : « Vous ne pouvez servir tout ensemble,

Dieu et l'argent » (*Évangile selon saint Luc*). Enfin, la loi française fait de l'usure un délit.

Mais toutes les prédications de la morale et toutes les lois seraient impuissantes à lutter contre la vénalité du crédit et contre l'élévation du taux de ses services. Le crédit coûte, comme l'a dit Frédéric Bastiat, ayant raison sur ce point, le crédit coûte parce que c'est un service et que les services s'échangent. Il représente, dans l'état actuel de la sociologie pratique, une fatalité économique. La prétention de la loi à en limiter le prix, n'est que naïve ou oppressive. L'appréciation de la valeur des services appartient à la liberté seule. Quand la loi veut l'influencer, la liberté tourne la loi. L'hypocrisie des procédés remplace alors l'exorbitance sincère. Qu'y gagne-t-on ? Quelle justice d'ailleurs est celle de la loi ? Elle se propose d'empêcher l'argent prêté sur reconnaissance de produire plus de 5 ou 6 pour cent d'intérêts et elle permet à l'argent prêté sous la forme d'action de participation de produire librement et légalement 100 ou 200 pour cent du capital versé. La loi ne devrait pas toucher aux choses qui ne sont pas simplement de convention et ont leur commandement dans l'intimité de leur nature.

Je m'arrête dans la série des réflexions auxquelles pourrait donner lieu le grand fait social du loyer des capitaux. J'aurai l'occasion de les compléter. Il suffisait, dans ce chapitre, d'établir sommairement cette vérité générale que le loyer des capitaux entraîne l'inégalité des conditions.

LES MANIAQUES DU SOCIALISME

L'absolu et les auteurs de panacées socialistes. — Organisations brutales scientifico-autoritaires et pontificales de la solidarité. — Babeuf, Saint-Simon, Fourier, Considérant et Cabet. — Le progrès est œuvre de démolition. Les reconstructions sont des phénomènes spontanés.

L'inégalité des conditions sociales se produit dans l'insolidarité des intérêts et des personnes. L'introduction de la solidarité dans les relations économiques changerait donc la face de la société. Les écoles sociacialistes ont toutes cherché un mode de solidarité. Mais les inventeurs de systèmes qui rêvent l'absolu et la synthèse de la perfection immédiate, sont d'esprit tyrannique. Les créateurs de panacées socialistes n'ont donc pas manqué de concevoir des plans inflexibles et de vouloir la pratique de la solidarité par le principe d'autorité. Aveuglée d'orgueil paternel, leur intelligence ne leur a pas révélé l'autocratie de leurs conceptions et, par une bonhomie égale à leur despotisme, ils ont supposé les hommes prêts à se laisser pétrir, avec une débonnaireté démentie cependant par toute l'histoire de l'humanité. L'absolu a sa logique inévitable. Surgissant dans la méditation solitaire et le défaut de frottement réel avec les hommes et les choses, non-seulement il introduit la tyrannie dans la conception, mais il y met encore l'immoralité, comme cela doit forcément arriver quand on fait litière de la liberté base de la dignité.

Les auteurs de systèmes d'organisation sociale ont

tous abouti plus ou moins, par l'oppression des idées, à l'extravagance, au ridicule, à l'impraticable, à l'immoral. Eux et leurs disciples n'ont pu se convertir à leur propre invention que stimulés secrètement par l'ambition de la direction et du bénéfice, par la convoitise de l'orgueil et de la cupidité déguisée. Quel qu'il soit, leur plan comporte toujours une clé de voûte dont leur personne est la représentation, clé de voûte qui correspond à un pouvoir distributeur, régulateur, participant au besoin de l'oracle. C'est le droit divin sous la forme d'un pontificat particulier. Ils ont organisé la solidarité dans la contrainte aimable et l'obéissance heureuse. Au fond une pensée de domination les a guidés et leurs expériences de vivisection sociale respirent la cruauté de la passion d'autorité. Noyés dans la fiction, ils n'ont vu ni leur insolence, ni le dommage qu'ils causaient au droit individuel. Toutefois, inconscients en partie, irresponsables à certains égards, bien intentionnés sous quelque rapport, il convient de les nommer simplement les maniaques du socialisme.

Babeuf, sous le Directoire, fut un maniaque énergique. Il précisa son organisation de la solidarité par des décrets qui devaient être appliqués au lendemain du succès de sa conspiration. La monstruosité utopique renfermée dans ces nouvelles tables de la loi, protégeait bien mieux la société contre leur promulgation, que le procès qui fit tomber la tête de Babeuf.

Aucune difficulté naturelle ne retint Babeuf. Son communisme, son organisation du bonheur commun n'admettait pas de réplique.

« La grande communauté nationale entretient tous ses membres dans une égale et honnête médiocrité, elle leur fournit ce dont ils ont besoin. » (*Article 9 du décret économique.*)

« Les membres de la communauté ne peuvent recevoir de ration commune que dans les arrondissements où ils sont domiciliés, sauf les déplacements autorisés par l'Administration. » (*Article 6 du décret sur la distribution des biens.*)

« Les dettes de tout français qui devient membre de la communauté nationale, envers un autre français, sont éteintes. — La République se charge des dettes des membres de la communauté envers des étrangers. — Toute fraude à cet égard est punie de l'esclavage perpétuel. » (*Décret sur les dettes.*)

Saint-Simon, au commencement de ce siècle, fut un maniaque à grandes idées, relevées de philosophie et nuancées d'aristocratie. Il organisa la solidarité par la conception d'un pouvoir spirituel capacimètre, classant les valeurs individuelles et répartissant la richesse avec équité. L'association du capital et du talent était un de ses principes. Ces deux forces supérieures se subordonnaient le travail, agent nécessaire de production, mais inférieur de mérite, à traiter avec justice sur son niveau propre. La puissance, l'harmonie, l'intensité de vie et le bonheur commun se trouvaient contenus pour Saint-Simon dans une certaine combinaison des forces sociales hiérarchisées comme l'étaient, selon lui, les forces de la nature physique. Il concevait l'univers comme une réunion de forces intelligentes diversifiées dans leurs formes et leurs limites, se pénétrant les unes les autres et tirant leur impulsion de l'esprit qui anime tous les atômes. L'homme, envisagé comme une des forces naturelles les plus perfectionnées, avait pour objectif, d'après cela, de se mouvoir au milieu du monde dans le sens atomique, selon le degré de puissance de son génie individuel et sans autre règle que son profit, l'utilité et la sensation, à l'exclusion de toute abstraction morale. Le Saint-Simonisme, par la part favorisée qu'il faisait à l'aristocratie de l'intelligence, avait rallié à lui un certain nombre d'esprits d'élite, d'hommes de talent, en qui régnait à la fois l'indépendance de l'esprit et l'ambition de mettre la capacité au premier rang social.

Presque tous les disciples de Saint-Simon, fondateurs de grandes compagnies industrielles, où le talent traitait de puissance à puissance avec le capital, sont arrivés, par la propriété actionnaire, à se créer de grandes fortunes. Tout en travaillant à leur prospérité personnelle, ils ont incontestablement fécondé l'industrie et notamment activé l'œuvre de la construction des chemins de fer. Ils se sont d'ailleurs peu soucié du sort de leurs doctrines, oubliées par eux.

Le pouvoir capacimètre, conçu par Saint-Simon, était exercé par un couple-prêtre expert et pape, inspiré par l'âme du monde, spiritualisant l'industrie par l'application de son sacerdoce et faisant régner l'harmonie par le don divin de la vérité. La doctrine reposant sur le panthéisme et n'établissant pas une suffisante distinction entre les atômes et les personnes, il était dans sa logique d'admettre, et elle admit en effet, la mutation à volonté des conjoints dans le mariage. Amours libres, famille libre, tel était le complément logique de ce rêve, dû, sans conteste, à un instinct aristocratique profond.

Après Saint-Simon, Charles Fourier, autre maniaque, qui ne fut point non plus sans projeter aussi quelque éclat, fonda l'école phalanstérienne, c'est-à-dire la solidarité par l'internement et la répartition des produits au vote. Sa devise avait un terme de plus que celle de Saint-Simon : association du capital, du talent et, pour compléter, du travail. Un certain nombre d'hommes riches, séduits par l'attraction des imperturbables illusions du maître, consacrèrent leur fortune à établir des phalanstères ou familistères dont ils étaient, bien entendu, les divinités directrices. Ils recueillirent promptement la ruine, à l'exemple de Robert Owen qui dépensa, tant en Angleterre qu'aux États-Unis, l'héritage de son beau-père, soit 14 à 15 millions, pour tenter l'application de son utopie d'embrigadement communiste.

Considérant, jeune capitaine du génie, disciple culminant de Fourier, nous a donné, dans son ouvrage des *Destinées sociales,* un exposé du mode d'activité des séries sociétaires dans le paradis fouriériste.

« Une série, dit-il, se compose de personnes inégales en tous sens, âges, fortunes, caractères, lumières, etc., formant contraste et gradation d'inégalités. Plus les inégalités sont graduées et contrastées, plus la série s'enchaîne au travail, produit de bénéfices et offre d'harmonie sociale. On la divise en divers groupes dont l'ordonnance est la même que celle d'une armée. Pour en donner le tableau, je vais supposer une masse d'environ six cents personnes, moitié hommes et moitié femmes, tous passionnés pour une même branche d'industrie, comme une culture de fleurs ou de fruits. Soit la série de la culture des poiriers ; on subdivisera ces six cents personnes en groupes qui se voueront à cultiver une ou deux espèces de poiriers. Ainsi on verra un groupe des sectaires du beurré, un des sectaires du rousselet, etc. Et lorsque chacun se sera enrôlé dans les groupes de ses poiriers favoris (on peut être membre de plusieurs), il pourra se trouver une trentaine de groupes qui se distingueront par leurs bannières et ornements et se formeront en trois ou cinq ou sept divisions... »

« Si la série est formée régulièrement comme celle que je viens de citer, on verra des alliances entre les divisions correspondantes. Ainsi l'aile ascendante et l'aile descendante s'allieront contre le centre de série et s'entendront pour faire valoir leur production aux dépens de celle du centre: les deux ailerons seront alliés entre eux et ligués avec le centre pour lutter avec les deux ailes. Il résultera de ce mécanisme que chacun des groupes produira à l'envi des fruits magnifiques. Les mêmes rivalités et alliances se produisent entre les divers groupes d'une division... Viennent ensuite les intrigues de série à série et de canton à canton qui s'organisent de la même manière. On conçoit que la série des poiriers sera fortement rivale de la série des pommiers, mais elle s'alliera avec la série des cerisiers, ces deux espèces d'arbres n'offrant aucun rapprochement qui puisse exciter la jalousie entre les cultivateurs respectifs. »

L'amour et la famille ont également leurs séries pittoresques.

« La liberté amoureuse, continue M. Considérant, commence à naître et transforme en vertus la plupart de nos vices, comme elle transforme en vices la plupart de nos gentillesses. On en établit divers grades dans les unions amoureuses. Les trois principaux sont:

« Les favoris et favorites en titre;

« Les géniteurs et les génitrices;

« Les époux et les épouses. »

« Les derniers doivent avoir au moins deux enfants l'un de l'autre, les seconds n'en ont qu'un, les premiers n'ent ont pas. Ces titres donnent aux conjoints des droits progressifs sur une portion de l'héritage respectif. Une femme peut avoir à la fois:

« 1° Un époux dont elle a deux enfants;

« 2° Un géniteur dont elle n'a qu'un enfant;

« 3° Un favori qui a vécu avec elle et conserve le itre.

« Cette gradation de titres établit une grande courtoisie et une grande fidélité aux engagements. Une femme peut refuser le titre de géniteur à son favori dont elle est enceinte ; elle peut ainsi, dans un cas de mécontentement, refuser à ses divers hommes le titre supérieur auquel ils aspirent. Les hommes en agissent de même avec leurs diverses femmes. »

Ajoutons que les esprits confiants qui, sur la foi de la seule étiquette socialiste, ont cru ou croient encore la doctrine de Charles Fourier un mécanisme dirigé par le principe d'égalité, se sont absolument illusionnés. L'organisme industriel de Fourier est un hiérarchisme outré, reposant sur le principe de l'inégalité virtuelle des hommes et de l'incapacité nécessaire de la masse, subordonnée aux talents et aux élites, selon la conception d'une certaine harmonie des forces. Le fouriérisme, comme le saint-simonisme, est subversif de l'économie sociale actuelle parce qu'il remplace l'anarchie, l'un des produits de la liberté, par la règle et une solidarité conçue d'une certaine façon ; mais l'une et l'autre école ne changent rien à la série des dépendances et servitudes, qu'elles se bornent à régler différemment. A cet égard, elles se rangent à côté de la féodalité, laquelle avait aussi son principe de solidarité par la garantie de subsistance donnée aux serfs, copie de la sécurité accordée antérieurement au même titre à l'esclave. Le tribut du capital n'est d'ailleurs point écarté par le fouriérisme.

Cabet, maniaque aigu, remit franchement en scène, dans les environs de 1848, le communisme cru. Il constitua la solidarité par l'égalité décrétée et donna à l'égalité la perpétuité. Sortant du domaine de la justice économique pour entrer de plain pied dans le domaine plus vaste de la justice humaine généralisée, il formula ce principe : « De chacun selon ses forces, à chacun selon ses besoins. » L'administration décide de la mesure des besoins et de la quantité des forces. Ses arrêts sont acceptés avec reconnaissance, car le communisme entraîne avec lui une telle somme de bonheur qu'il ne vient à l'idée de personne de protester.

Moïse avait eu sa terre promise où le partage primitif du sol était maintenu par l'institution communiste du jubilé, lequel au bout de cinquante ans, replaçait les propriétés, de plein droit, nonobstant toutes dettes, aux mains des premiers possesseurs. (*Chapitre XXV du Lévitique*). Jésus, annonçant la fin du monde, avait prêché, bien qu'en dehors de toute vue économique, la communauté des biens, pratiquée par les premiers chrétiens. Lycurgue, le farouche dictateur grec, l'avait mise en pratique dans les formes de la plus terrible rigueur. Socrate en faisait le fond de sa doctrine. Platon l'avait pour idéal. Au XVIe siècle, Thomas Morus, le chancelier d'Angleterre, reprit le même thème, ce dont il fut puni par la hache du bourreau. A la même époque, Campanella, moine dominicain, ourdissait une conspiration en Italie pour le triomphe d'un communisme basé hardiment sur un naturalisme exclusif et sur la légitimité des appétits terrestres. M. Cabet, lui, a offert aux mortels son Icarie, qui a commencé par un roman : la peinture énivrante d'un voyage au pays d'Icarie, et qui a fini par une catastrophe : le retour misérable des expérimentateurs du système au Texas. Avec Platon, Campanella, la communauté des femmes allait de pair avec la communauté des biens M. Cabet, vivant dans une société plus prude que le moyen-âge et l'antiquité, s'est arrêté sur ce seuil, bien que les saints-simoniens et les fouriéristes l'eussent franchi antérieurement. Le grand icariste, d'autre part, admettait des temples et des prêtres pour adorer, par des mystères nouveaux, le créateur des choses.

L'œuvre de tous les maniaques du socialisme offre ce caractère commun qu'elle viole la liberté et détruit la personnalité. Frappés des vices de leur temps, il leur a paru possible de recréer le monde d'une pièce, comme si le progrès pouvait être autre chose que le résultat, inconnu la veille, de l'expérience péniblement amassée. L'avenir ne se construit point par l'imagination. Il faut l'attendre des faits après en avoir préparé l'éclosion spontanée par la lumière et la liberté. Tout système de reconstruction sociale par cela seul qu'il est un système, une chose agencée et complète, correspond à une erreur ou à une imposture. Les travaux systématiques du pionnier du progrès social doivent consister dans la destruction du faux et l'attaque de l'injuste. Le reste est œuvre de tâtonnement, d'expérience et de liberté : Proud'hon le pensait ainsi quand il disait :

« Tout ce que l'on peut faire dans les temps de révolution, c'est de nier fortement le passé, et jusqu'à un certain point l'actualité, puis de marquer le but, un idéal, et de planter, dans la direction de cet idéal, des jalons.

« Le plus fort des hommes ne fera jamais que cela, et à peine. — Est-ce que Jésus-Christ a fait le christianisme ? Il n'en a pas su, lui que nous adorons comme son auteur, la centième partie ! — Est-ce que Romulus ou Numa a fait Rome ? Est-ce que Charlemagne a fait la féodalité ? Est-ce que Turgot, qui savait tout ce qu'ont su les hommes en 1789, a fait le système constitutionnel ?

« Un homme ne sait jamais, ne peut jamais exprimer qu'une très-faible portion de la vérité. La vérité en tant que sociale, humaine, est le produit du temps... »

L'ORDRE

Le plus haut degré de puissance est dans l'ordre. — L'ordre est une dualité impliquant à la fois liberté et obligation. — L'ordre combat les hasards heureux et malheureux.

L'ordre est l'harmonie dans les rapports des choses. Il se compose d'équilibre, d'actions combinées, de pénétration exacte et réciproque des forces. Il produit la puissance et la satisfaction. A ces titres, il est une rationalité, c'est-à-dire une manifestation libre des lois naturelles.

Rien de viable, de moral et d'utile ne peut être obtenu sans l'ordre. L'ordre est la vraie discipline de l'humanité. Lorsque l'esprit en a saisi l'incomparable vertu il vaut pour lui autorité et commandement. C'est le besoin naturel d'ordre qui a jeté les sociétés dans le despotisme et dans l'abus des lois. Lorsque l'ordre, par la lumière, ne règne pas dans les esprits, il est substitué par la tyrannie qui fait l'ordre à sa manière. A la place de l'ordre vrai, on a l'ordre arbitraire, l'ordre nécessaire, une solidarité violente et ignorante c'est-à-dire un semblant d'ordre se soutenant par la force et les répressions brutales.

Dans les arts, l'ordre est la beauté ; dans la vie morale, il est la dignité ; dans le monde économique, il est la justice.

L'ordre implique deux choses en apparence contradictoires : la liberté et l'obligation. Dans toute manifestation de l'activité humaine, la part de la liberté doit être faite, si non il y a rébellion latente ou réelle par conséquent désordre. L'homme est pourvu d'un besoin d'individualité basé sur l'instinct fondamental de la conservation, lequel lui défend de s'annuler dans la passivité. A côté de cette liberté, il y a l'obligation, d'après laquelle, dans l'intérêt de la société et de l'individu lui-même, la liberté doit s'approprier à l'harmonie générale.

La nature est remplie de phénomènes de dualité. C'est l'alliance de deux forces contraires, la force centrifuge et la force centripète, qui maintient les mondes astronomiques ; la réunion de l'électricité positive et de l'électricité négative amène la sérénité. Faire prévaloir, par des théories rigides, une nécessité naturelle sur une autre nécessité naturelle, annuler l'une sous prétexte de donner sa plénitude à l'autre, c'est méconnaître la loi de dualité et tomber dans l'erreur de l'unitarisme jaloux. Toutes les synthèses, à plus forte raison les synthèses sociologiques, comportent, la co-existence d'éléments opposés, mariés dans la pondération. La liberté seule est l'anarchie, la solidarité seule est la servitude. La fusion des deux grands principes produit l'ordre. La devise politique *Ordre et liberté* est un illogisme et une incohérence. L'ordre ne peut se concevoir sans la liberté qui en est l'un des éléments nécessaires, à moins que ce ne soit un ordre conventionnel, sans rapports avec les lois de la nature, un ordre qui garantisse le silence à l'abus et l'éternité au privilège.

En économie sociale, la liberté suppose la propriété ou le droit de disposer des produits de son travail; l'obligation suppose la solidarité organisée ou le devoir de convergence vers l'intérêt général. La liberté économique fonctionnant seule donne l'anarchie économique; la solidarité seule donne le communisme. Les deux éléments réunis procurent la justice économique, en vertu de laquelle il y a tout à la fois antagonisme vital et fusion protectrice des intérêts, propriété personnelle et association, indépendance et solidarité, concurrence et union, liberté et autorité, l'autorité qui résulte de l'ascendant des idées et d'un organisme d'accord avec le droit.

Je ne parle pas de la justice humanitaire qui, par l'inspiration charitable, va au-delà de la justice économique. Cette question n'appartient pas à la même série logique. Nous la retrouverons dans le chapitre consacré aux retraites et assurances.

L'ordre a pour effet d'annuler les fatalités, justification des privilèges. L'ordre est prévision puisqu'il organise. Il protège et corrige. Il efface et conjure la chance. Il est le plus grand ennemi de l'accident, parce qu'il est l'opposé du cahos. Les aubaines, les veines inouïes de la spéculation, sont écartées par lui au même titre que les sinistres, la ruine et le dénuement.

A l'heure actuelle, on peut considérer le monde économique comme affligé de trois maux distincts : l'intermittence de la production, l'inégalité du crédit, les souffrances de la consommation. Le chômage et par contre à certain moment l'excès de travail tiennent aux conditions de la production; l'inégalité du crédit se rattache aux conditions de l'échange; les souffrances de la consommation demandent à être examinées en envisageant d'une manière générale les conditions de la consommation.

LES CONDITIONS DE LA PRODUCTION

Capitaux naturels et propriété. — Accessibilité des capitaux sociaux et liberté de la propriété. — L'association est la normalité de la production. — Les grandes associations dommageables pour les dignités individuelles. — Coopération familiale.

L'emploi des capitaux naturels est un droit pour tous. Il en est de même des capitaux industriels qui tous n'ont pu être créés que par l'usage et l'appropriation des capitaux naturels.

La distinction que certains établissent, au point de vue de la propriété, entre les capitaux naturels et les capitaux industriels est fausse. Au fond, le bâtiment, la machine, l'outil ne sont pas moins des capitaux naturels que la terre, car sans l'exploitation du sol, ils n'auraient pu être produits. Inversement, la terre n'est pas moins un capital industriel que l'atelier, car pour produire et procurer, elle a du être appropriée, sous diverses formes, culture, chemins, puits à mine, par le travail de l'homme. La théorie d'après laquelle la terre devrait, par nature spéciale, devenir la propriété de l'Etat, ne repose donc que sur des apparences imparfaitement analysées. Toute chose renferme une valeur naturelle par la matière et l'empreinte du concours des agents naturels et en même temps une valeur industrielle provenant de l'effort systématique de l'homme. Si l'Etat devait être propriétaire de la terre sous prétexte d'indivision, il aurait le même droit à être propriétaire du reste par les mêmes raisons. En réalité, dans la société économique, il n'existe rien de foncièrement indivis parce que les hommes eux-mêmes ne composent pas une indivision, mais des individualités physiquement indépendantes et sollicitées vers l'unité seulement par le besoin de garanties réciproques.

L'homme s'approprie les choses de la nature. Il les fait siennes par le travail et l'effort. Lorsque l'homme a versé ses sueurs dans un sillon, lorsqu'il a, par ses cultures, ses applications d'engrais, ses aménagements, ses opérations de transport, mis un morceau de terre en valeur, on ne trouve pas de raison pour lui contester le droit de propriété sur cette terre elle-même, car l'œuvre de ses mains, son capital industriel, est désormais associé au capital nature. La propriété naît de l'appropriation. Tout autre point de vue est entaché de fiction. Il faut se garder de croire, avec Jean-Jacques Rousseau, que l'homme, dégénéré, vivait d'abord dans la perfection d'une justice idéale. On pourrait admettre en effet, d'après cela, que la terre, à l'origine, gérée en commun, ne s'est morcelée que par le progrès du mal. L'histoire dément cette marche à contre-sens. L'agriculteur appropria la terre, et comme l'art de l'agriculture ne répondait pas à tous les besoins, il y eut des hommes qui négligèrent la propriété de la terre pour fonder la propriété industrielle. Il se fit ainsi un partage des biens par appropriation et direction du travail. La terre aurait été inutile à tous; l'industrie également. L'œuvre du travail a fait les répartitions nécessaires en constituant chacun légitimement propriétaire de la chose appropriée, celui-ci de sa flèche, morceau de bois façonné, celui-là de son champ, morceau de terre cultivé.

Je laisse de côté la question de la légitimité de la propriété par rapport aux titulaires, qui peuvent ne pas être les ayants droit réels. Cette obscurité après des siècles ne peut plus être débrouillée et n'a pas de signification contre le principe même de la propriété.

Il est entendu d'ailleurs que la propriété se caractérisant par le droit de libre disposition suppose le libre héritage et par conséquent la continuité de la propriété dans les particuliers à l'exclusion de l'Etat, collecteur de biens de main-morte. L'expropriation pour cause de délaissement volontaire ne pourrait même pas être prononcée contre la propriété individuelle. On ne peut exproprier que ce que l'on paye, puisque la propriété représente une somme de travail. Or, par l'expropriation on ne ferait que remplacer l'utilité délaissée par une utilité égale à laquelle la même volonté assignerait le même délaissement. C'est un cercle vicieux ; mais le délaissement volontaire n'est pas à prévoir dans un état économique réglé par l'ordre, attendu les nécessités individuelles pressantes.

L'accessibilité des capitaux sociaux, quel que soit leur mode de détention, ne saurait être contestée à aucun membre de la société économique ; autrement il y aurait, contre quelques uns, sentence de mort sociale et physique, arrêt de mise hors l'humanité.

Cette accessibilité doit pouvoir se faire, dans sa forme la plus naturelle, par le noviciat professionnel. Le jeune travailleur, encore soutenu par sa famille le plus souvent, est dans l'atelier un apprenti spécialiste après avoir été à l'école, un apprenti polytechnique ; en même temps qu'il emprunte aux autres travailleurs les procédés de l'art, il produit utilement et abandonne à l'entreprise une somme plus ou moins grande des résultats de son travail. C'est cet abandon qui doit équitablement lui valoir sa part de propriété dans l'outillage commun. Par l'appropriation, il s'est rendu propriétaire. L'échange ensuite transforme sa propriété, conformément aux besoins de sa situation de producteur.

L'accessibilité des capitaux sociaux peut également se produire par l'épargne sous toutes ses autres formes; dans ce cas, elle n'est plus qu'un phénomène d'échange. On verra plus loin, a propos des conditions de la consommation, que le danger de l'accumulation par l'héritage n'existe pas.

La distribution de l'accessibilité, c'est-à-dire le choix des professions doit résulter des indications de la statistique économique générale. A côté de la liberté de l'accessibilité il y a donc la règle qui contraint par la lumière et l'évidence. C'est une manifestation de l'ordre.

Le travailleur doit être associé et former groupe. S'il est isolé, sa journée courra le risque d'être trop longue ou trop courte, car l'insolidarité amène le chômage pour les uns et, par compensation, l'excès de travail pour les autres. Le progrès professionnel et sa généralisation sont attachés à l'institution du groupe. C'est dans le groupe que s'opère, par l'imitation, l'émulation et l'échange, la diffusion de la capacité. Les professions qui semblent le plus compatibles avec l'isolement sont peut être celles qui gagneraient davantage à l'association. Le médecin faisant partie d'un groupe professionnel relié par un intérêt commun d'exploitation, tirerait du contact permanent de ses confrères une supériorité d'aptitude incontestable, en même temps qu'il offrirait une plus grande sûreté de services par la faculté de se faire substituer instantanément en cas de besoin.

Si le producteur ne doit pas être isolé, en retour, le groupe producteur doit être limité à une importance numérique pour ainsi dire familiale. Dans les grandes fourmillières, la personnalité du travailleur disparait, sa responsabilité se perd, le sentiment de l'ordre, avec toutes ses merveilles matérielles et morales, l'abandonne ; la discipline devient sa seule impulsion ; l'extrême division du travail le réduit à l'ilotisme professionnel ; en un mot sa valeur générale et par conséquent sa valeur économique tombent au-dessous de sa valeur virtuelle.

Les groupes de producteurs doivent être des groupes de coopérateurs, c'est-à-dire formés de travailleurs excluant la direction capitaliste et se partageant périodiquement les résultats de l'entreprise au prorata du travail accompli par chacun d'eux. Le capital d'installation et de fonctionnement doit comporter une part minima de propriété égale pour tous, puisque tous doivent profiter, dans la mesure qui leur convient, de ces moyens d'action. Cette part de propriété, acquise par le noviciat ou l'épargne, doit être personnelle et libre, sauf les garanties de mutation et de durée de l'entreprise. La distribution des produits oblige à la règle du prorata du travail, autrement, ce serait sortir de la justice économique, ce serait échanger des utilités inégales, perturber tous les rapports et ramener toutes les énergies au niveau de l'inertie.

Par la coopération, le travailleur échappe à la servitude du salariat puisqu'il est un partageant. Il constitue une autonomie individuelle s'exerçant, sous l'autorité de l'ordre, dans l'autonomie du groupe. L'autonomie individuelle n'implique pas d'ailleurs l'incohérence de l'action. L'intérêt commun exige certaine direction technique, subordonnant les prétentions, guidant l'insuffisance et garantissant l'unité de but. Mais la faculté directrice se rencontrant forcément chez un grand nombre de travailleurs instruits intégralement, elle perd de sa valeur échangeable ou d'utilité et rentre dans la série des équivalences de fonctions. Elle se dépouille de son caractère dominateur en proportion de l'accroissement de la valeur individuelle et du progrès de la conception de l'ordre chez les coopérateurs.

LES CONDITIONS DE L'ÉCHANGE

Raison du crédit onéreux. — Raison du crédit gratuit ou réciproque et à longue échéance. — L'omnicréance, monnaie fiduciaire généralisée et dégrevée. — Etat de juste distribution des échanges. — Erreur sur les forces de l'épargne. — Inaptitude et insuffisance du warant à servir le crédit universel. — Monopoles de situation. — Les physiocrates et la rente foncière. — Iniquité de l'impôt foncier. — Différence spécifique des capitaux. — Innocuité prétendue de la rente foncière, devenue rente rationnelle. — Le bénéfice divisé en impôt capitaliste et bénéfice vaillant. — La terre et le paysan. — Antécédents de l'impôt capitaliste. — Rapports du bénéfice vaillant avec le salaire. — L'artisan refoulé dans le salariat. — Tarentelle de la spéculation. — Le bénéfice vaillant n'entre pas nécessairement dans le prix des choses. — Monopoles naturels de situation.

De même que l'accessibilité des capitaux sociaux et les indications de la statistique économique permettent la juste distribution du travail, la statistique encore et la solidarité du crédit doivent procurer la juste distribution de l'échange.

L'échange organisé, c'est le chômage aboli et c'est la richesse sociale formidablement accrue; c'est le principe de la misère effacé. Pratiquement, la condition parallèle de la bonne distribution de la production, y trouve sa constante garantie.

La gratuité du crédit est l'élément nécessaire de la juste distribution de l'échange. A première vue, la gratuité du crédit peut paraître une fantaisie autoritaire. Elle est en réalité un phénomène rationnel, une simple manifestation logique au sein d'un monde économique judicieusement gouverné.

Nous avons vu que le crédit est une caution. Il coûte par l'utilité et le risque. Son utilité vient d'une erreur, son risque de l'insolidarité économique. Dans la société de Bastiat, on ne livre pas des produits sur simple reconnaissance de la somme due, en attendant leur transformation industrielle ; les producteurs placés sous le régime universel de la concurrence sont en antagonisme constitutionnel les uns avec les autres et il leur faut immédiatement valeur contre valeur, produit contre produit pour leur sûreté. S'ils consentent au crédit, ils acceptent certaines éventualités, ils se privent pour eux-mêmes d'un moyen de caution réel, marchandise ou monnaie, et alors à bon droit ils exigent intérêt. C'est le crédit onéreux qui grève les produits et va finalement retomber à la charge des consommateurs au profit des capitalistes.

Jean Baptiste Say, qui était loin de tourner au socialisme, avait été frappé de l'injustice du crédit onéreux. Il souhaitait une situation dans laquelle personne n'aurait besoin de crédit, attendu, disait-il, que la nécessité de faire des emprunts et d'obtenir du temps multiplie les occupations des travailleurs sans multiplier les produits et les force à des sacrifices qui sont une augmentation de frais de production.

Dans la société rationnelle, le crédit, utilité commune, perd sa valeur d'utilité échangeable, d'utilité qui se paye, et émerge du risque. Les agents économiques ne sont plus des personnes isolées, périssables, mais des groupes, des associations, des sociétés en nom collectif, renfermant une série de responsabilités solidaires et offrant ainsi une solvabilité certaine et inextinguible. D'autre part, la juste distribution de la production acquise fait évanouir les éventualités de sinistres commerciaux.

La notion vraie du crédit économique et de son fonctionnement normal se dégage de l'observation des phénomènes du travail.

La production est une œuvre d'enchaînement et de succession. Pour aboutir, elle emploie des termes espacés. Le récoltant, le producteur alimentaire, sous certaines formes, peut livrer instantanément à la consommation ses valeurs appropriées. L'industrie du vêtement, par exemple, ne pourra les livrer qu'après un travail d'appropriation plus long ; enfin l'industrie du bâtiment ne pourra mettre les siennes à disposition qu'après un délai plus considérable encore. Les uns exercent l'appropriation immédiate, les autres l'exercent à terme. Les premiers, en tant que producteurs, peuvent se pourvoir constamment comme consommateurs ; les seconds, producteurs à terme, sont dépendants des premiers pour le service quotidien de leur consommation. Cette dépendance est organique. Elle ne manifeste point une faute de l'homme. Elle ne doit donc point se convertir en une servitude. La dépendance, du reste, est réciproque. Tandis que les producteurs à terme ont besoin des appropriations fractionnées des producteurs immédiats, ceux-ci ont besoin à un moment donné d'entrer en possession des appropriations d'ensemble des producteurs à terme. L'activité économique n'est qu'une sorte de révolution mécanique. Il se dégage de ces observations la loi suivante :

Les travailleurs se doivent crédit selon la série progressive des échéances de production.

Ce crédit a pour caractère la réciprocité, l'intérêt

commun, la nécessité sociale. C'est pour cela qu'il doit être gratuit. Comment admettre que le travailleur qui construit pendant que les autres récoltent puisse être privé du droit d'échange des valeurs du travail pendant la durée particulièrement longue de son œuvre ?

L'échange doit lui être accessible au même titre qu'au producteur immédiat, car nulle différence de mérite. Pas de suspension dans les besoins, pas de suspension dans le travail, par conséquent pas de suspension dans l'échange justifiée. L'échange entre les travailleurs, sur l'échelle des termes de production, doit se faire par la circulation des engagements des débiteurs, engagements convertis en monnaie fiduciaire. Cette sorte de transformation des reconnaissances des débiteurs n'est pas un fait nouveau. Le billet de banque actuel ne représente que l'engagement souscrit par un commerçant acheteur au profit d'un commerçant vendeur qui lui a livré des marchandises payables à terme. La Banque garde le billet souscrit, jusqu'à échéance et fait circuler à la place un papier fractionné d'après une certaine échelle de coupures et que tout le monde reçoit comme monnaie commune. La garantie du billet de banque est dans la solvabilité reconnue au préalable du débiteur et dans le gage social que figure entre ses mains l'objet de la dette, c'est-à-dire les marchandises qu'il doit échanger, par suite de transformation industrielle ou de vente, contre d'autres produits ordinaires ou monnayés. Le rapport de la totalité des billets de banque émis avec la totalité des billets de commerce auxquels ils sont substitués jusqu'à échéance est un principe. Le billet de banque, par suite du jeu spontané des échanges dans le monde de l'activité économique, revient en temps à la banque solder l'effet de commerce dont il tenait la place à l'extérieur, ce qui signifie que la créance du vendeur, passée en une infinité de mains, se trouve définitivement éteinte par l'introduction sur le marché d'une contre valeur égale sortie des mains du débiteur. S'il arrive que la panique, cas des sociétés ignorantes ou tourmentées, rende suspect au public le billet de banque, l'État décrète le cours forcé comme on l'a fait en 1848 et en suite de la guerre de 1870. Les créances ayant donné lieu à la circulation des billets de banque continuent à s'éteindre successivement par la libération des débiteurs producteurs et lorsque l'esprit public est calmé, l'État lève la contrainte au grand ébahissement des simples, qui se demandent comment tant de sécurité peut succéder à tant de péril.

Le rôle du billet de banque, pendant la durée de sa circulation, a été de faire accorder crédit, par la société économique toute entière, au souscripteur de l'effet de commerce correspondant. Seulement, ce crédit n'a été consenti qu'à titre très-onéreux, moyennant commission et escompte, la banque, indépendamment de la couverture du risque, étant censée, par une lucrative fiction financière, immobiliser dans ses caves, pour garantie de son papier, des métaux précieux dont l'intérêt lui est dû.

Des banques fonctionnant selon le rôle naturel de l'institution, doublement à l'abri du risque par l'investigation commerciale et par l'organisation sociétaire de la production, ne percevraient que de simples frais d'administration insignifiants. C'est par elles et de cette façon que la gratuité du crédit deviendrait une réalité pratique. Elles iraient beaucoup plus loin d'ailleurs que la banque actuelle dans la généralisation du crédit.

La banque de France ne procure le crédit que pour trois mois, puisqu'elle n'accepte que des effets à 90 jours. La crainte que font naître les antagonismes économiques n'a pas permis une plus grande hardiesse d'opération. Mais le crédit à longue échéance est aussi nécessaire que le crédit de 90 jours. Cette limite étroite, arbitraire, tient en dehors des avantages du crédit toute la production à termes éloignés, production abandonnée ainsi complètement au monopole capitaliste. Le crédit de 90 jours rassure le trembleur, mais porte préjudice à la société économique. Le gage social existe aussi bien dans les mains du producteur à long terme que dans les mains des producteurs plus ou moins immédiats. Les produits édifiés par lui, s'ils exigent le concours du temps, par contre, sont moins fongibles que ceux de la production rapide. Tel est le cas de la maison construite comparée au vêtement fabriqué. La première offre un gage toujours saisissable que n'offre pas le second au même titre de durée. Le crédit doit donc être étendu à toutes les opérations de la production, aux courtes et aux longues entreprises. Il suffit que la production à longue échéance soit justifiée, dans la spécialité de son objet industriel, par les indications de la statistique économique générale.

Le crédit ne doit être refusé qu'à la consommation improductive, mais alors le refus doit être impitoyable. L'homme qui sollicite du crédit non plus comme producteur pour mettre en œuvre un outillage et verser de nouveaux fruits du travail dans la société, mais comme consommateur pour exercer purement ses facultés de consommation, jouir et détruire par là les fruits du travail, vient simplement proposer à la société la complicité d'un acte de démence économique. Un avenir aventureux ne peut être la caution du présent. L'avance doit toujours exister en faveur de la production sur la consommation. Avant la consommation débridée, il faut le travail et la garantie. On ne conçoit pas plus normalement le citoyen commençant par digérer la richesse que la société dans son ensemble consommant des produits qu'elle n'a pas encore créés.

Ce qu'on appelle billet de banque, c'est-à-dire la figuration commune d'une valeur économique garantie par un effet de commerce particulier, je l'appelerai du nom rationnel d'*Omnicréance*. Le billet de banque, par sa nature circulante, est véritablement une créance universelle contre le débiteur puisqu'elle passe de main en main comme la monnaie métallique. Elle va, vient et retourne. La production du vêtement remet des omnicréances à la production récoltante, celle-ci les repasse à la première, quand à son tour elle lui demande des produits ; la production du bâtiment règle à la fois la production récoltante et la production du vêtement au moyen d'omnicréances qui lui reviendront ultérieurement, dont quelques unes auront passé par l'industrie du vêtement, créancière de l'industrie récoltante. Avec l'omnicréance, la société économique apure ses comptes par virements, par balances de produits échangés et réduit à sa plus simple expression la valeur d'utilité monétaire de l'or et de l'argent ; elle se passe de la circulation métallique, caution primitive coûteuse, signe d'un état de guerre permanent entre les intérêts, témoignage d'un âge économique barbare. Le billet de banque actuel a déjà réalisé un grand progrès, par l'institution d'une fraction de monnaie fiduciaire, onéreuse ; le signe de l'omnicréance serait la monnaie fiduciaire généralisée et degrevée, c'est-à-dire le crédit égal et libre.

Dans un pareil état de choses, le monopole du capital tombe puisque la gratuité organique du crédit rend sa chère caution inutile ; le chômage est conjuré puisque le crédit met les moyens d'action, sans solution de continuité, entre les mains des travailleurs, répartis d'autre part entre les diverses industries, selon les besoins manifestés par la statistique; la richesse sociale se développe et s'affranchit, puisque la production n'est pas intermittente, et que délivrée de la rente capitaliste elle peut instituer le bon marché; la misère s'en va puisque l'accessibilité du capital-outil est le droit de toutes les bonnes volontés; en un mot, la juste distribution de l'échange est obtenue comme addition et appui à la juste distribution du travail.

Les phalanstériens, secrètement tourmentés d'un idéal capitaliste, ont conservé au capital son rôle pivotal tout en ne lui assignant d'autre source apparente que l'épargne. Certes l'épargne est une vertu sociale; mais quand on y réfléchit bien on trouve que l'épargne vraie ne peut guère être qu'une réserve de capitaux conservables, limités de leur nature. L'épargne n'est que la prévoyance contre la disette. C'est tout à fait la sortir de sa sphère que d'en faire un instrument de crédit, qui ne pourrait être employé sans rémunération et par conséquent sans reconstituer l'influence capitaliste et sa faculté indéfinie d'aspiration de la richesse, en d'autres termes, sans refrayer une voie à l'inégalité économique.

Matériellement, on peut économiser beaucoup d'argent, parce que l'argent est un capital conservable; mais qu'importerait une grande réserve d'argent si, dépouillé de sa plus grande valeur d'utilité échangeable comme monnaie, l'argent ne correspondait pas, dans la mesure de son accumulation, à l'importance des réserves en capitaux moins conservables? Que servirait d'avoir deux fois l'or du stock en blé ou farine puisque ce stock ne pourrait être développé en proportion? Or, les capitaux les moins conservables, les capitaux alimentaires et textiles sont précisément ceux qui correspondent aux besoins les plus urgents. La sécurité de la société économique serait dans l'accumulation de ces derniers capitaux. Cette sécurité, qui la conduirait peut être à l'indolence, lui est refusée. L'épargne sérieuse, dans ce domaine intéressant, lui est interdite. Elle ne lui est possible, pour les produits conservables, qu'à la condition de priver l'activité de production des capitaux qui le sont moins, d'une part d'efforts nécessaire. Le capitalisme étant actuellement la sécurité, il est tout naturel qu'on pratique l'accumulation des capitaux conservables, car ils servent, par leur valeur de caution, à s'attirer tous les autres ; mais, le crédit solidaire institué, les capitaux fongibles, les plus utiles, ceux qui font la vie robuste et saine, prendraient, dans les préoccupations de la production, leur part légitime.

Il en résulte que, dans cette situation d'équilibre, l'épargne ne pourrait s'étendre très loin et n'aurait pas d'intérêt à dépasser certaines limites. Ce que transmet une génération à l'autre, du reste, ce n'est pas l'épargne, mais bien le capital de fonctionnement qui lui a servi à vivre, l'outillage qui lui a servi à produire, dont elle a eu nécessairement besoin selon son degré de civilisation et dont elle a profité, sans exception réelle, avant de l'abandonner fatalement, déchue de droit par la mort. L'épargne sociale utile, nécessairement faible, ne peut donc être à bon droit le pivot de l'activité économique. Elle marche de pair avec le crédit gratuit comme réserve et moyen d'équilibre pour la satisfaction des besoins successifs de la même individualité économique ; mais elle est hors de proportion avec les besoins du crédit universel et n'a pas les mêmes droits que le travail à l'exercice d'une influence prépondérante.

On a songé, dans ces derniers temps, comme complément du crédit, à l'ouverture de magasins généraux ou docks. Ces magasins généraux recevraient en dépôt les marchandises échangeables et délivreraient en retour un bulletin de dépôt estimatif ou warant, circulant comme le billet de banque.

Cette combinaison me paraît plutôt la démolition que la consolidation du crédit. Le warant, pièce libératoire indiquant que le producteur-débiteur s'est acquitté par la création de marchandises, ne serait que la prolongation du billet de banque. Il n'en aurait point, par contre, le caractère rationnel, le mérite économique et la sûreté. L'omnicréance représente des marchandises livrées à des travailleurs reproducteurs qui, par leur engagement de débiteurs, prouvent et fixent irrévocablement la valeur échangeable des produits reçus. Le warant au contraire n'établit que l'existence de la marchandise et sa valeur probable avant l'échange; la dépréciation du produit peut arriver par l'attente, son écoulement peut être empêché par des défectuosités que l'œil de l'amateur intéressé seul apercevra ou encore par baisse d'utilité échangeable, le producteur ayant fabriqué sans avoir eu la vigilance ou la sagesse de se mettre d'accord avec la statistique. L'entrepôt figure la perspective de transactions commerciales par lesquelles les marchandises déposées prendront un jour leur valeur échangeable certaine, propre à servir de base à une émission fiduciaire; mais, tant que cette valeur n'est pas définitivement déterminée par une transaction réelle, par une opération de vente effective, le dépôt, périssable, ne peut donner lieu à la délivrance d'un titre circulant comme monnaie commune. D'ailleurs l'entrepôt n'étant pas un régime possible pour toutes les productions, il ne résoudrait, s'il était une solution, qu'une partie du problème du crédit industriel.

Dans la société actuelle, la juste distribution de

l'échange se trouve contrariée non-seulement par l'inégalité du crédit, mais encore par le jeu des monopoles de situation. Nous allons examiner cette question qui se rattache à celle de la rente foncière, inventée par la scolastique économique.

Ce que les économistes et avec eux quelques raisonneurs, teintés d'idées socialistes, désignent sous le nom de rente foncière, ne se trouve être autre chose que la différence spécifique des capitaux. Ils montrent que le rendement de deux terres égales en étendue est inégal par la qualité du fond; que l'une, pour un faible effort de culture, donnera autant ou plus que l'autre pour un effort de culture supérieur. Ils concluent de là que l'excédant du revenu des bonnes terres ou des moyennes sur les mauvaises, constitue pour les propriétaires des premières une rente foncière. Revêtue selon eux d'un caractère inévitable et naturel ils la nomment encore, par un galant euphémisme, rente rationnelle. Ils la regardent d'une part comme un privilége inoffensif sans effet sur la cherté des produits, et d'autre part comme une condition nécessaire et organique d'émulation.

Les physiocrates, c'est-à-dire les économistes de l'école de Turgot, y compris Dupont de Nemours qui, membre de la Constituante de 1789, institua l'impôt foncier, avaient été frappés de la différence de revenu des terres et installations reposant sur le sol. Dans leur bonne foi, la supériorité de revenu leur avait paru payée par le consommateur des produits aux dépens de la modération générale des prix. La masse des consommateurs, d'après eux, servait donc une rente à la propriété privilégiée. Cette rente fut dite rente foncière. Ils crurent l'atteindre par l'établissement de l'impôt foncier qu'ils jugeaient devoir être la grande et légitime source des revenus de l'État. Dans l'application de leur théorie, ils arrivèrent à un résultat absolument opposé à leur vue première. Ils firent l'impôt proportionnel au revenu brut, ce qu'il est resté depuis. Il en résulta que l'impôt au lieu d'être proportionnel à la valeur du fond, fut proportionnel au travail. En effet, les terres inférieures exigeant un effort de culture plus considérable, coûtant plus cher d'exploitation pour un rendement égal, se trouvaient et se trouvent encore frappées d'un même chiffre d'impôt que les terres fécondes ou supérieures. C'est le privilège qu'on avait visé et c'est le travail qui a reçu les coups.

D'abord, les physiocrates avaient mal analysé le prétendu phénomène de la rente foncière. Ensuite, ils avaient été vaincus par la difficulté de trouver un étalon fiscal capable de marquer directement les différents degrés de la rente. Ils s'avisèrent alors de considérer le revenu brut, qui est un élément apparent et s'offrant de lui-même, comme un signe acceptable de l'importance de la rente. Ils admirent dans le revenu brut deux éléments, dont l'un fixe et l'autre mobile. L'élément fixe était le travail regardé comme produisant dans n'importe quelles terres des résultats proportionnels à l'effort; l'élément mobile était la rente foncière censée variable avec la qualité du fond. Dans cette hypothèse, les variétés de produits bruts indiquaient en effet les variétés de rentes. Mais la marche du rendement ne suit pas celle du travail. L'effort du travail est en raison inverse de la qualité des terres ou en raison directe de leur infécondité. Frapper le revenu brut, c'est donc frapper et décourager le travail. L'impôt foncier équivaut à une prohibition de l'amélioration du sol cultivable.

Dans son remarquable ouvrage l'*Homme et la Révolution,* M. J.-A. Langlois, devenu député, fait à propos de l'institution du crédit foncier, les réflexions suivantes:

« L'impôt foncier s'élève aujourd'hui en France à 260 millions, soit au septième de la rente foncière, évaluée à 1 milliard 800 millions par les statisticiens. Mais comme il est proportionnel au produit brut et non pas au produit net, il n'y a que les terres de qualité moyenne qui payent à l'État le septième de leurs rentes; les terres de qualité supérieure payent moins, celles de qualité inférieure payent plus. Dans sa forme actuelle, l'impôt foncier est un véritable impôt progressif... sur le défaut de fertilité des terres. »

La rente foncière ou rationnelle, imaginée par une certaine science économique, était niée par Frédéric Bastiat, dissident, qui ne voyait dans la plus-value appelée ainsi qu'un effet du loyer des capitaux. Pour lui, la terre supérieure représente un capital élevé et l'avantage de son revenu ne fait que correspondre à la valeur supérieure de ce capital. Le point de vue était meilleur; mais le phénomène, comme nous allons le voir, se présente sous une forme plus complexe et plus intéressante.

La rente foncière est plus-value. Une terre en égale une autre par son étendue; mais en raison de sa vertu végétale, de son exposition favorisée, elle vaut plus que l'autre; il y a plus-value de la première sur la seconde, c'est-à-dire, à parler net, différence de capital entre les deux; à la vente, l'une montera, l'autre non. Le fait de la plus-value ou de l'inégalié spécifique des capitaux n'est en aucune façon spécial à la terre. Bon nombre d'économistes l'ont reconnu d'ailleurs. Une auberge bien située, au confluent de routes fréquentées, donnera, pour la même dépense d'efforts généraux, un meilleur revenu qu'une auberge semblable, moins bien placée, soit dès l'origine, soit par suite, par exemple, de modification dans le réseau des routes. Une organisation cérébrale puissante, fruit du mystère de la génération, procurera à celui qui en sera doué, des avantages économiques certains. Il y aura différence de capital entre son cerveau et celui d'un autre. Le même effet se produira par les différences de l'instruction générale et professionnelle. Une machine construite sur le même patron qu'une autre, manifestera, par suite des coïncidences inconscientes de l'exécution, une supériorité marquée : dès lors plus-value ou différence de capital. L'engouement, la frivolité des consommateurs, peuvent faire naître des utilités échangeables pour lesquelles certaines installations se trouvent plus propres que d'autres : plus-value soudaine des premières sur les autres, différence de capital. Une voix superbe, un gosier lyrique : plus-value sur les voix ordinaires, différence de capital entre les individus. Un inventeur heureux produit une nouvelle utilité : sa découverte représente un capital qui dans ses mains forme plus-value. Un dramaturge, un vaudevilliste compose, pour le théâtre, une pièce entrant dans le goût du public : la vogue lui apporte la plus-value du capital. Un spéculateur, agissant d'inspiration au milieu de l'obscurité résultant du défaut de statistique économique, réalise un gros bénéfice : plus-value encore, augmentation de capital dans la même main.

Toute cette série d'avantages, d'aubaines, de coups de fortune, de bonheurs industriels, provenant de ce qu'on nomme, en langue spiritualiste, la chance, se résout en un seul phénomène, à savoir la jouissance d'une exceptionnelle quantité de capital. Tandis qu'une terre sera égale à une autre en étendue, elle lui sera supérieure par la qualité ; tandis que le chanteur sera doué d'un larynx égal en pièces et agencement organique au larynx d'un autre, son instrument, au point de vue de l'utilité artistique, sera d'une valeur incomparable; tandis que le spéculateur sera parti d'une idée qui ne lui aura pas plus coûté d'effort de conception que toute autre idée restée stérile chez son voisin, elle l'aura comblé de profits. Plus sommairement, la plus-value des capitaux les uns sur les autres, n'est que l'inégalité des capitaux par rapport à une unité de mesure. Plus sommairement encore, la plus-value n'est que la différence spécifique des capitaux.

Les capitaux échoient arbitrairement aux personnes en vertu des causes énoncées. Or, les personnes à qui la plus grande somme de capital sera survenue, auront, par la possession de l'outillage ou moyen d'action qu'il représente, la plus grande puissance de production et d'échange. Réservoirs de la richesse à des degrés divers, elles domineront la société économique. Elles auront la situation de grands échangistes, par lesquels passera, avec obligation du tribut, le courant des produits.

Cette observation ne comporte pas de distinction à faire entre les variétés d'origine et de formes du capital. Le chanteur renommé, touchant des émoluments ministériels, ne sera pas moins grand échangiste que le riche manufacturier. Il échangera d'abord ses notes vocales contre une moisson des produits monnayés du public, puis, par la propriété actionnaire, la commandite ou le crédit que lui permettront ses profits, il deviendra indirectement grand industriel, se subordonnant les agents naturels de la production et s'emparant de l'échange sur une large base, ou bien, par la consommation sensuelle de son avoir, il asservira à ses goûts, dans une mesure étendue, la matière, le travail et l'échange. En fait de capital, qualité est synonyme de quantité, car la qualité ayant un pouvoir d'échange considérable se traduit toujours par la quantité et influence profondément par là le monde économique.

La tendance d'un capital rare est de s'assimiler la plus grande somme possible de capitaux communs plus ou moins transformés. Les capitaux communs sont en effet les plus indispensables à la vie, soit qu'on les considère à leur état vulgaire, appropriés à la consommation commune, soit qu'on les regarde comme bases de transformations opulentes.

La différence spécifique des capitaux a donc bien pour conséquence générale la collection, par les capitaux les mieux doués, des capitaux communs fournis par la masse.

La rente foncière ou rationnelle correspond à une idée trop modeste pour servir de désignation à un phénomène d'une pareille puissance. Disons que la différence spécifique des capitaux crée les monopoles de situation. Tous les agents de concentration de la richesse sont des monopoles de situation qui s'opposent à l'égalité des facultés d'échange entre les citoyens.

Les physiocrates ont eu la notion de la rente foncière parce qu'ils apercevaient, nettement dégagée, la rente-bénéfice que paye le fermier d'une bonne terre à son propriétaire. Elle était pour eux, à bon droit d'ailleurs, signe de privilége, puisque la terre inférieure ne peut que rémunérer le travail sans addition de profit bourgeois. Mais en n'attribuant pas la rente foncière, conformément à la réalité, à tous les genres de capitaux, ils devinrent injustes, en dehors de toute considération d'application, envers la propriété foncière. A elle seule ils fesaient racheter les libéralités de la nature qui s'exercent sur toutes les formes de la richesse. De plus, ils ne virent pas que, par le fait social permanent des échanges, les propriétaires fonciers détenteurs n'incarnaient pas le privilége des qualités. Pour atteindre justement les personnes il aurait fallu pouvoir inscrire comme contribuable le propriétaire primitif, dans la main duquel le monopole de situation s'était constitué originairement, et non la lignée de ses successeurs, acquéreurs à titre onéreux du fond et du monopole.

Les économistes modernes qui défendent la rente foncière et l'ont nommée rente rationnelle, sont formels sur son universalité. L'économiste russe Storch, en parlant des capitaux attenant à la personne l'appelait « rente des talents ou des facultés ». Ils la prétendent absolument étrangère aux éléments composants du prix des produits, contrairement à l'idée des physiocrates. D'après eux, quelle que soit la rente que touche le propriétaire de son fermier, le prix des denrées reste ce que d'autres influences le font. Ce serait le revenu des terres inférieures, non-productrices de rente et rémunérant exclusivement le travail, qui déterminerait le prix de vente des denrées. En effet, observent-ils, le revenu de la terre la moins favorisée doit au moins procurer la vie au propriétaire cultivant; au-dessous de cette limite la terre est déclarée impropre à la culture. C'est donc le besoin du travailleur-cultivateur et son besoin seul, dégagé de tout profit, qui règle le prix des denrées de toutes espèces sur le marché public. Les cultivateurs de terres supérieures ne font qu'abaisser leurs prix au niveau de ceux que réclame le travail seul. Le taux de leur rente foncière reste donc étranger à la composition et à la fluctuation des cours. Appliqué à toute la série des rentes dites rationnelles, ce raisonnement les dépouille de tout caractère oppressif et en fait des normalités économiques. Selon la vue déjà exprimée elles ne sont plus que des primes offertes à l'ambition nécessaire des hommes.

Nous allons voir en pénétrant plus complètement dans le rapport, la nature et les effets des forces économiques, ce qu'il y a lieu de penser de ce brevet de vertu.

Frédéric Bastiat, qui contestait l'existence de la rente foncière et trouvait, pour les monopoles de situation, une autre formule d'atténuation en les faisant passer dans la catégorie des loyers de capitaux, n'a vu dans le capital que ses services. Il a négligé les effets de son monopole, au regard de la justice.

Le monopole de situation du capital a pour premier et grand effet de localiser les moyens de production dans quelques mains, — terre, matière, outillage. Lui seul peut mettre en œuvre les forces naturelles et les résultats acquis du travail. Le capital est l'effort ancien, le travail est l'effort nouveau. Or, le travail ou effort nouveau ne peut se passer, pour opérer, du concours du travail antérieur, de l'effort ancien, du capital. Possédé à titre de monopole, le capital trouve en face de lui les travailleurs sans capital dénués de moyens d'action et obligés de louer leurs services. Le salaire est le prix convenu de la location. Il est déterminé par la loi incontestable de l'offre et de la demande. Le capital demande, ne pouvant se passer du travail qui le met en valeur ; mais, lot d'un petit nombre relativement au total des têtes, sécurité plus que besoin par rapport aux personnes détentrices, il demande dans une limite donnée. Le travail s'offre au contraire avec l'affluence du nombre. La balance penche nécessairement du côté du capital qui subordonne le travail, règle les salaires et ne prend le salarié qu'à titre précaire.

Le salaire est une utilité échangeable. Ce que nous avons dit, dans les études précédentes, de l'influence unique et souveraine qui le détermine, reste exact. Il est réglé par l'utilité des services, que le travailleur doit judicieusement combiner avec l'effort de production et ses besoins. Le travailleur ne peut invoquer particulièrement ni ses besoins, ni l'effort accompli pour demander le prix de son travail. Il faut que ce travail soit utile, échangeable. Son prix résulte exclusivement, en dernière analyse, de sa valeur d'échange, les utilités se troquant contre des utilités égales. Mais, cette loi de l'égal-échange des services et des produits n'a d'application qu'au salaire indépendant, à celui que touche l'artisan opérant pour son compte. Le salarié dépendant, embrigadé par le capital, n'est pas sous le régime de l'égal-échange. Les utilités échangeables qui sont le résultat industriel de son travail ne passent point, par son fait, dans le courant commercial. Elles arrivent sur le marché au nom de l'industriel capitaliste seul vendeur, et celui-ci les échange contre des utilités égales, sans qu'il ait à rendre compte, à son personnel salarié, du rapport entre la valeur d'échange obtenue et le salaire. Les principes du capitalisme reposent sur l'égal-échange commercial et écartent l'égal-échange entre le salaire et le travail produit.

Le salaire n'est considéré comme utilité échangeable qu'au regard du capital qui embauche les salariés. Il y a par là égal échange entre le salaire et l'utilité que lui reconnaît le capital pour son propre bien. Or, nous l'avons vu, l'offre des bras est abondante, parce que les bras sans capitaux sont en nombre considérable et que les capitaux, trouvant leur sécurité en eux-mêmes, sont moins sollicités vers l'activité que les travailleurs simples. L'équilibre entre les deux forces manquant, l'utilité-travail s'en trouve réduite et le salaire aussi.

La différence entre le coût du salaire et les prix de vente des produits est ce que le capital appelle son bénéfice.

Dans le bénéfice entrent deux éléments : l'impôt capitaliste ou intérêt et le bénéfice vaillant ou différence entre le taux des salaires et la valeur d'échange des produits, intérêt et coût de la matière à part.

L'impôt capitaliste ou intérêt est ce qui constitue, à proprement parler, la rente bourgeoise, fixe dans les limites du taux de l'intérêt de l'argent. Le capital rend un service social en se confiant à l'activité générale. Ce service ne peut être obtenu qu'à titre onéreux puisque les intérêts sociaux ne sont pas solidarisés. L'impôt capitaliste est donc le prix du concours du capital. Il est universel parce que tous les capitaux représentent un levier nécessaire au travail. Il entre dans le prix des choses, nous l'avons dit, absolument comme les impôts d'État ou comme la matière première convertie. Aucun industriel, opérant même avec son propre capital, ne négligerait de le répéter dans le prix de ses produits. Tous les producteurs capitalistes, chacun de son côté, répétant ainsi la taxe d'usage du capital, ils sont entre eux comme s'ils ne la payaient point les uns vis-à-vis des autres, puisque la réciprocité établit balance ou nullité d'opération. Les non-capitalistes supportent seuls, par le prix d'achat des denrées et marchandises de consommation, la taxe du capital, justement nommée dès lors impôt capitaliste.

La prétendue rente foncière renferme cet impôt capitaliste comme le renferment tous les bénéfices du capital.

Par cela elle influe sur le prix des choses.

Affirmer le contraire en attribuant aux propriétés inférieures la règle des cours, c'est se placer dans l'idée fausse que les besoins du travailleur déterminent son salaire. Or, nous avons vu que le niveau de celui-ci résulte de son utilité échangeable. Lorsque le cultivateur d'une terre ingrate apporte son hectolitre de blé sur le marché, il ne saurait le taxer selon ses besoins ; il le vend d'après l'utilité échangeable qu'on lui reconnaît. L'utilité échangeable d'un produit naît de la quantité totale de l'espèce, qui représente l'offre, et de l'activité de la consommation, qui représente la demande. La quantité totale des produits est déterminée à son tour par l'activité productrice du capital, réglée par l'appât des bénéfices.

Le capital étant la source de la production, et donnant seul le branle-bas de l'activité créatrice, lui seul, en réalité, est donc le régulateur des prix de toutes choses. Il cesse d'étendre sa production arrivé à la limite où il ne pourrait plus percevoir son impôt capitaliste et réaliser des profits.

Le cultivateur d'une terre inférieure, placé par cela même dans une condition d'une certaine dépendance, loin de régler les cours, sous prétexte de les faire concorder avec ses besoins, ne fait que se régler lui-même sur les cours procédant de l'influence capitaliste. Il abandonne sa terre, déclarée impropre à la culture, quand les cours du marché, trop bas pour lui, ne lui rendent pas la subsistance. La faiblesse des cours, à son endroit, tient à ce que, nanti d'un mauvais capital, son travail est en partie improductif, c'est-à-dire hors de proportion avec toutes les utilités échangeables dont il a besoin pour vivre et que grève l'impôt capitaliste. Si la production générale était affranchie de l'impôt capitaliste, le cultivateur pourrait s'attaquer à des terres moins fertiles encore que celles qui sont sa dernière limite aujourd'hui. Arrêté actuellement par un revenu minimum correspondant à la cherté de toutes les utilités échangeables, il lui serait permis de descendre l'échelle des terres dans la proportion de l'abaissement du niveau de cette cherté. La richesse publique et le bonheur commun s'accroîtraient de cet excédant de production, refoulé dans le néant par l'impôt capitaliste.

Les terres inférieures ne règlent donc pas les cours

du marché. La rente foncière n'est donc pas étrangère à l'élévation de ces cours. En même temps, nous constatons que l'impôt capitaliste stérilise les capitaux naturels inférieurs qui, par leur nombre, seraient un aliment considérable de la richesse publique.

A ce propos, disons un mot du paysan au regard de l'objet de son ambition : la terre.

Plus rapproché historiquement du servage, le paysan comprend que la possession de la terre, capital d'action, est l'indépendance. Pour la conquérir, non-seulement il y consacre l'épargne que sa sobriété et son milieu social dénudé lui permettent, mais encore il y voue un travail opiniâtre, exténuant, parfois meurtrier. Violentant la terre inféconde, la chargeant d'amendements, il commence par en tirer un produit au-dessous de ses besoins; il se prive, se soutient et persévère, grâce au capital naturel que ses forces physiques représentent. Chaque année, le revenu de sa terre tourmentée s'accroît pour atteindre enfin le niveau des valeurs échangeables générales. Alors, il a gagné l'indépendance dont ses fils héritent. Il est devenu possesseur d'un véritable capital, c'est-à-dire d'un monopole de situation. Mais ce monopole, en s'étendant à un grand nombre d'individus, comme cela s'est passé depuis 1789, n'a pas les inconvénients des monopoles moins divisés. Il répond à la constitution de la propriété par diffusion et non par concentration. Dans ces conditions, la propriété se dépouille du caractère capitaliste par les effets de réciprocité. C'est un grand bonheur pour les travailleurs de la terre, que l'industrie agricole n'ait pas fait les mêmes progrès que l'industrie manufacturière. Si l'emploi des machines et des grandes forces capitalistes avait été possible pour la culture comme pour la fabrication, si le capitaliste avait trouvé autant de satisfactions raffinées dans la vie rurale que dans la vie citadine, si la grande exploitation, en un mot, s'était jetée sur la terre, le paysan, inapte par pauvreté à concurrencer la puissance capitaliste et à lutter contre ses facultés d'absorption, eût été infailliblement rejeté dans le prolétariat. Le fait acquis d'une grande division du sol semble d'ailleurs ne plus permettre à ce danger de renaître.

C'est l'état d'infériorité originaire de la terre qui l'a rendue relativement accessible au paysan. D'une fécondité souvent difficile, elle ne sollicite pas le capital bourgeois qui ne pourrait, en la louant, en tirer un impôt satisfaisant. Elle ne vaut que dans la main du travailleur qui la cultive. C'est pourquoi certaines terres ne peuvent être amodiées et constituer ainsi des propriétés à rentes. D'autres, mal partagées dans une proportion moindre, ne rapportent à leurs propriétaires que 1 ou 2 pour cent. Les six millions de journaliers non propriétaires que renferme la population agricole, pourront arriver à leur tour à la propriété du sol par les mauvaises terres laissées en sommeil. Grâce à la gratuité organique du crédit à longue échéance, l'attaque de la nature pour la féconder, leur sera possible. Les détenteurs de terres médiocres pourront, de leur côté, en vertu du même pouvoir, les amender. D'une part, émancipation des individus, de l'autre, bienfait public.

Dans l'industrie, l'artisan pauvre ne règle pas plus le prix marchand des produits, que, dans l'agriculture, le cultivateur de terres inférieures ne dicte le prix des denrées. Le travail de l'artisan, quelqu'intense qu'il soit, reste improductif dans une plus ou moins grande mesure, s'il est servi par un mauvais outillage. Dans ce cas, le travailleur producteur dépend et ne commande pas. Il essuie les prix du capital, il ne les fait pas. Il ne peut le concurrencer, bien qu'on trouve dans les prix de vente du capital, l'intérêt ou rente bourgeoise qui les augmente.

L'impôt capitaliste paralyse le petit outillage comme il enraye la petite culture.

Quant à sa paternité envers la cherté, une dernière considération la rendra plus éclatante.

Le bail à loyer procure au propriétaire une rente qui est le prix du loyer. Cette rente, eu égard à l'importance du capital loué, peut suffire à elle seule à l'entretien de la vie et même d'une vie large. Elle n'est pas la compensation d'un effort, la rémunération d'un travail, puisque le bailleur s'exempte de concours effectif; elle n'est pas non plus une prime de risque, car, s'il s'agit de terres, le risque échoit bien plus au locataire qui craint la grêle et la gelée, qu'au propriétaire qui reprendra ses terres bonifiées par le travail et les amendements du locataire. La rente du bailleur lui arrive tandis qu'il dort. Ne pouvant être tirée du néant, il faut qu'elle soit prélevée sur la récolte obtenue par le locataire. En effet, entre le prix de vente de cette récolte et la valeur du travail qui l'a procurée, y compris les amortissements justifiés, il existe un écart. Cet écart comprend précisément la rente bourgeoise du bailleur, le prix que le capital met à s'accorder au travail, en un mot l'impôt capitaliste. Détaché du prix de vente des produits, il ne saurait être contesté qu'il les renchérit, puisque sans lui, la valeur marchande de la récolte pourrait être abaissée d'une somme correspondante, sans retranchement aucun pour le producteur réel.

Le loyer des logements contient nécessairement cet impôt. La disparition de celui-ci conduirait le travailleur vers la propriété de l'abri. Le bailleur, selon la science économique rationnelle, n'a droit à d'autre redevance que le prix de l'usure ou entretien de la chose louée, plus son minuscule salaire, s'il y a lieu, pour exercice de surveillance et sollicitude envers cette même chose. Or, user, c'est faire acte de propriété dans la pleine acception du mot. L'abri, qui est d'un usage permanent, devrait donc être normalement et en général la propriété de celui qui l'occupe. Cela revient à dire qu'au lieu de payer indéfiniment des termes de loyer comprenant l'impôt capitaliste et qui finissent, avec le temps, par valoir le prix du fond, le preneur devrait solder des annuités d'amortissement correspondant à un prix et à un temps d'achat. L'organisation du crédit à longue échéance faciliterait cette heureuse solution sociale. Proudhon n'avait pas manqué de l'apercevoir et, pour l'atteindre, il avait songé à l'intervention administrative de la commune, intervention qu'on peut critiquer. M. Langlois, courtisan du génie de Proudhon, envisageait les choses de la même façon. Il les complétait par l'intervention, non moins discutable, de l'État dans un certain fonctionnement fiscal du crédit à longue échéance, qu'il a nommé crédit civil par opposition au crédit commercial à courte échéance.

L'impôt capitaliste fut autrefois bien plus élevé qu'aujourd'hui. Nous sommes largement en progrès sous ce rapport. Le capital jadis plus concentré, moins répandu et moins humanisé, se prêtait plus difficilement. La prospérité publique en souffrait, car le crédit, si cher soit-il, est encore préférable à l'inactivité des capitaux. Le développement de la richesse n'est possible qu'avec l'usage des capitaux, lesquels s'engendrent les uns par les autres. Brutus, l'un des romains célèbres qui portèrent ce nom, prêtait son argent dans l'île de Chypre à raison de 48 pour cent. Le taux légal, d'après la loi romaine, était de 10 pour cent. Quand l'emprunteur ne réussissait pas à payer l'intérêt, il devenait l'esclave perpétuel du créancier.

L'usure fut persiflée par Jésus et condamnée par l'Église catholique, précisément parce que son taux était écrasant. Cette critique, inintelligente dans son absolu parce qu'elle surgissait au milieu de l'ignorance des lois économiques, eut pour effet dommageable de soustraire le moyen-âge à la vie industrielle et à la production de la richesse, par conséquent à la civilisation. Par prescription canonique, on ne prêtait pas, l'intérêt étant défendu à tous les degrés. Le crédit proscrit, le levier du travail et de la production se trouvait paralysé. Les juifs y gagnèrent. Empêchés, par le fanatisme légal, d'acquérir des immeubles, ils n'eurent pour domaine que l'argent. Ils le firent suer, en vertu du précepte de Moïse qui leur permet l'usure sur l'étranger, et monopolisèrent la fortune mobilière dans leur race, en vertu de cet autre précepte, danger social évident, qui leur recommande le non-croisement.

Quant aux consciences catholiques, elles ont été déliées depuis.

Un arrêt de la cour de Rome du 18 août 1830 ordonne aux confesseurs de ne plus inquiéter ceux qui prêtent à intérêt.

La concurrence des capitaux, conséquence de leur développement, a progressivement amené l'abaissement du taux de l'intérêt qui, d'ailleurs, ne se confond pas avec les profits que nous allons voir sous la figure du bénéfice vaillant. Il n'y aurait pas lieu d'être surpris si, avant d'arriver à la gratuité organique du crédit, on passait par de nouvelles dégradations de l'intérêt, selon ce qu'espérait le libéral Bastiat, qui s'arrêtait toutefois à point avant la gratuité, énormité irréalisable d'après lui.

Le bénéfice vaillant, phénomène spécial, se distingue d'abord de l'impôt capitaliste proprement dit en ce que, contrairement à ce dernier, il est illimité. Par l'impôt capitaliste, le capital perçoit simplement son droit d'usage, sa rente bourgeoise, en dehors de toute participation laborieuse et en dehors de tout risque, comme le prêt hypothécaire le manifeste avec une évidence particulière. Lorsque la part du capital dépasse le taux de l'intérêt, il y a bénéfice vaillant, soit que le capitaliste, à la fois capitaliste et industriel, se commandite lui-même, comme c'est le cas du riche manufacturier soit que, associé dormant, selon l'expression naïve des Anglais, il partage des dividendes, comme c'est le cas de l'actionnaire.

Le bénéfice vaillant — tous frais d'exploitation payés et tout amortissement effectué — se composant de l'écart entre le taux des salaires et le prix de vente des produits, il est d'autant plus élevé pour le capitaliste que celui-ci occupe un plus grand nombre de salariés et débite une plus grande quantité de produits. Or, l'écoulement sur le marché est d'autant plus considérable que les prix de vente sont plus réduits. Une des tendances du capitalisme, tendance heureuse au regard de la consommation, est donc de produire au plus bas prix possible. Pour ce résultat, il appelle à son aide les machines, les procédés abréviateurs, en un mot, tout le progrès industriel, dont il obtient des merveilles profitables au bien-être général. Mais, inversement, une autre tendance du capitalisme, tendance à laquelle l'oblige la concurrence même des capitaux, est de comprimer le taux du salaire puisque la différence entre le salaire et les cours du marché contient le bénéfice vaillant. Plus l'essor du salaire sera entravé, plus le bénéfice vaillant se gonflera. Illimité en principe, il ne trouve de bornes, en fait, que dans la menace ou l'explosion de la coalition ouvrière.

La grève est une résistance momentanée qu'il n'est

pas toujours possible au prolétariat de soutenir et qui, dans tous les cas, cause une perte sociale par la suspension de la production. Le nombre des travailleurs sans capital s'oppose à leur coalition réelle, le nombre impliquant davantage concurrence individuelle qu'alliance. La catégorie d'ouvriers pouvant pratiquer utilement la grève est celle des travailleurs d'élite dans les professions non encombrées. Le capitalisme, ici, capitule, parce que pour maintenir l'importance de ses bénéfices, il courrait le risque de les compromettre gravement. C'est, du reste, un danger auquel il pare de son mieux, chaque jour, par le progrès du système de l'excessive division du travail. Par ce système, qui ne facilite la production qu'en apparence, l'ouvrier se trouve réduit à la nullité professionnelle. La femme et l'enfant l'égalent dans la même œuvre machinale. Nul besoin de connaissances de métier. On n'a plus en face de soi qu'une masse de travailleurs sans aptitudes professionnelles, se concurrençant dans l'ignorance et dans le nombre. Le bon marché des salaires redevient par là inévitable et fatal et les droits du bénéfice vaillant continuent à être sauvegardés.

En même temps que le capitalisme procède par division à l'égard du travail, il procède par centralisation à son propre regard. Sa puissance réunit des outillages grandioses, installe des machines formidables et met en jeu des forces industrielles immenses. Il produit, par cette concentration de moyens, à meilleur marché que l'artisan isolé pourvu d'un outillage limité. Celui-ci, vaincu sur le champ de bataille de la production, impuissant à soutenir la concurrence, finit par se rendre à discrétion, comme le prisonnier antique devenant ilote. Il passe alors dans le salariat, cet état moderne de la dépendance. Tous les jours l'autonomie ouvrière s'éteint davantage en même temps que la masse des salariés augmente, salariés inférieurs et salariés supérieurs. L'accroissement des dépendances opère dans le même sens que la division du travail : elle multiplie la concurrence des bras et favorise l'abaissement du salaire au profit du bénéfice vaillant.

Le travailleur inférieur, se démenant dans sa servitude organique, va d'atelier en atelier, de localité en localité, cherchant un remède à son malaise par le déplacement et le changement d'embauchage ; mais il ne fait ainsi que compliquer la situation générale en y introduisant l'infidélité des services.

Le bénéfice vaillant et l'avantage du travail, sous quelque forme qu'on le considère, sont en rapport inverse. Comme l'impôt capitaliste, le bénéfice vaillant, par son effet de concentration de la richesse, fait obstacle à la juste distribution des échanges. La rente rationnelle, qui se compose de bénéfice vaillant comme d'impôt capitaliste, rencontre dans cette démonstration la négation complète de son innocuité.

La tendance à l'abaissement des salaires, résultat des bénéfices vaillants poursuivis par le capitalisme, n'est pas absolument sans compensation comme on a pu le remarquer, puisque l'organisation capitaliste n'est pas exclusive du développement de la production, c'est-à-dire de la richesse publique et de la réduction du prix des produits. Il est incontestable que depuis que le capital s'est massé, associé, aventuré pour commanditer l'industrie, le niveau général du bien-être a monté.

Mais ce progrès ne s'est pas produit selon les lois de l'équilibre. On a vu se former des affluents et des confluents anormaux de la richesse. Si une foule d'objets devenaient plus accessibles, l'infériorité échangeable du salaire s'accentuait d'une manière générale. La sensation du paupérisme demeurait au moins par effet de proportion. La création des produits par nature ne s'est pas répartie consciencieusement. Le capital a voulu travailler pour ses goûts en faisant porter une énorme partie de l'effort du travail sur la production des consommations de luxe. La rareté et la cherté relative des objets utiles en ont été la conséquence. D'où une difficulté de vie fortement éprouvée en bas, malgré tout l'éclat social.

L'admission des femmes et des enfants dans les manufactures n'a pas amélioré, dans le bon sens, la situation des ménages. La concurrence des épouses, des fils et des filles a fait baisser par compensation le salaire du père. La morale de la famille, qui est une richesse sociale, a été abaissée. Le foyer domestique a été appauvri par le départ de celle qui en est l'âme. La santé des uns et des autres, capital public et privé de premier ordre, s'est altérée.

L'instabilité, l'insécurité résultant d'une dépendance plus étroite, le chômage imprévu, sont venus aggraver la situation des salariés. Dans les campagnes où l'industrie manufacturière s'installe, elle chasse la pauvreté pour la remplacer par la misère.

Le bénéfice vaillant n'est pas sans témérité au regard de la vie humaine. Produire au meilleur marché possible étant la loi, le travail s'accomplit souvent dans le péril, à cause de l'excédant de frais d'exploitation qu'entraineraient des installations, un mode d'action ou des mesures de contrôle comportant pleine sécurité au moins dans la mesure humaine. Le progrès industriel est quelquefois trop hâtif. Il fait payer le bon marché et les facilités par des catastrophes. Peu importe. Le bénéfice vaillant peut encore moins attendre que l'impatience des consommateurs.

Les plus grands bénéfices vaillants se récoltent dans la spéculation. Ceux-ci n'intéressent pas le travail directement. Ils résultent de la lutte des capitaux entre eux ou ne draguent que la consommation. Les coups de Bourse ne sont autre chose que des déplacements de capitaux. Les dupes qui se précipitent pour acheter cher des valeurs qu'elles seront obligées de revendre bientôt à perte, se dépouillent de leur capital pour le verser simplement dans la poche des écumeurs. Il y a là uniquement virement de gousset, opéré en général aux dépens des petits capitaux. L'accaparement, forme particulière de la spéculation qui sauve parfois de la disette, prélève exclusivement ses bénéfices sur la consommation, contrainte à subir son prix de vente. Mal calculé, l'accaparement se résout en virement de capitaux entre les premiers vendeurs, bénéficiaires, et les derniers, perdants.

La spéculation, sous toutes ses formes, prévision plus ou moins hardie des accidents économiques, accaparement, coups de Bourse, loteries, a pour excitateur l'ambition des grandes consommations, qui ne peut être satisfaite que par la richesse. Fauteur du luxe et dédaigneuse du travail, elle demande à ne point être encouragée. C'est un malheur que des administrations républicaines, comme celles de la ville de Paris, soient obligées d'en éveiller l'ardeur par l'appât des lots qu'elles insèrent dans leurs emprunts publics, sans souci des charges du contribuable. La spéculation, par ses énivrements, est la mère des utilités échangeables malsaines ou exorbitantes. C'est par elle que la danseuse ou le ténor d'opéra deviennent des individualités économiques pléthoriques, quoique leur utilité réelle, dans la société, corresponde à des équivalences bien autrement modestes. C'est par elle et ses bénéficiaires à tous les degrés que les consommations servies dans les établissements publics, cafés, restaurants, hôtels, se sont élevées à des prix excessifs, qui n'ont plus de rapport avec la valeur intrinsèque des consommations elles-mêmes et qui sont le payement du luxe décoratif des établissements et du confort exigés par la vanité.

Le bénéfice vaillant, outre qu'il est illimité, se distingue encore de l'impôt capitaliste en ce que, à l'opposé de celui-ci, il n'entre pas nécessairement dans le prix des produits. L'impôt capitaliste fixe, renchérit les objets à titre de frais d'exploitation ou de droit d'usage du capital dû par la consommation. Le bénéfice vaillant, variable, marche au contraire, comme on l'a vu, avec la réduction du prix de la main-d'œuvre, c'est-à-dire avec la réduction des frais d'exploitation et avec la diminution du prix des produits.

Dans l'accaparement, le bénéfice vaillant atteint par cas spécial le prix de vente des produits et non le salaire, l'accaparement ayant précisément pour objectif le renchérissement. L'accaparement peut être direct ou indirect. Il est direct s'il y a volonté d'accaparer le blé, par exemple, afin d'obliger les consommateurs, trompés sur l'importance réelle de la récolte, à payer au-delà de son prix normal. L'accaparement est indirect s'il arrive par cas fortuit. L'aubergiste unique sur qui vient fondre une affluence inaccoutumée de consommateurs, est un accapareur indirect par rapport au nombre de bouches en concurrence. Il vend au poids de l'or ses provisions devenues soudainement précieuses par une rareté relative. L'industriel qui, par calcul fatalement mélangé d'alea, a multiplié des produits en prévision d'une vogue qui se réalise, est un adroit accapareur indirect taxant à sa guise la consommation. L'accaparement indirect se découvre d'une manière frappante dans le fait de la supériorité de valeur des maisons situées au centre des villes. Ces maisons, accaparant une partie de sol qui ne peut être étendue à volonté, ne sont abordables qu'au moyen de prix de location ou d'achat démesurés. Elles témoignent violemment, par leur monopole de situation, de la différence spécifique des capitaux. Mais, si l'accaparement direct ou indirect gonfle les taxes de la consommation, sans toucher d'ailleurs aux salaires, la masse de ses bénéfices vaillants ne me paraît pas pouvoir entrer en comparaison d'importance et de généralisation avec celle des bénéfices de même nature réalisés par l'exploitation industrielle sur la main d'œuvre.

Le bénéfice vaillant a pour se justifier, malgré toute critique, le monopole naturel de situation et le risque. La spontanéité du monopole naturel de situation fait sa légitimité. Le risque attaché à toute entreprise, à toute exploitation, vaut, en bonne justice, par compensation, droit aux résultats excentriques du succès. La spéculation justifie spécialement ses bénéfices vaillants par la fécondité de ses hardiesses, procréatrices des grands progrès industriels. Elle fait valoir que, sans elle, d'immenses capitaux naturels dans le passé et dans l'avenir seraient demeurés et devraient demeurer inertes.

Le socialiste allemand Lassale, adversaire de l'économiste Schulze-Delitzsch, n'admettait pas la récompense de la spéculation la mieux inspirée.

« Le total des circonstances qui nous échappent, di-
« sait-il, dépasse, dans la spéculation, le total de celles
« qu'il nous est donné de connaître. »

Quant au risque, Lassale en faisait bon marché. Partisan de la centralisation dans l'association à l'instar de l'illustre écrivain Louis Blanc, dont il déclarait d'ailleurs adopter en grande partie les doctrines, il niait toute existence possible du risque. A ce sujet il s'exprimait ainsi :

« Il n'y a que la production individuelle qui court un « risque et non pas la production générale; loin de là « cette dernière prend une importance toujours plus « grande; ses bénéfices s'accroissent continuellement « ainsi que le prouve l'augmentation constante du ca- « pital national employé à la production industrielle. »

Sur la question du mérite personnel dans les opérations de la spéculation, je partage, dans une assez large mesure, la pensée lassalienne. L'importance des bénéfices vaillants excède le plus souvent, jusqu'à l'énormité, la valeur de l'effort de conception. La récompense, en bonne justice, devrait, dans un très-grand nombre de cas, revenir à l'aveugle hasard. Bien plus, l'idée qui détermine la réussite part fréquemment du cerveau d'un inférieur, sans lequel le supérieur, avec la seule capacité de l'argent, serait empêtré. Les docteurs de l'Église, cependant, n'ont jamais songé à condamner le bénéfice vaillant, bien autrement subversif des théories fraternelles et égalitaires de l'Évangile, que l'intérêt limité et régulier.

En ce qui regarde le risque, il nous est permis de nous rapprocher franchement de l'appréciation de Lassale, puisque les risques de chômage, d'insolvabilité, de concurrence inintelligente, de mauvaise répartition de la production, doivent disparaître par l'organisation sociétaire et la réciprocité ou mutualité du crédit.

En résumé, il est démontré que, dans la société actuelle, outre le faux principe du crédit qui s'oppose à l'équilibre des forces dans le domaine de l'échange, les monopoles de situation font énergiquement obstacle, de leur côté, à cet équilibre.

Maintenant, si l'on peut faire abstraction pour l'avenir du risque dans son acuité anarchique actuelle, on ne saurait de même écarter le phénomène naturel des chances diverses, inhérent à la force et à la vertu de la liberté.

L'organisation sociétaire n'exclut pas l'inégalité de succès, qu'elle provienne soit de l'inégalité de mérite soit de l'inégalité de situation. Ces chances d'inégalité, condition du progrès humain, de l'activité, de l'intérêt de la vie, continueront à se manifester pour le bien commun. Elles ne deviendraient dangereuses que si elles dépassaient la mesure de leur utilité sociale. Respectables dans leur principe, elles ne doivent être attaquées que dans leurs effets excentriques. Nous allons les retrouver dès lors dans les éléments de l'étude suivante, consacrée à la juste distribution de la consommation, comme la présente analyse vient d'être consacrée à la juste distribution de l'échange, faisant suite à la juste distribution de la production.

LES CONDITIONS DE LA CONSOMMATION

La consommation but final de toute activité. — Le monopole de situation envisagé dans son utilité et comme aiguillon du progrès. — Part de liberté et de responsabilité dans l'homme — Les raisonnements par analogie sont faux. — Examen du principe de l'impôt. — Rapport entre nos facultés de production et nos facultés de consommation. — Justice de l'impôt sur le revenu de consommation. — Les impôts établis et le projet d'impôt sur le capital. — Progressivité générale et déprogressivité particulière de l'impôt sur le revenu de consommation. — Moyens pratiques d'application.

La consommation est le but de toute l'activité économique. La richesse n'est autre chose que la puissance de consommation. Le bien-être s'étend comme la limite de consommation. L'avare qui thésaurise et se prive obéit à un instinct maladif, isolé dans la physiologie sociale. Ses fils, habituellement prodigues, ne perpétuent point son vice. L'aspiration à la richesse n'a réellement qu'un mobile, l'ampleur de la consommation, parce que misère est malheur et fortune satisfaction ou jouissance. Tout l'attirail de la production et de l'échange converge vers la consommation. Aussi, l'accaparement dans la production et l'échange, sous toutes les formes du monopole de situation, se traduit-il par une sorte d'accaparement dans la consommation. Le capitalisme renté et bénéficiaire règne en souverain dans la consommation, comme dans les œuvres préparatoires de la consommation.

La juste distribution dans la consommation est un problème qui vient s'ajouter aux précédents, relatifs à la juste distribution dans la production et dans l'échange. La solution rationnelle de l'ensemble n'est autre chose que la manifestation grandiose de l'ordre ou de l'harmonie sociale.

La répartition équitable de la consommation étant liée à des antécédents organiques, la conception communiste a été mise en avant pour assurer une solution. On est parti de cette idée simple, mais insuffisante, que le monopole de situation créant des inégalités forcées, le moyen de les faire disparaître était de masser tous les intérêts dans une communauté compensatrice. Par exemple, les terres étant inégales de qualité, il y avait lieu de bloquer les bonnes avec les mauvaises, de réunir arithmétiquement leurs produits, sinon de les mélanger comme il aurait fallu le faire pour le bon et le mauvais vin, et de partager au quotient social. L'Etat, seule force capable d'opérer une pareille distribution, devenait dans ce système le Dieu régulateur. Conception autoritaire au premier chef, émanation d'un monarchisme économique, une semblable solution a pu s'accorder avec le principe de domination qui faisait le ressort de certains esprits en vedette ; mais elle ne peut convenir au sentiment démocratique éclairé qui aspire à l'émancipation, non à la discipline.

On ne peut abattre radicalement le monopole de situation sans briser tous les stimulants du progrès. Si le monopole de situation est souvent, le plus souvent même, le résultat de causes fortuites dans lesquelles disparaît le mérite personnel, il marque cet idéal instigateur de toutes les activités profitables à la masse. Si le monopole de situation, par le fait de notre insolidarité anarchique, exagère ses avantages, il ne s'ensuit pas que son principe, réduit à ses proportions vraies, ne soit point une normalité sociale, un fait de concurrence générateur de l'impulsion vitale. Sans l'objectif du monopole de situation, la majeure partie des inventions constitutives du progrès et de l'acheminement au bonheur social, ne se seraient pas réalisées ; les applications de ces inventions resteraient à pratiquer ; l'avenir serait fermé. L'humanité n'a pas seulement à se soutenir, et il n'est pas prouvé que le stimulant du monopole de situation n'a pas d'effet dans cette nécessité restreinte, mais encore il faut qu'elle marche. Or, étant donné sa nature, étant donné le spectacle de la concurrence de toutes les forces naturelles, le monopole de situation représente un moyen d'émulation qui rentre dans le plan de la vie générale. Si ce monopole est dans la loi des choses, il est inutile de chercher à l'effacer, on n'y parviendrait pas. L'action de l'homme consiste à en corriger les effets excessifs, résultant d'un défaut de pondération. Les éléments naturels ne sont vicieux que par leur agencement dans un ensemble mal équilibré. La liberté, par exemple, bien suprême des individualités, peut produire de bons ou de mauvais effets suivant qu'elle est ou non privée de corrélatifs qui la règlementent, non point à la façon des lois positives qui la mutilent, mais par voie indirecte et organique. A la liberté, il faut ajouter la solidarité, sans laquelle la liberté devient la lutte carnassière ; la solidarité sans la liberté n'est que l'aplatissement communiste. Tout, dans le système de l'ordre rationnel se compense, se balance, se limite, par des connexités. Il est inexact de dire que l'état de société exige en principe des sacrifices de la part de la liberté. Le sacrifice constant est lésion organique. Or la lésion est le mal parcequ'elle est le dommage. La liberté vraie se pondère, s'agence, se raccorde et trouve son expansion complète dans l'harmonie et la concurrence exacte des forces. La solidarité ne limite pas la liberté ; elle en est la garantie. De son côté la liberté ne détruit pas la solidarité ; elle en est la justification.

La suppression de la liberté répond à la négation absolue du libre arbitre, de la responsabilité et de l'initiative dans l'homme. Sans doute le libre arbitre est influencé par des causes extérieures à l'homme, qui le déterminent et lui dictent sa volonté ; sans doute la responsabilité est loin d'être ce qu'une connaissance encore barbare de l'homme l'a faite dans nos codes ; mais, dans l'examen des faits, on recueille le témoignage d'une force inspiratrice personnelle qui, toute obscure qu'elle soit dans son origine, n'en paraît pas moins capable d'action et de développement par l'activité reflexe plus ou moins libre du cerveau. Il y a donc, dans l'homme, si faible qu'elle soit, une part de liberté propre et de responsabilité. C'est à cette part de liberté propre que répond, dans le domaine économique, le monopole de situation, le bénéfice vaillant, selon l'expression que nous avons adoptée. Quand le bénéfice vaillant s'étend au delà de la mesure commune du mérite volontaire, il devient un élément de trouble en favorisant des inégalités disproportionnées et en créant l'envahissement progressif du monopole de situation. Il s'agit donc de voir quel correctif organique on peut apporter à ces difformités inévitables.

Une école nouvelle de naturalistes, rompant avec des traditions arriérées, a montré l'homme comme provenant de la force expansive et épurative d'une succession d'espèces inférieures, et a découvert le tableau terrible de la destruction violente des espèces les unes par les autres, en vue du triomphe implacable des espèces supérieures.

Certains socialistes ont pris en mauvaise part ces théories indépendantes qui leur semblaient ne point cadrer avec les aspirations égalitaires de tout socialisme.

Ils se sont froissés à tort. La guerre entre espèces, le combat pour la vie en histoire naturelle n'a rien de commun avec la loi des relations humaines. Proudhon a fait observer, avec une haute raison, dans son ouvrage de *la Création de l'ordre dans l'Humanité,* que chaque série de phénomènes avait sa loi propre et que les raisonnements par analogie étaient tous faux, quand ils mettaient en comparaison les termes de séries naturelles différentes. Les séries logiques dépendent des séries naturelles. Comparer les mœurs d'une espèce avec celles d'une autre espèce pour en tirer une loi de relations commune, c'est oublier qu'il y a indépendance absolue entre les séries et troubler radicalement les éléments du jugement. Le combat pour la vie, la lutte des égoïsmes concurrents, la guerre et l'extermination d'un degré de l'échelle animale à l'autre sont des phénomènes vrais ; mais ils ne sont vrais que dans leur domaine ou série. Entre les individus de l'espèce humaine la loi de l'entre-dévorement n'a pas d'application. L'homme a pour instinct fondamental de se joindre à l'homme. Isolé de toute société humaine, il n'a plus qu'un destin précipité : le dépérissement et la mort. L'association, c'est-à-dire la solidarité, est la règle de son espèce. Loin que la nature justifie entre les hommes l'élévation des uns par la ruine nécessaire des autres, elle indique, par les révélations de la puissance cérébrale du type, que leur bonheur commun réside dans l'alliance et l'appui mutuel. Il n'y a donc point à s'alarmer des synthèses hardies de la nouvelle science. Elles ne contredisent aucune des espérances démocratiques; bien plus, elles les justifient et les encouragent par l'exemple du succès qu'on peut devoir à des observations exactes.

Dans l'ordre économique, le correctif des inégalités anarchiques qui peuvent être le produit spontané de la liberté, se trouve dans une des applications particulières de la solidarité, dans l'institution de l'impôt public.

L'impôt public est généralement considéré comme la redevance due par les particuliers à l'État en retour de la quantité de protection qu'il leur accorde selon l'importance de leurs intérêts. C'est un point de vue vicieux qui conduit à toute espèce de conséquences fausses, notamment au principe irrationnel de la proportionnalité de l'impôt. Une société, en principe, n'a pas besoin de protection contre elle-même. Ses membres étant également solidaires, on ne peut admettre un arbitre des antagonismes, l'État, venant couvrir d'une protection proportionnelle les citoyens les plus favorisés dans l'ordre des intérêts matériels. D'un autre côté, l'État, représentant tout le monde, ne peut être considéré comme vendeur de services au poids ou à la mesure, taxant les citoyens selon l'importance des services. L'État, indivis, est un protecteur indivis. Le gendarme ne divise pas sa vigilance qui s'applique à tous les intérêts indistinctement, à moins qu'on ne veuille partir de l'idée que le gendarme a des protections proportionnelles, ce qui ne serait pas la normalité sociale à prendre pour type. L'impôt est toute autre chose qu'une redevance spéciale de sécurité ou d'usage des moyens communs. S'il était le paiement de l'usage, on en arriverait à cette absurdité logique, qu'il faudrait compter le nombre des pas de chacun sur les voies publiques pour établir la juste part d'usage imputable à chaque contribuable.

L'impôt est simplement le moyen d'assurer les dépenses publiques ou communes, faites dans l'intérêt de tous et dont il est permis à chacun de profiter librement dans la mesure qu'il lui convient. Pas de proportionnalité à établir pour l'usage sous peine de tomber dans l'arbitraire ou dans l'impossible. Sommairement, impôt signifie entretien de services généraux indivisibles et non achat de services particuliers.

L'impôt égal par tête serait l'idéal, impossible à réaliser attendu les chances naturelles d'inégalités sociales. On ne peut détacher des forces que des valeurs relatives. Quelle sera la règle de l'inégalité nécessaire du chiffre de l'impôt par tête?

Ici, le retour à une vue sociale générale est obligé.

Proudhon a fait ressortir une vérité qui est un immense jet de lumière. Nos facultés de consommation, a-t-il fait observer, sont illimitées. Nos facultés de production sont au contraire limitées. De là une tendance constante à une rupture d'équilibre entre ces deux forces qui devraient se balancer. L'excès de consommation a son anormalité marquée par les troubles de la santé physique comme l'excès contraire, le dénuement, marque la sienne par des phénomènes de même nature quoiqu'inverses. Producteurs du mal moral comme du mal physique, ces deux genres d'excès opposés doivent être combattus par la raison individuelle et plus encore par la raison publique ou raison organisée.

Il faut d'abord considérer que la pauvreté saine est le régime naturel de l'humanité, et que la frugalité dans la consommation des produits s'impose comme une nécessité, par conséquent comme un devoir. A ce sujet, je ne saurais résister à reproduire un passage de Proudhon consacré à la démonstration de la loi économique de la pauvreté. On le trouve dans *La Guerre et la Paix*, ouvrage magnifique par la puissance du style comme toutes les œuvres de l'auteur, mais où la valeur des thèses philosophiques, d'une apparence insolite voulue, est largement dominée par les considérations économiques dont les suivantes sont extraites :

« Un fait souvent cité, mais dont on ne paraît pas « avoir compris le vrai sens, c'est le revenu moyen, « par jour et par tête, d'un pays comme la France, « l'un des plus avantageusement situés du globe. Ce « revenu a été évalué, il y a une trentaine d'années, « par les uns à 56 centimes, par les autres à 69. Tout « récemment, un membre du Corps législatif, « M. Auguste Chevalier, dans un discours sur le « budget, évaluait le revenu total de la nation à 13 « milliards, soit par jour et par tête, 98 centimes. Mais « on a relevé dans cette évaluation des erreurs de « calcul et des exagérations manifestes ; en sorte que « le chiffre est réduit d'au moins 1,500,000,000 fr., ce « qui donne par tête et par jour, 87 c. 5 et par chaque « famille de 4 personnes 3 fr. 50. Admettons ce chiffre. « Une famille composée de 4 personnes peut vivre « avec 3 fr. 50 de revenu quotidien. Mais il est évi-

« dont qu'il n'y aura pas de luxe ; que la mère et les « filles ne porteront pas de robes de soie ; que le père « n'ira pas au cabaret ; que s'il survient des chômages, « des maladies, des sinistres, si le vice entre dans le « ménage, il y aura déficit et bientôt indigence. Telle « est la loi, loi sévère à laquelle, sauf de rares excep- « tions, nul ne parvient à se soustraire qu'aux « dépens des autres, dont la solde du soldat et du « marin et généralement tout salaire d'ouvrier « sont des applications et qui nous a fait, en défini- « tive, tout ce que nous valons, tout ce que nous « sommes. La pauvreté est la vraie providence du genre « humain.

« Il est donc prouvé par la statistique qu'une nation « comme la nôtre, placée dans les meilleures condi- « tions, ne produit bon an mal an que ce qui suffit. On « peut faire la même observation sur chaque pays ; « partout on arrivera à cette conclusion, dont il « serait à désirer que nous fussions tous péné- « trés, que la condition de l'homme sur la terre c'est « le travail et la pauvreté ; sa vocation, la science « et la justice ; la première de ses vertus la tem- « pérance. Vivre de peu en travaillant beaucoup « et en apprenant sans cesse, telle est la règle « dont il appartient à l'Etat de donner aux citoyens « l'exemple. »

A l'époque où Proudhon parlait ainsi, le revenu public en France n'était guère estimé en moyenne qu'à 11 milliards. En 1867, M. Langlois l'évaluait à 12 milliards (*L'Homme et la Révolution*). Mais l'approximation, d'après des observations plus récentes, doit être sensiblement élevée. Le rapport Ducarre à l'Assemblée nationale en 1875 sur les conditions du travail en France, le signale comme étant, pour l'étendue réduite de notre territoire, de 12 milliards, chiffre qu'on attribuait à la France d'avant 1870. Certains appréciateurs contestent cette donnée comme trop faible ; mais on a des chances pour demeurer avec la vérité en s'en tenant au total de 12 milliards. Or, la population actuelle de la France est de 36,301,000 habitants. Cela fait ressortir un revenu moyen par tête et par jour de 91 centimes. Portons-le par scrupule d'argumentation à 1 franc, chiffre que nous avons eu déjà du reste l'occasion de citer. Une famille de 4 personnes aura donc pour vivre par jour une somme de 4 fr. représentant les utilités ou le revenu en vivres, vêtements, logement, toute la série des consommations réelles. La proportion indiquée par Proudhon ne se trouve pas sensiblement altérée par la bonification du nouveau calcul.

Il suit de là que l'excès de consommation est un fléau économique, puisqu'il suffit de dépasser d'une assez faible quantité le degré d'extension admissible de la limite marquée par la moyenne, pour créer de l'autre côté de cette moyenne privation et dénuement. Un nombre considérable de paysans bretons, a fait remarquer Proudhon, se renferment dans une participation à la consommation qui n'est que de 25 centimes par jour. L'extrême exiguïté d'un côté explique précisément la prodigalité qui se manifeste de l'autre.

Si les phalanstériens s'étaient mis en présence de ces chiffres modestes, il leur aurait été difficile de soutenir la thèse de la rémunération luxuriante du travail d'abord, du talent et du capital ensuite. Pour maintenir ce mirage, ils ont eu recours à l'hypothèse féerique de l'excès progressif de la production industrielle sur la population. Ils sont allés, dans cette voie, ce n'est pas les offenser que de le rappeler, jusqu'à prédire à l'homme un accroissement de son organisme par la formation d'un pouvoir optique caudal.

Si donc les monopoles inévitables de situation engendrent des inégalités qui exaltent nos facultés illimitées de consommation, il appartient à une influence corrective, comme peut l'être celle de l'impôt, de réparer, dans une mesure suffisante, les troubles d'équilibre, sans effacer complètement les avantages propulseurs qui sont l'objectif du mérite et la garantie du progrès. Nous arrivons alors à dégager cette formule : La raison de l'impôt est de couvrir les dépenses sociales communes et de servir de frein à l'entraînement de la consommation. Il revêt ainsi un double caractère économique. Son but direct implique la protection de la production, qui crée la richesse, à l'opposé de la consommation qui la détruit. L'impôt protégera la production en ne la touchant pas; il atteindra l'entraînement de la consommation, à ses différents degrés, en s'attaquant, par la progressivité, au revenu de consommation de chacun.

Les impôts actuels ont tous les défauts imaginables. Quand ils frappent le foncier, ils entravent la production, ils la prohibent dans une certaine mesure ; ils exercent un effet de stérilité sur la source de la fortune publique, puisqu'ils rendent plus coûteuses toutes les installations nécessaires de la production, grèvent l'outillage social et obligent à un grossissement factice des frais généraux d'exploitation. Dirigés contre les portes et fenêtres, ils sont des impôts de prohibition à l'égard de la circulation des personnes, de l'air et de la lumière ; ils sont un mode de refoulement de la vie. Sous forme de patentes, ils dressent une barrière devant les efforts des individualités commerciales naissantes. Tous en bloc, les impôts indirects en tête, sont injustes, parce qu'appliqués à des catégories de la richesse dont il est impossible de déterminer les valeurs réciproques, ils se distinguent par l'arbitraire et l'improportionnalité.

Les impôts indirects sont de plus louches, onéreux et vexatoires : louches parce que disséminés successivement sur les besoins quotidiens de la vie et confondus avec le prix marchand des produits, ils restent en quelque sorte ignorés des populations qui les subissent sans les reconnaître ; onéreux, parce qu'ils exigent une armée d'agents ravis à la production industrielle, et causent aux contribuables des pertes de temps également dommageables pour la production ; vexatoires enfin, parce que leur forme est violemment indiscrète et nécessairement inquisitoriale, au point de provoquer la colère instigatrice de la rébellion. Sur une recette totale d'impôt de 3 milliards, qui représente l'importance actuelle du budget de l'État, des départements et des communes, les impôts indirects fournissent pour leur part plus de 2 milliards. A raison de 10 pour cent de frais de perception en général, on trouve que leurs tentacules doivent être représentées par 200 mille employés qui, d'après la moyenne réduite de 3 fr. par chef de famille, causent, par leur seul éloignement de la production, une perte sociale annuelle de 220 millions.

Les impôts actuels sont proportionnels aux facultés ; mais qu'importe puisque ceux de ces impôts qui viennent frapper la production sont compris, par le capitalisme, dans les frais généraux d'exploitation et repris de cette façon sur les consommateurs ? Il est vrai que ceux-ci payent d'autant plus d'impôt qu'ils consomment davantage, ce qui semble rétablir la proportionnalité ; mais en réalité la proportionnalité s'exerce contre le consommateur pauvre dont les besoins urgents sont frappés, tandis que l'impôt est à peine senti par le consommateur qui en tout état de cause peut atteindre au superflu. On trouve, dans le prix des choses, l'impôt capitaliste et l'impôt public associés. Souvent, pourquoi ne pas dire presque toujours ? l'impôt public est avancé par le capital de la production ou du commerce. Les opérations successives de vente le remboursent, mais aggravé, car le capital, comme nous l'avons vu précédemment, n'octroie pas ses services sans rémunération. L'impôt capitaliste s'exerce donc sur l'impôt public lui-même comme il s'exerce d'autre part sur la production, c'est-à-dire sur les produits créés considérés indépendamment de tout rapport avec les prélèvements officiels.

L'impôt sur le capital, dont on a trop parlé, pourrait être appliqué sans causer autre chose que du bénéfice à la grosse industrie capitaliste, car, pour elle, l'avance de l'impôt public serait un placement sûr et productif d'une partie de ses fonds. Progrès sur l'impôt actuel, par l'économie de perception s'il était unique et remplaçait tous les autres, l'impôt sur le capital par contre atteindrait la petite industrie en la rendant plus difficile et ne contrarierait en rien, au contraire, les tendances à la féodalité économique.

L'impôt sur le revenu de consommation à établir en vue de modérer la destruction des produits, ne doit pas être confondu avec l'impôt sur le revenu tout court. Par impôt sur le revenu on entend généralement la taxe du revenu net personnel tout entier, L'impôt sur le revenu de consommation ne s'attaque qu'à la partie du revenu annuel consacré à la consommation proprement dite, à la consommation sensuelle et destructive. Il épargne logiquement la partie de revenu que le contribuable ne détruit pas, soit qu'il la réserve, soit qu'il la fasse servir au renouvellement de la richesse générale en la réengageant immédiatement dans les œuvres de la production, comme le cultivateur, par exemple, fait du blé qu'il distrait pour réensemencer. En un mot, l'impôt sur le revenu de consommation s'applique à l'intensité de la vie dépensière, au train de maison exclusivement. Son tantième doit être calculé de façon que le rendement général suffise aux nécessités publiques. Il doit tenir compte, par déprogressivité combinée, du nombre des consommateurs formant la famille d'un même contribuable et, d'autre part, marcher par progressivité générale avec la dépense, afin de rectifier, dans une mesure prudente, les inégalités sociales exagérées produites par les monopoles naturels de situation. Par cet ensemble de caractères, l'impôt sur le revenu de consommation favorise le développement de la richesse en laissant indemnes les efforts de la production et en arrêtant le trop grand essor de la consommation ; il satisfait à la justice individuelle en ne se prêtant pas à la répétition de taxes égales dans le prix de produits inégalement accessibles selon la position des consommateurs ; enfin il remplit les conditions de la justice sociale par sa tendance à ramener l'équilibre économique entre toutes les situations.

Le licenciement de la grande armée fiscale serait une conséquence de l'impôt sur le revenu de consommation, qui serait perçu sans plus de frais que les impôts directs actuels. La simple déclaration des citoyens en fournirait les éléments, sous menace du triple, quintuple ou sextuple droit en cas de déclaration reconnue radicalement fausse. La déclaration, qui effraye tant d'esprits éloignés de la simplicité des choses par l'habitude invétérée du harnais autoritaire, n'est pas un procédé nouveau dans le système de l'impôt. Elle est en usage notamment dans les cas importants de succession, où la dissimulation peut porter sur des surfaces considérables, dans les mutations commerciales et industrielles pour les prix de vente des établissements, dans les transactions concernant les loyers d'habitation. Il n'y a pas plus d'inconvénient à l'étendre à la totalité du train de maison. Il est permis de prétendre au contraire que le train de maison, plus apparent dans sa généralité que ne peuvent l'être des circonstances isolées, livré davantage au contrôle public, serait une base de perception susceptible de plus d'exactitude. Dans les localités peu populeuses où la publicité de la vie économique est complète pour chacun, le défaut de sincérité dans la déclaration est à peine à prévoir. Partout d'ailleurs, des jurys analogues aux commissions de répartiteurs actuels, des censeurs pris parmi les citoyens de la commune ou du quartier, fonctionnant par devoir civique sur la base d'une large décentralisation qui rendrait le travail insensible pour chaque commissaire ou censeur, garantiraient la juste répartition de l'impôt. La perfection dans l'exactitude d'application ne sera pas plus réalisée là que dans toutes les autres transactions humaines ; mais où trouver la perfection absolue surtout en matière d'impôt ? On ne citera pas comme des cas de perfection l'impôt d'octroi qui frappe le mauvais vin d'un droit égal à celui payé par les plus hauts crus, ni l'impôt des successions qui, grâce à la mobilité des valeurs mobilières, s'exerce dans une obscurité profondément dommageable pour la sincérité et avantageuse pour la dissimulation. Quant à la menace de procédure inquisitoriale, il n'y a pas lieu de s'y arrêter, parce que le recours aux preuves ne peut être qu'une grande exception ou un fait accidentel de mise en train. Quel impôt d'ailleurs sous ce rapport pourrait rivaliser avec les impôts douaniers, d'octroi et de régie? La poursuite de la contrebande implique jusqu'à la reconnaissance et à l'exploration de la nudité corporelle!

Le reproche de progressivité qu'on ferait à l'impôt sur le revenu de consommation ne demande pas à être discuté. Si l'on a compris que l'impôt doit jouer un rôle social, on a compris en même temps que, frein de la consommation excentrique, il devait faire rentrer à l'État, pour le soulagement des contribuables modestes, une assez forte partie des bénéfices vaillants procurés, en définitive, aux monopoles de situation par le public, représentation de l'État. L'impôt proportionnel, tel qu'il fonctionne aujourd'hui, est déjà, à certains égards, un moyen pour la masse d'exercer des reprises et d'affirmer le principe de l'équilibre. Ainsi, quand l'Etat, les départements et les communes consacrent des subventions à la gratuité de l'instruction primaire, ils ne font que rendre aux plus pauvres ce qui leur manque pour assurer une instruction rudimentaire à leurs enfants. Mais, les charges qui pèsent sur le travail ne sont pas en rapport avec ce trop faible effet de balance. La source de l'impôt actuel, sa distribution générale et sa simple proportionnalité ne lui permettent pas, malgré son importance de 3 milliards qui représente le quart du revenu social, d'agir sur la société économique comme un pondérateur équitable.

L'impôt progressif non pas général, mais spécial a fonctionné, à Paris, dans le contingent de la contribution mobilière de 1871 à 1875. Le conseil municipal de Paris, se jugeant autorisé par les événements, avait, pendant cette période, chargé progressivement la proportion de la contribution mobilière afin de continuer l'exemption de cette contribution en faveur des loyers de 400 fr. et au-dessous que les recettes de l'octroi ne suffisaient plus à affranchir. Le conseil d'État en 1875 a, par arrêt, fait cesser cette progressivité, que les lois générales d'impôt ne permettaient pas en effet ; mais elle n'en reste pas moins comme un précédent moderne témoignant du caractère pratique d'une semblable institution.

Ainsi, par l'impôt progressif sur le revenu de consommation, se trouve développée cette grande synthèse de l'ordre, comprenant l'autonomie du travailleur par l'association, la permanence de la production et de l'échange par la réciprocité du crédit, le progrès par la liberté, la liberté par la propriété, la justice par la solidarité, la correction de l'inégalité par l'impôt, à laquelle nous joindrons plus loin la correction de l'accident par l'assurance. Dire que ces horizons sont les derniers de la science économique et de la justice sociale, ce serait s'abuser. L'humanité découvre demain ce qu'elle n'a pas vu aujourd'hui. Mais j'ose prétendre que l'idéal de progrès représenté par cet ensemble satisferait, pour longtemps, s'il était réalisé, le sens intime de la justice.

LES FORMES DE L'ASSOCIATION

Le droit au travail. — Constitution de la coopérative de production, vraie forme de l'émancipation. — Fausse théorie du capital impersonnel. — Difficulté momentanée de la gérance des coopératives. — Egalité de cotisation. — Sociétés de crédit populaire. — Caractère anti-coopératif des associations de consommation. — Législation sur l'association. — Abolition de la faillite comme conséquence de l'organisation sociétaire. — Le triomphe forcé par la conjuration ouvrière.

Indépendamment de l'agglomération communiste ou phalanstérienne, on a rêvé, pour l'association entre travailleurs, un système mixte en apparence datant de 1848, époque où le problème du droit au travail se posait carrément devant le Parlement républicain perplexe. Les éléments de ce système se trouvent dans un ouvrage du temps, l'*Organisation du travail*, publié par M. Louis Blanc. Homme éminent dans les travaux d'histoire, dans la littérature et dans l'art oratoire académique, esprit élevé et avocat de la justice, M. Louis Blanc est en même temps un théoricien socialiste du genre doctrinaire, spiritualiste et autoritaire. Sa conception au fond ne fut qu'un plan communiste, complété par l'idée pratique de la transformation du monde économique actuel en une société différente. Les débats du Luxembourg qu'il dirigea lui valurent une grande popularité. Les ouvriers en étaient encore à l'initiation socialiste qui, par ordre d'ignorances, comporte d'abord la notion simple et grossière du communisme. Le droit au travail fut la formule de combat de la nouvelle école.

Le droit au travail n'était pas un principe faux en morale ; sous ce rapport, il était la vérité. Tout membre de la société économique doit pouvoir produire, exercer ses facultés industrielles, et il ne suffit pas qu'il en ait la liberté ; il faut encore la possibilité. Qu'importe la simple liberté du travail, si je trouve en face de moi le chômage forcé, la non disposition de l'outil, la dépendance du salariat et ses vicissitudes ? Mais en économie sociale le droit au travail portait mal. Il signifiait contrainte en faveur du travail. Or, les misères du travail ne peuvent être éteintes que par la connaissance scientifique des causes qui les engendrent, et par l'application des libertés individuelles à des organismes nouveaux acceptés par le sentiment général. Le salariat, forme sommaire de ces misères, n'est qu'une conséquence. Il dépend du mode des relations économiques mutuelles et non d'une volonté gouvernementale. Quand on réclame le droit au travail, il faut savoir à qui l'on s'adresse. Le demande-t-on à la société? Mais la société se compose de tout le monde. D'où il suit que pour obtenir de la société le droit au travail, il faut au préalable que la société s'éclaire, se persuade, essaye, tâtonne, combine et se fixe par une série de tentatives et d'expériences. Le droit au travail ne se décrète pas. Ce n'est autre chose qu'une moralité qui, comme toutes les moralités, résulte d'un état général de lumière des esprits et des consciences. Le droit au travail ne peut donc s'obtenir que par le progrès intime des idées, que par l'amendement de la société, c'est-à-dire par la libre prédication. C'est affaire de pur enseignement. En 1848, on pensait autrement. L'État selon la conception spiritualiste et césarienne, il faut se hâter de l'ajouter, était regardé comme un Dieu, possédant la vérité et l'omnipotence. L'État était censé pouvoir tout régulariser et tout accorder au moyen de quelques décrets à la façon de Babœuf. Que le droit au travail soit! La magie officielle réalisait ce miracle.

Les voies et moyens consistaient dans l'expropriation générale de l'outillage social pour cause d'utilité générale. L'État garantissait le remboursement aux propriétaires dans un délai donné. L'État cédait l'outillage aux associations ouvrières constituées sur la base de l'égalité des droits entre les sociétaires. Pour garantir le droit au travail à tous les membres de la société économique et empêcher le chômage, la concurrence et l'exclusion, l'État dirigeait, administrait et remaniait à sa guise toutes les associations. Il fixait les heures de travail, le taux des salaires et le prix des produits. Le salaire, par son importance, donnait la vie large, et, bien que le revenu social par tête, d'après ce que nous savons, atteigne à peine 1 fr., il y avait encore, après le salaire prélevé, d'importants bénéfices. Un premier quart de ces bénéfices était consacré à l'amortissement du prix de l'outillage dû aux anciens détenteurs expropriés; un second quart servait, en vue des ouvriers malades et invalides, à la formation d'une caisse d'assistance, institution illusoire et contradictoire, comme nous le verrons dans une autre question ; un troisième quart composait le fond de réserve; enfin, dans cette surabondance de richesse, le dernier quart, par imitation de la ploutocratie capitaliste, était affecté à une répartition de dividendes entre les ouvriers.

Ce système, dans lequel les associations de travailleurs se trouvaient placées sous la jalouse tutelle de l'État, était l'acheminement direct vers le communisme universel dans lequel s'évanouissait la propriété, la liberté, la responsabilité, l'autonomie individuelle et collective, c'est-à-dire les mobiles et l'organisme du mouvement.

L'héritier germanique des doctrines du Luxembourg, Lassalle, comprenant la part à faire à l'indépendance, a réduit le rôle de l'État à la commandite gratuite et à un contrôle limité. D'une manière générale, il rend libre la marche industrielle et commerciale des associations. Mais comme la liberté de créer des associations maintiendrait le principe, selon lui, toujours funeste de la concurrence, « l'État n'accorderait son « crédit dans chaque ville qu'à une seule association « pour chaque branche d'industrie en laissant la fa- « culté d'en faire partie aux ouvriers de la même spécialité. » En réalité, c'est toujours le monarchisme économique de l'État, sous une forme théorique moins apparente. L'État, obligé de garantir du travail à tous, se trouve nécessairement condamné à prendre en main la direction de toute la vie sociale. Les limites réciproques de compétence professionnelle des grandes associations corporatives communales ou cantonnales exigeraient absolument, autant que la garantie d'accès des associations en faveur des individus, l'arbitrage impératif du pouvoir. On se remettrait ainsi en marche vers le despotisme des jurandes d'autrefois, dont les membres exerçaient sur le travail professionnel des corporations une surveillance policière farouche. Les portes des ateliers ne devaient jamais être fermées qu'au loquet, de façon que le juré ou syndic pût toujours faire irruption d'une manière soudaine, surprendre les torts et les faire réprimer.

La véritable association des travailleurs, l'association coopérative dans laquelle tout le monde apporte son concours effectif de producteur, doit, selon les vues que nous avons exposées et justifiées, être réduite comme nombre de coopérateurs, familiale par cette condition, libre et responsable, stimulée par une concurrence qui, avec les chances d'égalité résultant de la réciprocité du crédit et du mode d'application de l'impôt, ne sera plus la lutte meurtrière et imbécile, mais une juste émulation profitable à tous. Quant à l'Etat, son rôle vis-à-vis des associations coopératives de production est de ne pas y toucher ni pour leur bien, ni pour leur mal. L'État, perdant peu à peu son caractère traditionnel d'autorité, puisé dans les nécessités des âges barbares, doit s'effacer au profit de l'autonomie sociale, seule condition des dignités individuelles. Toute institution de pontificat démocratique ou autre doit être combattue avec acharnement par le droit individuel. La rébellion est le seul devoir à l'endroit des conceptions tyranniques familières aux grandes personnalités. La démocratie ne peut pas être un nouveau mode de s'enrégimenter. Son but est l'équilibre des valeurs individuelles et la balance des dignités personnelles. C'est pour ne pas avoir été frappé de cet objectif légitime que certains esprits supérieurs ont vu et verront de plus en plus le culte populaire les abandonner.

L'unité d'association, forme tyrannique, sera remplacée par l'union des associations, forme équitable et féconde. Le droit au travail sera réalisé par la liberté, la disposition des moyens et la solidarité, c'est-à-dire par l'influence et les résultats de la conception de l'ordre économique.

L'État cependant peut faire temporairement pour les associations coopératives de production ce qu'il a déjà fait pour elles en 1848, par l'organe de la Constituante. Il peut les subventionner afin de les aider à naître. Ce serait l'impôt servant à une œuvre de remaniement social. C'est un procédé transitoire de la catégorie de ceux qui sont en usage dans les périodes légales de révolution. Il y a lieu d'observer, toutefois, que si l'État subventionnait hâtivement les associations coopératives, comme le fait paraît s'être produit en 1848, il courrait le risque de faire une simple distribution de gratifications bientôt dissipées. Pour qu'une association ait droit en fait à un don généreux de l'État, attribué sans condition, il faut que le mérite de l'effort se soit déjà manifesté par un commencement de fonctionnement modeste, mais régulier, par des sacrifices personnels qui répondent de la moralité et de l'esprit de persévérance des intéressés. Quant à la question de principe, à savoir s'il est juste que l'État distribue les fonds des contribuables aux associations coopératives entrant en ligne contre le patronat, elle est encore, je dois le dire, assez obscure dans ma conscience. Acte de gouvernement de combat, la subvention pourrait précipiter la transformation économique générale ; mais comment être équitable dans la répartition des fonds entre les associations surgissantes et comment suffire au déchaînement des besoins de subvention en face de tentatives universelles?

Libres vis-à-vis de l'État, les associations coopératives de production devront être libres par le principe de propriété personnelle comme nous l'avons dit.

La théorie du capital impersonnel a pu séduire quelques esprits, parce qu'elle semble réaliser le droit au travail en soustrayant l'outillage social au monopole de la propriété personnelle. Mais, on se trompe sur cet effet d'impersonnalité. Le capital, dépersonnalisé par rapport aux individus, n'en reste pas moins personnel par rapport au groupe qui en dispose à sa volonté et admet à en jouir qui bon lui semble. L'impersonnalité du capital ne garantit donc pas le travail individuel. Elle ne pourrait avoir cette portée que si tout le capital social général était impersonnalisé dans les mains de l'État communiste. Or, nous avons constaté les dangers de cet état plus évangélique que scientifique.

L'impersonnalité s'appuie sur cette autre considération que les capitaux naturels sont nécessairement une richesse commune qui ne peut être la propriété de personne en particulier; nouvelle erreur puisque les capitaux naturels ne deviennent de véritables capitaux, ayant une force productive réelle, que lorsque le travail s'est confondu et identifié avec eux au point de rendre leur nudité primitive méconnaissable. Si l'appropriation ne constituait pas la propriété personnelle, le stimulant, le goût du travail seraient taris. Si le membre d'une association coopérative de production ne savait pas devoir être propriétaire personnel de la part d'outillage représentée par ses cotisations et retenues de produits, quel courage aurait-il à composer, entretenir, améliorer, amender pour un avenir souvent lointain, un capital-outil appelé à tomber dans des mains inconnues? On ne fera jamais que l'homme supporte de faire des efforts laborieux pour le profit possible de l'indolence, de l'ingratitude ou du non-droit.

Ici le sentiment de la famille et celui de la propriété se marient.

L'homme améliore l'outillage qu'il doit laisser après sa mort, parce que, outre le commencement de profit qu'il peut tirer de cette amélioration pour lui-même, il sait que par l'héritage l'avantage en passera directement à ses enfants. Si le paysan n'était pas propriétaire de sa terre, sa tendance serait de l'épuiser jusqu'au terme de sa possession ; la même ruine atteindrait tout l'outillage social sûrmené, usé, consommé dans le présent. Une institution de surveillance organisée par l'État ne parerait pas au mal, car les nécessités multiples de la surveillance, en pareil cas, obligeraient l'État à recourir à la vigilance de tous ; surveillés et surveillants seraient confondus dans les mêmes personnes ; d'où la solution plus simple de la propriété personnelle, sauvegardant l'avenir par l'intérêt.

La cotisation des coopérateurs, comprenant la retenue régulière des produits affectée à l'accroissement de l'outillage, doit être égale pour tous, sinon la diversité des parts entraînerait de plein droit le paiement d'un intérêt aux capitaux personnels excédant la cotisation commune. La répartition des produits doit se faire au prorata du travail de chacun, sous peine de désorganiser tout l'entendement moral, sans lequel aucune force ne peut aboutir. Étant donné le règne de l'équité universelle, la part de produits revenant quotidiennement à chaque coopérateur ne pourrait dépasser moralement une certaine limite et, par conséquent, ne permettrait guère la capitalisation personnelle. Les producteurs les plus habiles, il faut le reconnaître d'ailleurs, sont légitimement des consommateurs plus abondants; l'excédant de leur gain sera fatalement absorbé par l'excédant de leur consommation. Dans cet enchaînement, l'accumulation des capitaux conservables par des personnalités n'est point favorisé, et la disproportion dans la propriété de l'outillage général n'amène pas pour les moins avantagés la dépendance par le loyer des capitaux.

La part de propriété du coopérateur dans l'outillage est figurée par un titre nominatif transférable, mais non réalisable autrement, vu la nécessité d'assurer la durée de l'association. Le transfert s'accomplit soit par le legs du père à son enfant, devenu travailleur, soit par l'achat du titre par un autre travailleur, soit enfin par stage ou noviciat. En aucun cas, un non-coopérateur effectif ne peut être propriétaire d'une des parts de l'outillage commun.

La gérance est le point pratique le plus épineux. Chargé des relations commerciales, de la distribution du travail, de la comparaison des capacités et de la direction de l'ensemble, il peut prendre aux yeux des autres coopérateurs un caractère antipathique et dominateur. C'est le maître reparaissant sous une autre forme et d'autant plus intolérable qu'agissant au nom de l'intérêt commun, il n'a pas le droit d'avoir des faiblesses. Simple sociétaire au fond, son vouloir est plus choquant. Les débuts des associations coopératives de production sont presque toujours marqués par des séries de révocations de gérants, injustes et fâcheuses. Quand la société résiste à ces déchirements intérieurs, un dernier gérant plus impérieux que les précédents, mais accepté de guerre lasse, préside aux destinées sociales.

La normalité de la gérance peut être à peine conçue actuellement à cause de l'insuffisance de l'éducation économique de l'ouvrier. Dans un milieu amendé, le gérant et les agents de la gérance ne seraient que des coopérateurs fonctionnant sous une forme professionnelle spéciale, placés sur le pied de l'équivalence des services et obéis, dans leur action particulière, comme ils obéiraient eux-mêmes aux nécessités professionnelles des centres coopérateurs et aux résolutions de la collectivité. Un pareil équilibre des forces associées impliquerait une certaine égalité d'aptitude générale entre tous les associés et un partage amiable des fonctions en dehors d'un hiérarchisme autoritaire. Lorsque la conception de l'ordre économique aura pénétré dans l'esprit coopératif, cette situation correcte et satisfaisante se produira. D'ici là, il faut bien en convenir, la gérance sera obligée, avec le concours de jurés, d'arbitres et des chambres syndicales, d'imposer silence aux prétentions non justifiées et de faire sentir son joug dans l'intérêt de la justice réciproque et de la prospérité commune. C'est une dure loi, mais il faut commencer par là. Après tout, le plus grand sacrifice sera du côté des gérants, dont l'énergie directrice se dépensera au profit du progrès général. Plus le groupe des coopérateurs se rapprochera, par son effectif réduit, de l'association familiale, moins les formes dictatoriales seront d'ailleurs dans le besoin de la gérance et plus l'égalité de connaissances et d'influence aura de facilité de se produire entre les associés.

Les statuts de la coopérative de production comprendront une disposition par laquelle l'exclusion, moyennant remboursement des versements, pourra être prononcée contre un de ses membres par l'association constituée en jury. Il est indispensable d'avoir cette arme dans la main pour écarter la paresse persévérante et l'incapacité désorganisatrice. Le sociétaire frappé aura toujours le droit d'en appeler à la justice commune extérieure, s'il conteste la vérité des causes invoquées contre lui. Grâce à la multiplicité des associations décentralisées, il pourra, éclairé par une dure expérience, reprendre sa place convenablement dans un autre groupe. Quelle différence avec ce qui se passe aujourd'hui, où l'on voit la volonté d'un seul homme, omnipotent, prononcer sur le sort des travailleurs, les condamner au dénûment subit, eux, leurs femmes et leurs enfants, par des révocations nerveuses et leur fermer les accès spéciaux à leur profession par la coalition et la solidarité des associations capitalistes?

Les difficultés morales que rencontre la constitution coopérative autorisent, en apparence, l'opinion que commencer l'œuvre sociale par l'institution du travail coopératif, c'est débuter par la fin. Moraliser et instruire seraient d'abord les premières conditions à remplir. Il faudrait rendre le travailleur apte à l'association de production avant d'en faire un coopérateur, dernier terme du perfectionnement social. C'est faux. L'homme ne s'amende que par les conditions du milieu. Du salariat, il ne sortira que misère et ignorance. De l'association sortiront les dignités professionnelles, intellectuelles, morales et économiques. Ouvrez des écoles, si elles ne peuvent être fréquentées, elles ne répandront pas l'instruction. Prêchez la moralité, et si la misère accable ceux que vous tâchez de convertir, ils resteront voués à la même indignité, parce que la moralité des idées ne naît pas seulement de l'enseignement, mais encore et davantage des conditions personnelles d'existence.

Préconisez l'ordre à des êtres étroitement dépendants et vous n'obtiendrez d'eux qu'inertie subversive et inconscience parce que le niveau des conceptions ne s'élève qu'avec la liberté.

Tous les progrès sont solidaires.

On ne peut préparer l'homme pour une destinée; on ne peut le perfectionner dans l'abstrait. Pour qu'il puisse s'épurer, il faut qu'il soit dans un milieu qui l'aide à l'amendement. L'association de production doit donc être immédiatement entreprise, coûte que coûte; sa vertu propre transformera progressivement les caractères, en même temps que l'organisme de la coopération se perfectionnera lui-même en empruntant au progrès des esprits. La misère produit l'ignorance et l'ignorance renforce la misère. La dignité économique procurera la lumière intellectuelle et morale et la valeur morale accroîtra la dignité économique.

La cotisation ou mise uniforme et la retenue également uniforme sur les produits sont la vraie loi de la coopération, puisqu'elles maintiennent entre tous les associés, non pas l'égalité injuste des répartitions journalières, mais l'égalité de part de propriété dans l'outillage, ce qui détruit tout service d'intérêts parasites au capital. Cependant, comme l'ordre de choses nouveau ne peut surgir à pic de l'ancien et sans ligatures, les débuts de la coopération sont condamnés au concours onéreux du capital. Le versement uniforme par coopérateur sera fatalement impuissant à l'origine pour la plupart des groupes, car la réciprocité ou gratuité du crédit, qui pourrait s'accomoder d'une garantie modeste, ne règnera pas du premier coup. Les coopérateurs devront donc être autorisés à verser, en dehors de la mise uniforme maintenue en principe, les capitaux diversement limités dont ils disposeront. L'emprunt au dehors sera généralement aussi une nécessité Tous les capitaux ainsi recueillis en dehors de la cotisation des coopérateurs devront naturellement être rentés par l'intérêt ou même par le dividende; mais l'association devra s'efforcer de les amortir par la plus grande retenue possible dans le partage des produits, de manière à dégager des liens du crédit onéreux, dans le moindre temps, la propriété sociale. Ce mode d'acquisition de la propriété par les premiers coopérateurs est une occasion de remarquer combien l'impersonnalité du capital froisserait le droit, puisque les efforts et les sacrifices nécessairement longs des fondateurs seraient sans compensation pour eux et profiteraient au non-droit, c'est-à-dire à des successeurs et héritiers de hasard.

Les associations de crédit populaire pourront contribuer dans une mesure considérable à la formation des coopératives de production. Elles y contribueront par une facilité donnée à la constitution de l'épargne ouvrière et par l'abaissement progressif du loyer des capitaux.

En lui-même, le crédit populaire ou crédit mutuel est une plaisanterie. Crédit mutuel, dans ces sortes de sociétés, veut dire qu'on se prête réciproquement de l'argent. Mais pour s'entreprêter, il faut avoir ; or, si j'ai, je n'ai pas besoin d'emprunter. En réalité, les sociétés de crédit populaire sont des banques de dépôt et d'escompte ordinaires, faisant suer l'argent par celui qui en a besoin, au profit de ceux qui peuvent plus en fournir qu'ils n'ont besoin d'en demander. Mais, elles diffèrent des hautes banques par l'abaissement de l'importance des dépôts qui peuvent être, plus ou moins régulièrement, de 50 et même de 25 centimes. Ces dépôts, en grand nombre, finissent par composer des capitaux importants, sur lesquels il est possible d'opérer. Ils constituent la concurrence des capitaux dans la commandite générale de l'industrie, et, par conséquent, ils tendent à réduire le taux moyen du loyer. Par leur solvabilité, lorsqu'elles ont fait leurs preuves, les sociétés de crédit populaire deviennent des assureurs admis par la Banque de France pour garantir l'émission des billets-monnaie, et à ce titre, plus encore qu'à l'autre, elles altèrent la cherté du crédit général, en accroissant l'usage de la monnaie fiduciaire ou monnaie gratuite. D'un autre côté, elles permettent l'épargne au pauvre, par la modicité des dépôts acceptés, et si, à cause de cela, leur administration est coûteuse, la dépense ne va pas jusqu'à l'annulation de l'ensemble des profits. Rédigés sur une base démocratique, leurs statuts offrent la prompte faculté aux petits déposants de devenir actionnaires et d'acquérir, par les fonctions électives, la capacité administrative, qui sera si nécessaire dans la coopérative de production.

Schulze-Delitzsch, qui n'allait pas très-loin dans le mouvement social, estimait avant tout l'institution du crédit populaire. Son disciple et son traducteur, Francesco Vigano, que nous a fait connaître, en 1868, une notice remplie d'idées libérales publiée par M. E. Hendlé, devenu préfet, est arrivé récemment d'Italie, pour réchauffer le zèle des adeptes du crédit populaire à Paris. Antérieurement, les tentatives faites en France dans cette voie et commencées avec le ressort de l'enthousiasme n'ont que médiocrement abouti pour elles-mêmes et n'ont pu, au point de vue des individus, qu'aider à en émanciper quelques-uns par un prêt survenu dans des circonstances propices. M. Vigano n'inspirerait pas de plus grandes espérances si l'on s'en tenait à l'exemple de sa société de crédit mutuel de Milan, qui donnerait 14 pour cent de dividende aux actionnaires, tous frais d'administration payés. Quatorze pour cent ! Se figure-t-on la pression exercée sur les emprunteurs, c'est-à-dire sur le travail, pour obtenir un bénéfice vaillant aussi volumineux ? Après tout, c'est qu'en Italie les capitaux doivent être rares et chers et ce serait encore un progrès que de les avoir ramené ou maintenu à ce niveau.

Les sociétés coopératives de consommation n'ont rien de plus coopératif que les sociétés de crédit mutuel. Mais, à la différence de ces dernières, elles ne méritent presqu'aucune considération, par ce qu'elles sont en opposition formelle avec le principe même de la coopération, qu'elles ne mènent pas à la coopérative de production et que, tout au plus, elles peuvent servir de douloureuse école d'administration aux membres de leurs conseils.

L'association coopérative de consommation met en coopération non des efforts, mais des capitaux, ceux destinés à l'achat des denrées, et emploie en servitude des salariés chargés du service du magasin. Cela seul suffirait à la condamner. Imaginera-t-on que les salariés seront régis par le système de la participation et qu'ils auront un tant pour cent sur les affaires? La participation leur serait accordée alors en vue d'obtenir d'eux un service plus consciencieux, comme cela se voit dans nombre d'industries, notamment dans l'exploitation des mines de Cornouailles (Angleterre) où les mineurs touchent tant pour cent du prix des minerais. Mais de deux choses l'une : où la participation sera sérieuse et, dans ce cas, les participants seront, entre eux et vis-à-vis de tous, de véritables coopérateurs de production devant être laissés libres, maîtres et propriétaires, leur intérêt complet répondant de la loyauté de leurs services, ou bien la participation ne sera qu'une illusion et alors l'exploitation du salarié sera plus choquante parce qu'elle simulera la justice.

L'idée des sociétés coopératives de consommation est une inspiration communiste. Mettre ses besoins en commun afin de les satisfaire le plus économiquement possible, voilà le principe. Les tisserands de Rochdale, en Angleterre, les pères de la coopérative de consommation, ont établi un moulin commun, une boulangerie commune, des fourneaux collectifs, des magasins collectifs. Assurément, cette association de la consommation doit produire quelque économie dans l'usage des choses. Mais, au couvent, on obtient le même résultat. Or, la règle du couvent, c'est-à-dire la discipline de la consommation est contraire à l'ordre naturel des choses. La production, elle, ne vaut que par le concours des efforts; de là l'idée juste des coopératives de production. La consommation, à l'opposé, exige la séparation, l'action libre et indépendante parce que les facultés de consommation, individuelles et personnelles, n'ont aucun besoin de se grouper; elles sont gênées si elles sont asservies a une organisation générale. L'obligation de se conformer à des choix administratifs uniformes, dans une matière où domine la diversité des gouts, la réglementation des préférences, forcée quoiqu'on fasse dans une certaine mesure, sont des inconvénients graves qui décèlent la fausseté de l'organisme. Le principe d'économie est bon, mais renfermé dans sa sphère; quand il vient heurter d'autres nécessités importantes, il n'a plus sa raison d'être. La gamelle du soldat, provenant d'une opération culinaire commune, est un résultat d'économie incontestable. Chaque homme préparant isolément sa gamelle dépenserait évidemment beaucoup plus. Mais qui voudrait du régime perpétuel de la gamelle? Lorsqu'autrefois le même lit servait à deux soldats, la dépense de literie était moins grande; pourquoi est-on passé au lit individuel? Quelques piétistes britanniques, dans des conditions de localité et d'activité économique toutes spéciales, ont pu faire prospérer une sorte de phalanstère coopératif de consommation; mais depuis 1844 qu'ils existent, ils sont restés absolument isolés dans leur triomphe.

Les espérances d'économie qu'on avait placées dans

l'organisation coopérative de consommation ont été d'ailleurs universellement démenties. Le marchand ordinaire peut faire une ronde fortune en prélevant un insensible bénéfice sur chacun de ses acheteurs. C'est le nombre des taxés qui édifie la prospérité du taxeur. Laissé à chacun des consommateurs, le bénéfice divisé ne recrée pas séparément, pour ces consommateurs, la fortune du seul vendeur, dont l'heureuse inégalité de sort les avait choqués.

L'économie réalisée par le groupement reste imperceptible. D'autre part, comme ce sont les sociétaires eux-mêmes qui se chargent de la surveillance des marchandises pour leur conservation et qu'ils sont en général empêchés par le temps et la compétence, il se produit des coulages qui transforment les bénéfices en perte. C'est le sort commun de presque toutes les sociétés de consommation qui se sont fondées jusqu'à ce jour. Quand l'association fonctionne dans une grande ville, sa fin malheureuse arrive par une marche rapide, car, au découragement qui naît de la désillusion, s'ajoute celui qui résulte de la difficulté des distances intra-muros. L'odyssée des coopératives de consommation comporte le plus souvent, par le fait de la mauvaise humeur générale et des rivalités, une série de révocations de conseils d'administration. Les membres de ces conseils consacrent leurs veilles et leurs nuits à faire l'impossible, à tenir des comptes courants individuels interminables : ils récoltent l'imprécation pour eux et la ruine pour l'œuvre commune.

Il arrive parfois qu'une association de consommation triomphe de toutes les difficultés, mais alors elle est l'ouvrage d'un homme, d'un administrateur habile qui s'y applique par dévouement ou ambition. Le premier objet de sa vigilance est de maintenir les opérations dans le service de la consommation en gros, approvisionnements de vins en fûts, de combustibles à la voiture, etc,, ce qui revient à faire de la coopérative de consommation un organisme à la disposition de ceux dont la position exclut le besoin d'y recourir.

Les coopératives de consommation dévirilisent les coopérateurs, en usant leur temps et leurs forces. Sous l'Empire, leur principe était très en faveur. En résumé, elles sortent le travailleur de sa sphère professionnelle, elles le surmènent, elles le mettent en concurrence contre lui-même en opposant la coopérative de consommation à la coopérative de production, elles prétendent effacer des intermédiaires qui ne sont point abusifs lorsqu'ils rendent le service de mettre la marchandise à portée et de la conserver selon la science professionnelle, elles exploitent des causes d'économie qui sont détruites par des causes contraires et enfin, sous prétexe de marcher vers l'abolition du salariat, elles le consolident en s'en servant.

Le véritable organe d'émancipation des travailleurs est la coopérative de production, à laquelle s'adapte la société de crédit populaire comme moyen d'épargne et d'abaissement progressif du loyer des capitaux.

Le jeu plein du principe coopératif et des institutions de capitalisation populaire n'est possible qu'avec une révision radicale de la législation qui régit actuellement l'association.

Cette législation qui, en France, a sa base dans le code civil, est remplie de l'intention, en apparence démocratique, d'empêcher la richesse de se centraliser et de se dépersonnaliser au profit d'institutions perpétuelles. La loi ne permet pas qu'on s'associe pour une durée illimitée. Il faut qu'un terme soit fixé pour la dissolution, sinon la volonté d'un seul associé suffit pour déterminer la liquidation. (Code civil article 1869). Si les associés ont stipulé que la société continuerait pour les survivants après le décès de l'un d'eux, la liquidation de l'entreprise primitive n'en est pas moins de droit, étant donné qu'il ne plaise pas à l'héritier du défunt de rester dans l'indivision. (Code civil articles 1068 et 1869). En un mot, la loi regarde comme un danger qu'elle poursuit la perpétuité de tout organisme collectif créé par des compagnies. La loi du 14 juin 1791, qui prohibe en principe le groupement professionnel, et l'article 291 du code pénal, interdisant toute association libre non commerciale, complètent ce système de prévention contre l'organisation des forces collectives.

La bourgeoisie qui prit le pouvoir après 1789 était partie de ce principe hostile à la création des puissances collectives, par la volonté de détruire les congrégations, enrichies des biens de main-morte, et aussi, certainement, par la crainte des coalitions ouvrières contre le patronat libre. Marat réclama en faveur du droit ouvrier, mais ses paroles tombèrent dans l'oubli.

Une disposition de la loi vise particulièrement les associations religieuses ; c'est celle qui prohibe formellement l'addition au capital des associations de toute succession, donation ou legs pouvant survenir à l'un des associés. Or, il est curieux de remarquer que cette précaution législative, ainsi que les autres conçues dans le même esprit, sont précisément restées sans effet réel, car les associations religieuses se sont peu à peu rétablies et leur fortune étendue a repris, malgré tout, le caractère impersonnel qui en assure la perpétuité de destination. Au contraire, la collectivité ouvrière, qui ne paraissait touchée qu'indirectement et par voie de conséquence, n'a rencontré aucune facilité de formation.

Non-seulement la loi suspend constamment la nécessité de la dissolution sur les associations, mais encore elle s'oppose à la mobilité libre des forces associées. Une association ne peut étendre ou diminuer son outillage, c'est-à-dire son capital, selon ses besoins, son expérience et les circonstances. Il faut qu'elle vive ou meure sur la base effective de son origine, ou du moins les modifications qui lui sont permises sont restreintes et réglementées. La plus grande somme d'élasticité laissée aux associations leur vient de la loi récente du 25 août 1867 sur les sociétés à capital variable. De plus, les lois sur les associations commerciales n'ont en tête que les associations capitalistes et fixent les conditions et la coupure des actions.

Les coopératives de production et les sociétés de crédit populaire ne sauraient ni convenablement naître, ni convenablement respirer dans cette atmosphère législative chargée. Il leur faut la liberté, et, pour condition de leur honnêteté, la publicité ; une publicité légale renseignant tous les tiers. Il convient particulièrement que les caisses de capitalisation populaires, qui ne pourront être au début ni des caisses d'actionnaires, ni des activités commerciales proprement dites, ne tombent pas sous le coup de cet inévitable article 291 du Code pénal, qui les ferait regarder comme des groupements illicites.

Au point de vue de l'honnêteté et de la sécurité vis-à-vis des tiers, les associations se distinguent par deux conditions bien différentes. S'il s'agit d'une association en nom collectif, les associés sont responsables sur tous leurs biens présents et futurs, et ils sont soumis à la règle répressive de la faillite. Si l'association comporte des associés actifs et des commanditaires participant seulement par leur argent, les premiers supportent la même responsabilité que les associés en nom collectif, et les commanditaires ne sont obligés envers les tiers que jusqu'à concurrence de leur mise. Si la société est purement anonyme, c'est-à-dire si ce sont des capitalistes actionnaires qui la mènent, avec le concours subordonné des valeurs professionnelles, la responsabilité ne s'étend pas au delà de l'avoir social, s'il en reste, et les fournisseurs malheureux demeurent sans recours en présence d'une faillite impersonnelle.

La part la plus belle est donc pour la spéculation capitaliste qui ne risque que sa mise. Les fournisseurs sont assimilés à des actionnaires et exposent leur mise sous la forme de marchandises. C'est à eux à doser leur confiance.

Par contre, l'ancien article 37 du code de commerce ne permettait pas aux sociétés anonymes de se constituer sans l'autorisation du Gouvernement, qui devenait ainsi caution morale et rencontrait d'ailleurs, dans son droit statutaire de contrôle, l'occasion d'accorder quelques places. La loi de 1867 a supprimé en principe l'obligation de l'autorisation, garantie illusoire plus propre à fonder le privilége qu'à protéger les intérêts.

Les coopératives de production ne peuvent songer à s'abriter derrière l'anonymat juridique. Elles n'auront pas d'illustrations à leur tête; de plus, elles demanderont la réciprocité ou gratuité du crédit. Une pareille situation implique une responsabilité découverte et pleinière que ne limite pas la culbute commerciale. Il paraît donc qu'elles devront se constituer en sociétés en nom collectif, c'est-à-dire sur la base de la responsabilité personnelle persistante et survivante. Mais chaque associé ne devrait être tenu qu'à combler sa part proportionnelle de la dette, la solidarité des engagements ne comportant pas en bonne justice l'obligation pour un seul ou pour quelques uns de payer pour tous, même sauf recours.

La faillite personnelle, inconnue en matière civile, éliminée dans l'anonymat capitaliste, n'aurait plus sa raison d'être dans le régime de l'association généralisée. Crédit et confiance sont tout un. C'est parce que manquer aux engagements envers un créditeur constitue l'acte d'abuser de sa confiance, et parce que le milieu commercial a besoin d'être rassuré contre de pareilles éventualités, qu'on a fait de la faillite une ignominie, une répression, une abjection, une privation des droits. Fort bien. Mais le coquin qui vous emprunte au civil et mange son gage en se riant de sa signature, n'a pas à redouter lui la flétrissure de la faillite. Il éclabousse l'imprudent, mais honnête failli, de l'exercice pompeux de ses droits conservés. Cette inégalité est déjà une accusation. Mais, ou bien la preuve de l'infidélité est faite contre celui qui dépose son bilan ou elle ne l'est pas. Dans le premier cas, sa responsabilité est celle qu'indique le droit commun contre l'abus ou la fraude. Dans le second cas, elle n'est que celle du malheur, dont on n'est pas fondé à aggraver les conséquences à son égard L'anonymat capitaliste, abattant en réalité la faillite, indique une voie qui doit être suivie. Mais, dans l'intérêt de la force coopérative, les associations de travailleurs doivent s'écarter de l'anonymat actuel en maintenant les responsabilités personnelles, moins la faillite, dans les cas de chute collective. Il y aurait seulement à édicter des dispositions légales pour sauvegarder l'activité réparatrice du débiteur contre la violence intempestive des créanciers.

La compatibilité de la loi avec le mouvement social sera un grand point. Mais quelles que soient les formes mixtes, contradictoires même que les travailleurs sesont obligés d'adopter pour engager le mouvement coopératif, ils auront en eux-mêmes le moyen de forcer le succès. Il leur suffira, pour cela, de se constituer exclusivement et réciproquement les clients des coopératives de production. Une pareille conjuration serait irrésistible dans ses effets. Mais je ne me dissimule pas les vertus fraternelles, la force d'intelligence, l'abnégation même, sous certaines formes, qu'elle exigerait de l'inculture des masses.

LES DÉBATS DU CONGRÈS

Concurrence des orateurs. — Frasques du positivisme. — Unanimit sur la répartition des produits au prorota du travail. — Indiscipline des associations et voyage des capitaux à l'étranger. — Le mode sentimentaliste et récriminatoire. — L'impôt sur les Suisses et le progrès de la civilisation.

La question des associations avait tenté les orateurs. Les tours de parole s'élevaient primitivement à plus de quarante. L'importance du sujet expliquait cet empressement. Mais, plus vaste que les autres, il ne fut qu'une occasion de parler davantage de tout ce qui pouvait lui être étranger.

La question des associations est celle que le Congrès ouvrier a le moins sérieusement abordée.

D'abord, les compétitions de paroles, les démangeaisons oratoires ont amené un grand arbitraire dans l'usage de la tribune. Cet arbitraire a profité à un intrus: le positivisme. Un représentant isolé de cette école microscopique, mais turbulente, a pu, grâce aux dissensions des orateurs, se faire entendre le premier, dans un discours lu, qui n'a pas duré moins de deux heures et demie et a écrasé mortellement la discussion. Il faut toutefois reconnaître que ce discours, sophistique dans le fond, était une pièce remarquable par le maniement de l'idée et la puissance de la forme.

Le positivisme recherche le bruit comme le salut. On y sent régner, comme autrefois dans le saint-simonisme, des ambitions intelligentes et la conviction que le prolétariat, force nouvelle succédant à d'autres forces épuisées, doit être le levier, heureusement deviné, de ces ambitions ardentes. Le positivisme considère la coopération comme une erreur, le relèvement social comme une illusion, l'égalité comme un principe faux. Il regarde l'établissement d'un pouvoir spirituel, plus ou moins enveloppé de religiosité et de formes cultuelles, comme une impérieuse nécessité sociale, le suffrage universel comme subversif de la raison, le droit comme une fiction, le gouvernement comme appartenant aux plus savants, organisés en un corps dirigeant se recrutant par lui-même. A côté de cela, le positivisme abandonne l'idée d'un dieu personnel, combat les religions révélées et met Dieu dans l'humanité, vénérable par les hautes intelligences qui l'éclairent à son sommet et doivent la conduire à ses destinées.

L'école ou plutôt l'église positiviste, composée d'un petit nombre de frères en espérances dominatrices, tend donc à s'emparer du prolétariat comme d'un moyen, tout en lui inspirant la modestie qui sied à ceux qui doivent édifier les fortunes et non les partager. De là les tentatives dépaysées des positivistes dans le milieu ouvrier, l'exaltation du rôle du prolétariat, comme nous l'avons vu par les citations empruntées à M. Littré, et en même temps ces restrictions en faveur de l'inégalité et du hiérarchisme.

Le positivisme, par la bouche fidèle du citoyen Finance, délégué des ouvriers peintres en bâtiment, a déclaré au Congrès que l'association des travailleurs était un système impossible, condamné par de nombreux avortements, un système qui avait pu faciliter la transformation de quelques ouvriers en patrons devenus rapaces à leur tour, mais dont les effets étaient inévitablement réduits à cette déconvenue du prolétariat se trouvant avoir fait la courte-échelle à quelques avisés. A la place de la coopération le positivisme avoue ne rien mettre. L'ordre économique actuel lui paraît juste et fondé ; les moyens de le corriger dans ses écarts résident simplement dans la grève et toutes les institutions possibles de résistance capables d'assurer l'équilibre des droits et de forcer une sorte de justice dans les rapports hiérarchiques. Telle est la thèse qui a été soutenue fort habilement, car les positivistes sont loin d'être des sots. Le Congrès, dérouté par un mélange d'idées antipathiques et de pensées d'un grand éclat libéral, confondu par une argumentation captieuse, ignorant d'ailleurs la constitution d'un cénacle positiviste et son plan de campagne, a reçu le discours lu par le citoyen Finance en manifestant des impressions diverses et confuses. Des citations de Proudhon, découpées avec un art perfide et alignées contre le principe de l'association, produisaient l'étonnement : des vérités dures, sur les luttes intestines des groupes ouvriers et sur les vices personnels qui semblent en principe s'opposer à toute organisation d'union entre les travailleurs, ont été saluées comme soulageant et vengeant les consciences ; enfin, la protestation contre les jugements du positivisme a eu aussi sa large part quand le faux et la passion systématique éclataient trop manifestement.

La coopération n'a pas donné jusqu'ici les résultats qui sont dans sa vertu; mais cela ne témoigne pas de son impuissance. Le tonnerre a grondé longtemps avant qu'on en tirât l'électricicité. Le prolétariat a contre lui ses jalousies intestines, son indiscipline, son absolutisme ignorant et désorganisateur, mais ces maux, bien plus terribles autrefois, perdent chaque jour de leur intensité par le progrès de la civilisation.

Un tolle général s'est produit lorsque le positivisme, manquant de prudence et tombant dans l'impertinence, est venu produire l'affirmation que le prolétariat était la meilleure et la plus enviable des conditions sociales :

« Je ne dois pas passer sous silence, a dit le citoyen Finance, le principal avantage de la condition salariée: c'est le loisir intellectuel qu'elle procure.

« N'ayant ni son honneur, ni sa fortune aventurés dans des entreprises commerciales, n'étant pas poursuivi par le souci des affaires comme le patron ou le coopérateur, l'ouvrier salarié peut se livrer complétement, une fois sa journée faite, aux préoccupations intellectuelles et morales, politiques et sociales. »

L'aveuglement et l'impatience peuvent seuls expliquer une aussi monstrueuse maladresse. Il n'est pas permis de dire à des gens qui se rassemblent précisément pour aviser au moyen d'obtenir les loisirs, la liberté et la pratique des droits, qu'ils sont les seuls et véritables sybarites du droit et de la liberté. Il a fallu toutes les choses intéressantes que le discours du citoyen Finance contenait à d'autres points de vue et toute l'insistance opiniâtre du citoyen Chabert, président, pour qu'après cela, on consentît à écouter encore.

Citons de plus, pour mettre le sceau à la manière de l'école positiviste, ce passage où l'association est présentée captieusement comme faisant perdre, d'un côté, au prolétariat tout ce qu'elle arrache, de l'autre, à ses misères :

« Les associations qui ont réussi ne sont pas composées d'ouvriers, mais bien de patrons associés employant des salariés, et poussant à la formation de sociétés coopératives. C'est tout simplement faire une saignée au prolétariat, le priver de ses chefs naturels en faisant passer dans la bourgeoisie ses membres les plus énergiques, les plus intelligents.

« Nous refusons notre concours à cette mauvaise action, car si un pareil état de choses pouvait s'établir et durer, nous serions bientôt obligés de lutter pour notre salaire, à la fois contre les patrons et contre les associations. »

Le délégué Finance, du reste, fut désavoué par sa corporation après la tenue du Congrès. Le 20 octobre 1876, les ouvriers peintres en bâtiment, réunis en Assemblée générale, votaient la résolution suivante :

« Considérant que le délégué Isidore Finance a parlé contre la coopération, qu'il n'a pu émettre que des appréciations personnelles, exemple la doctrine positiviste, l'assemblée vote un blâme sévère, car elle répudie toutes ces doctrines. »

Au congrès même, l'illusion qu'avait pu produire un instant le citoyen Finance avait disparu au dernier moment. Chargé d'abord, sur sa bonne mine, de rapporter les résolutions de la quatrième commission concernant l'apprentissage, ce mandat lui fut retiré séance tenante par voie de révocation catégorique. L'indiscrétion positiviste s'était décelée. C'eût été bien autre chose si le positivisme avait osé joindre à la révélation de son culte aristocratique pour l'inégalité celle de son culte à spectacle pour l'Être humanité. Auguste Comte, l'auteur de la philosophie positiviste, fondateur du positivisme, après avoir charrié dans son cerveau puissant des idées justes et profondes, systématisa bientôt à outrance, comme il arrive dans l'isolement spéculatif. Un culte, un mysticisme lui avaient paru nécessaire pour spiritualiser d'une certaine façon la société, pour commander l'obéissance universelle à la règle sociale et mâter les indépendances rebelles, rêve tyrannique de tous les absolus. De la même conception orgueilleuse sortit l'institution de pontificats directeurs, soumettant les esprits par le prestige et la science, sorte de théocratie recevant ses inspirations de l'âme de l'humanité au lieu de les recevoir du ciel. Auguste Comte, bien entendu, s'était créé grand-prêtre au sommet de sa hiérarchie théocratique et, soucieux de calquer les associations de la nature, il s'était adjoint une grande prêtresse. Un magnifique tableau, dû au pinceau d'un peintre renommé, le représenta dans cette dignité accouplée. Le choix de la personne de la grande prêtresse indiquait, chez ce maniaque de la sociologie, du goût, le sens de la beauté et la faculté de s'abstraire des matières purement spéculatives. Je ne dirai rien du sort de ce tableau tombé entre les mains de madame Comte à la mort de son mari. Madame Comte morte à la fin de 1876 était elle-même une femme d'intelligence, un esprit distingué et sympathique. Gagnée à la conception générale du positivisme, elle n'en avait point partagé toutes les erreurs et le manifesta dans l'occurence de l'héritage du tableau — ce que je ne développerai pas davantage, pour ne pas franchir le mur de la vie privée.

Après l'élément positiviste, s'est produit l'élément semi-bourgeois, provenant des sociétés de consommation.

Le citoyen Nicaise, délégué de la Revendication de Puteaux (Seine), a vanté, dans un discours intéressant d'ailleurs, la pratique modérée et progressive de l'association et exposé sa foi dans les coopératives de consommation. A travers ses développements, se trouve l'affirmation du principe général de la répartition des produits au prorata du travail. Il est important de remarquer que, pendant toute la durée du congrès, ce principe n'a reçu que des consécrations unanimes. C'est la marque de l'esprit anti-communiste, nettement accusé.

« Le principe de Cabet : De chacun selon ses forces, à chacun selon ses besoins, a dit le citoyen Nicaise, ne peut nous convenir parce qu'il est injuste ; de plus, il est dissolvant. Si je dois travailler, moi sobre et laborieux, pour celui dont la paresse est aussi grande que l'appétit est dévorant, je suis entraîné, à moins d'être un saint, à dissimuler mes facultés productives et à rechercher la satisfaction de ce penchant à mieux vivre qui est dans la nature humaine. »

D'autre part, le citoyen Nicaise, avec l'expérience d'un homme que sa situation de contre-maître semble avoir mis aux prises avec l'inculture des travailleurs, s'est exprimé de la façon suivante, sur l'insuccès des tentatives de coopérations de production faites à une autre époque :

« En résumé, les causes principales d'échec des associations de 1848 sont : l'absence presque totale d'études préalables pour la formation de ces sociétés, la trop grande facilité donnée par la subvention de l'État, l'inexpérience des associés, l'inaptitude de la plupart des gérants et l'indiscipline intérieure causée par une fausse interprétation du principe d'égalité. »

Le citoyen Pagèze, également délégué des sociétés de consommation de la Seine, a eu l'idée originale de blâmer les voyages des capitaux français à l'étranger :

« Ce sont les écumeurs d'affaires, a-t-il dit, qui, profitant de notre bêtise alléchée par des dividendes trompeurs, ont jeté notre épargne, 10 milliards à l'étranger. Le cosmopolitisme des capitaux est une erreur que nous payons fort cher. Grâce à notre argent, l'Europe a rempli ses arsenaux, fondu des canons, construit des vaisseaux cuirassés et remanié son armement. Sans notre argent, l'Italie n'aurait pas ses chemins de fer, l'Espagne non plus, la Russie n'aurait pas le chemin de fer de Saint-Pétersbourg à Varsovie, l'Autriche, celui de la frontière de Saxe au Danube, ni celui de Vienne à la frontière bavaroise. »

Le mode sentimentaliste et purement récriminatoire a dominé, selon l'habitude, dans les débats. Nous lui empruntons un trait de ses manifestations, dans le but de fournir les éléments d'une physionomie générale complète.

Nous le prenons dans le discours du citoyen Lefebvre, délégué des travailleurs de Douai, homme d'intuition certainement, alliant le souffle d'un tempérament énergique à une veine lyrique et apocalyptique.

« Nos plaintes, a-t-il dit, parviennent-elles jusqu'aux oreilles des législateurs?

« Nos réclamations sont-elles écoutées par les hommes sensibles?

« Ceux qui sortis de nos rangs et résolus à sacrifier leur vie, leur existence, à proclamer nos droits, ces citoyens-là sont-ils écoutés?

« Ceux qui souffrent en silence les tortures de la vie privée dans le besoin; ceux qui manquent de tout et à qui leur dignité impose un silence résolu; la fierté de leur caractère, leur conduite modeste est-elle remarquée par les citoyens généreux qui pourraient dénoncer en public ces héros, ces martyrs du travail, ces champions, vrais archanges immolés, oubliés dans la vie des multitudes des générations qui passent? »

Enfin, l'impôt a motivé quelques paroles du citoyen Thévenet, délégué des mécaniciens de Lyon. Surprenant son auditoire en entrant élégamment dans les galeries de l'érudition, il a fait valoir, en faveur de l'institution de l'impôt sur le revenu progressif, ce souvenir historique endormi dans le sommeil des siècles :

« Si nous consultons, a dit le citoyen Thévenet, l'histoire de notre pays, nous trouvons qu'en 1356 les États-Généraux établissaient, sous le règne de Jean II, la capitation, sorte d'imposition qui se faisait par tête dans les besoins pressants de l'État. Elle était proportionnée à la valeur des biens et fixée à 4 0/0 sur les revenus de 100 livres, à 2 0/0 au-dessous de 100 livres, et à 1 0/0 au-dessous de 40. »

Passant de l'antique au moderne, l'orateur a épuisé

sa conception des réformes en demandant que les Suisses, séjournant en France, soient frappés d'un impôt spécial de résidence. Il paraît que les ouvriers français qui séjournent en Suisse, supportent un impôt de cette nature qui s'élève à 1 fr. 50 par année. Il s'agit de rétablir l'égalité par le talion. Le progrès de la civilisation serait là.

CONCLUSIONS DU CONGRÈS

Les conclusions présentées au nom de la 6e commission par le citoyen Dupire ont été contestées, devant le Congrès, par divers membres de cette commission. Elles seraient, d'après eux, l'expression de la pensée personnelle du rédacteur et non celle des idées de la majorité. Le Congrès les a votées, cependant, pour ne pas entraver sa course parlementaire. Nous en détachons ces passages essentiels :

« La question de l'affranchissement du travailleur trouvera sa solution dans le principe de l'association coopérative appliqué dans les conditions ci-après déterminées :

« L'association coopérative est constituée à l'aide d'un capital formé soit par actions amortissables, soit par cotisations ou de toutes autres manières, mais ce capital est et doit rester dans tous les cas impersonnel, indivisible et inaliénable.

« Le fonctionnement de l'établissement coopératif n'a pas lieu dans l'intérêt seulement des coopérateurs, mais au contraire dans l'intérêt général de la masse ; en conséquence il ne donnera lieu à aucune répartition de bénéfices entre les associés.

« La coopération pratiquera l'égal-échange à l'égard des associations reposant sur le même principe. »

LES CAISSES DE RETRAITE

D'ASSURANCES ET DES INVALIDES DU TRAVAIL

Le principe de l'assurance. — Application à la monnaie fiduciaire. — Les banques libres substituées à la Banque nationale. — Principe de mutualité et principe capitaliste. — Service spécial de l'émission des omniciéances par la Monnaie nationale. — Normalité du cours forcé. — Les banques libres simples associations coopératives. — Application de l'assurance à l'accident. — Assurance actuelle par l'Etat en cas de de décès. — Cercle de l'assurance. — Législation. — Utopie d'une caisse générale de retraites. — Capitaux conservables et non-conservables. — Erreur sur la productivité propre de l'argent. — La retraite universelle par l'impôt. — Les pensionnaires actuels de l'Etat. — Les compagnies de chemins de fer en face des retraites et de l'assurance. — Caisse actuelle des retraites pour la vieillesse fondée par l'Etat. — La merveille de l'intérêt composé expliquée par la cote du contribuable. — Assurance actuelle par l'Etat en cas d'accident. — L'assurance dernier terme de la loi de solidarité.

L'assurance est une garantie contre le risque. On ne peut s'assurer dans l'isolement, car le sort individuel ne se dédouble pas en bon et mauvais sort, l'un rachetant l'autre. L'assurance naît du nombre. Sur une masse d'intérêts, quelques-uns seuls sont éprouvés. Ceux qui sont épargnés et qui forment la généralité peuvent alors intervenir, chacun par un léger sacrifice, pour restaurer les intérêts frappés.

L'assurance ne peut pas et ne doit pas s'appliquer indistinctement à tout. Généralisée par systématisation, elle conduirait à assurer le démérite aux dépens du mérite, la routine aux dépens du progrès, les industriels indolents par la contribution réparatrice imposée aux industriels avisés, l'insuccès par une reprise sur la réussite. D'après ce faux principe, les entreprises de production pourraient être toutes associées par l'assurance. Celles qui n'auraient pas donné de résultats se verraient soldés par la contribution de toutes celles qui se seraient soutenues. C'est la réapparition, par une voie particulière, de l'idée communiste. L'assurance a son fonctionnement normal dans le ressort de la circulation fiduciaire et dans les cas de dommage causé par des événements naturels.

La circulation fiduciaire, ainsi que nous l'avons vu à propos des associations, se compose d'omnicréances substituées au papier commercial. Ces omnicréances remplissent la fonction des billets de banque actuels, et, par conséquent, sont une monnaie commune. La circulation métallique porte sa garantie en elle-même, puisque les monnaies sonnantes ne sont autre chose qu'une marchandise précieuse sous un petit volume. La circulation fiduciaire a pour première garantie les engagements des signataires du papier commercial et l'existence de la marchandise qui a donné lieu à l'établissement de la valeur; mais, il lui en faut une seconde par l'assurance, car l'omnicréance s'adressant à la confiance de tous, la circulation fiduciaire et, par suite, le fonctionnement du crédit réciproque seraient paralysés si l'omnicréance n'était pas absolument abritée contre le risque.

Le billet de banque actuel quoiqu'il en paraisse est

assuré. La Banque de france jouit d'un privilége qui rend tout le commerce son tributaire. Elle agit donc sur le nombre, condition essentielle de l'assurance. Elle comprend dans ses frais d'escompte outre ses bénéfices capitalistes une prime d'assurance. La masse des primes reconstitue la valeur des quelques papiers commerciaux sinistrés à l'échéance par l'insolvabilité des débiteurs. Le reste, car il y a toujours un reste, augmente le dividende des actionnaires. Ceux-ci font ainsi triple bénéfice : sur les frais d'administration, sur l'escompte, bien qu'en réalité la Banque ne fasse pas d'avance de fonds, et sur l'assurance, qui ne coûte qu'aux clients.

L'assurance peut être chère ou d'un faible prix par le fait de son principe d'organisation. Celle de la Banque de France, établissement capitaliste assis sur le monopole, est coûteuse. La liberté des banques et l'application du principe de mutualité doivent la réduire à son plus bas prix. L'association de ces deux principes fera du même coup disparaître la taxe d'escompte proprement dite ou loyer du capital censé déboursé, pour ne laisser subsister que les simples frais d'administration.

Ces réformes sont solidaires.

Les banques libres établies par régions locales aussi réduites que possible auront pour premier avantage, par le cercle intime dans lequel elles opéreront, d'exercer un contrôle sûr à l'égard du papier commercial qui leur sera présenté. Sous ce rapport, elles seront déjà un mode d'assurance.

Elles veilleront avec un soin tout particulier, commandé spécialement par l'usage du crédit à longue échéance, à ce que tous les effets apportés soient gagés par des opérations réelles, et à ce que le même nantissement ne serve pas à l'émission d'omnicréances successives ne s'éteignant pas les unes par les autres. En effet, la même marchandise, avant de se fixer par une acquisition définitive, peut passer, tout en se transformant, par divers acheteurs successifs. Le premier vendeur, par le jeu du crédit, reçoit la valeur de la marchandise en omnicréance. Le second vendeur la reçoit de la même manière plus l'excédant de valeur résultant de la transformation. Or, le second vendeur doit éteindre sa dette vis-à-vis du premier vendeur dès qu'il a reçu la souscription de son acheteur à lui. Cette libération s'accomplit par la substitution du second papier commercial au premier ou encore par une restitution d'omnicréance égale à la première omnicréance délivrée. De cette façon la totalité des omnicréances émises reste conforme à la masse des produits marchands qui en forment le gage libre, et la circulation fiduciaire, sincère, n'est bien que la représentation de réalités économiques. Aujourd'hui, sous le régime de l'individualisme commercial, les valeurs de complaisance altèrent sensiblement la signification du chiffre de la circulation fiduciaire.

Les banques libres auront un casier d'informations dans lequel chaque client aura son état fiduciaire dressé. Elles pourraient être en même temps un centre de renseignements statistiques concernant le mouvement solidaire de la production et de la consommation. Elles seraient ainsi à même d'éclairer l'activité économique et de se fixer elles-mêmes sur les chances de solvabilité des diverses entreprises. Elles établiraient, dans le service des libérations, toutes compensations, tous virements possibles afin de réduire la circulation métallique des soldes à sa dernière expression.

Selon le principe de mutualité, les banques libres, en inscrivant un client, n'exigeraient de lui, pour fonctionnement général de l'assurance, qu'une légère provision si cela même était nécessaire et, dans tous les cas, qu'une contribution annuelle variable, en rapport avec l'ensemble des pertes subies. L'assurance à primes fixes actuellement pratiquée est une aubaine pour les entrepreneurs d'assurances, qui calculent la prime de façon à doubler promptement leur capital, comme l'a fait observer Proudhon. La mutualité implique au contraire le simple partage de la perte entre tous les coalisés ou associés contre le risque. Si les pertes sont minimes, l'avantage reste à la masse des assurés, qui sont en même temps leurs propres assureurs, et ne va pas se transformer en dividendes à partager entre actionnaires. Les proportionnalités personnelles dans la répartition générale des pertes doivent se déterminer d'après un équitable prorata.

Les banques libres, contrairement à l'opinion des économistes libéraux, ne doivent pas émettre elles mêmes la monnaie fiduciaire. Qui dit monnaie dit moyen commun d'échange. Ce qui doit être commun à tous ne peut émaner que d'une matrice unique. Dans le cas particulier, l'Etat est désigné. La monnaie fiduciaire comme la monnaie métallique doit sortir de l'établissement national de la Monnaie. Il faut que le signe du crédit procède d'un type uniforme, qu'il se rapporte à un étalon fixe, qu'il soit contrôlé et garanti par la puissance publique. Si les banques libres étaient autorisées à émettre des omnicréances rien ne prouverait qu'elles n'ont pas excédé la limite correspondante de leur papier commercial; leur monnaie fiduciaire n'aurait pas une valeur ferme et serait sujette à des opérations de change qui compliqueraient et perturberaient les relations économiques. L'apparition de monnaie fiduciaire nouvelle à chaque création de banque libre contribuerait à la perplexité générale.

Les banques libres doivent limiter leur œuvre

considérable à la centralisation et au contrôle du papier commercial, à l'endossement de ce papier comme caution au nom de tous leurs clients, solidaires par l'assurance, à requérir de la Monnaie nationale des omnicréances en échange de leurs effets, à faire fonctionner l'organisme de l'assurance quand la Monnaie nationale n'a pas été remboursée à l'échéance par la faute du débiteur, à faciliter les virements et amortissements réciproques dans les opérations de libération, enfin à concentrer des renseignements statistiques. Ainsi conçue, l'industrie de la banque cesse d'être un instrument de spéculation capitaliste pour ne conserver que sa destination rationnelle qui est l'assurance commerciale, rétribuée par le salaire professionnel.

La Monnaie nationale, instrument d'unification et de transformation du papier commercial, délivrerait aussi des omnicréances contre simple dépôt d'espèces quand on lui demanderait cet échange, conforme aux principes de la circulation fiduciaire gagée. Dans ce cas, le gage, non fongible, serait entre ses mains et se trouverait offrir une garantie souveraine, tandis que les échanges commerciaux seraient facilités par l'usage d'une monnaie plus portative, plus circulante. La circulation fiduciaire gagée par espèces est du reste un résultat que la confiance du public, dans l'organisation du crédit, doit forcément développer.

Vers la fin de 1871, on eût un exemple de création de monnaie fiduciaire gagée par des espèces. La monnaie d'argent était devenue rare. La fermeture des petites bourses sous le coup des craintes de pauvreté universelle inspirées par l'énorme rançon de la guerre, et, peut être aussi, l'exportation commerciale de l'argent, avaient produit cette pénurie. Les bons divisionnaires y suppléèrent. Ces bons furent émis par les grands établissements de crédit, dont la prospérité est liée à l'activité des échanges, et furent garantis par une somme de 20,200,000 fr. équivalente à leur valeur totale, déposée à la caisse des dépôts et consignations. Cette opération d'un effet heureux dans le temps où elle eut lieu, fut peut être la cause de la prompte réapparition de la monnaie en espèces. Toutefois, elle semble avoir prouvé que, dans les temps normaux, la monnaie fiduciaire divisée en coupures de petite valeur n'est pas un moyen commode de circulation. Elle s'altère trop promptement et devient encombrante, inconvénient que les coupures plus fortes font précisément disparaître au regard des espèces métalliques.

En principe, l'omnicréance délivrée en échange d'un effet commercial devrait être restituée en paiement à la Monnaie nationale, au moment de l'échéance de l'effet. Cela signifierait que le créancier, payé primitivement au moyen d'une omnicréance formant titre contre le débiteur, a reçu, postérieurement, de ce débiteur des produits équivalents, contre reddition de l'omnicréance délivrée. Ainsi passée dans les mains du débiteur primitif, celui-ci l'emploie à satisfaire l'échéance de son effet de commerce antérieurement souscrit et conservé par la Monnaie nationale. Mais en fait, l'omnicréance, versée dans la circulation par le créancier originaire, court librement dans une série de mains, et le débiteur qui satisfait à une échéance attendue par la Monnaie nationale règle au moyen de toutes autres omnicréances que celles dont il a causé l'émission. Souvent, le débiteur s'acquittera en espèces et, alors, l'omnicréance restera dans la circulation ne représentant plus des marchandises vendues, mais bien des espèces déposées.

Le cours forcé, s'il y a lieu, est de droit pour l'omnicréance, comme il est de droit pour le billet de banque actuel, quand les circonstances l'exigent. La Monnaie nationale ne peut être tenue qu'à une chose, c'est de rembourser à vue jusqu'à concurrence de ses encaissements provenant de dépôts ou de libérations. Le reste des omnicréances, une fois cette limite atteinte, représente exactement le crédit que les individualités économiques se sont accordé entre elles et dont le terme est plus ou moins éloigné, selon les délais exigés par le genre d'industrie. La Monnaie nationale, qui n'est à proprement parler qu'un agent au service de la collectivité, ne saurait donc solder en espèces ou en produits ce qui constitue la dette des particuliers les uns envers les autres. Le crédit accordé doit nécessairement rester maintenu et l'omnicréance continuer à valoir partout en vertu du principe de la solidarité économique. Telle est la raison légitime et scientifique du cours forcé. En se plaçant dans l'hypothèse purement théorique où le jeu du crédit public cesserait tout à coup, il arriverait que la masse des omnicréances circulantes rentrerait successivement, au fur et à mesure des dates d'échéances des effets, à la Monnaie nationale; en extinction directe ou indirecte de ces effets et qu'on atteindrait la libération totale sans événement d'aucune sorte.

La Banque de France est censée devoir rembourser à vue tous ses billets. C'est sur cette fiction que serait basé son crédit. Il faudrait des capitaux hors de proportion avec les ressources de l'exploitation capitaliste la plus puissante pour tenir tête au remboursement de tous les billets de banque à un moment donné, si ce remboursement général devait être demandé. La condition statutaire de remboursement à vue est donc purement illusoire. Quand, dans les moments de crise aveugle, le public veut profiter de cette condition apparente, la Banque de France ne manque pas de réclamer du Gouvernement une loi de cours forcé qui replace les choses dans leurs rapports et sous leur jour véritables.

L'article 475 du Code pénal étend alors son empire. Édicté contre l'ignorance rebelle pour garantir le service social des échanges, cet article, qui semble régner sur des temps barbares, est ainsi conçu :

« Seront punis d'amende, depuis six francs jusqu'à dix francs inclusivement ceux qui auront refusé de recevoir les espèces et monnaies nationales, non fausses ni altérées, selon la valeur pour laquelle elles ont cours.

« (Récidive : de un à cinq jours de prison.) »

Du côté de l'établissement qui crée la monnaie fiduciaire, le cours forcé doit être sincère. Il le sera si l'on n'a point touché aux dépôts d'espèces qui représentent la valeur d'omnicréances émises en échange de ces dépôts ou laissées dans la circulation par suite de libération en monnaie métallique. Si ces espèces sont employées indépendamment de la monnaie fiduciaire qui a pour but de les suppléer, il en résulte que, dans la circulation, il existe des valeurs qui se doublent et dont une partie n'est pas gagée, n'est la représentation d'aucun produit. Dans ce cas, on peut se trouver avoir dans les mains une omnicréance qui deviendra non-échangeable par suite de nullité de valeur. L'impossibilité de déterminer, toutefois, celle des omnicréances auxquelles le cas de nullité s'appliquerait aurait pour conséquence la dépréciation, dans une mesure commune, de l'ensemble du papier composant la monnaie fiduciaire. Les gouvernements n'apportent pas toujours, vis-à-vis de l'encaisse métallique des banques, la réserve que leur commanderaient les principes. Ils se font prêter, par ces institutions, des capitaux qui ne devraient sortir de leur caisse qu'en échange et pour l'extinction des omnicréances rapportées. Les banques sont aussi des établissements commodes pour certains gouvernements qui se font remettre par elles de la monnaie fiduciaire sans gage, c'est-à-dire sans remise d'espèces ou de papier commercial. Ces opérations étant connues, la monnaie fiduciaire se trouve atteinte dans son intégrité, à moins que le public n'ait confiance dans les moyens de solvabilité du gouvernement qui, sous sa main, a l'impôt, mine inépuisable de réparations financières. Quoi qu'il en soit, les banques d'émission qui laissent toucher à leur encaisse se rendent complices ou plutôt sont les complices obligées d'actes de mauvaise administration des intérêts publics et d'atteintes à la sûreté de l'ordre économique.

Les banques libres dont nous avons exposé le principe ne seront autres qu'un fonctionnement aux mains de coopérateurs. Les comptables et statisticiens qui les exploiteront formeront une association de production particulière, ayant pour spécialité le contrôle, la centralisation et l'assurance du papier commercial. Ils ne composeront point une société de capitalistes. Ils n'auront besoin de fournir d'autres capitaux que leur outillage d'action professionnelle, selon la nécessité première de toute industrie. Ils ne seront pas par eux-mêmes des assureurs engageant leurs capitaux de spéculation, faisant chèrement payer cette inutile garantie et chauffant à blanc les dividendes. L'assurance viendra de l'association spontanée des clients, organisés, par le fait, en mutualité.

Les coopérateurs banquiers n'escompteront pas, puisqu'il n'y aura d'escompte ni direct, ni indirect. L'escompte suppose une avance moyennant retenue ou intérêts. Or, le jeu du crédit public ne comporte pas d'avances réelles par un intermédiaire. Un chiffon de papier sous le nom de billet de banque ou d'omnicréance ne coûte rien à celui qui le procure. En réalité, c'est comme si le papier commercial souscrit circulait lui-même, accueilli par la confiance publique. L'avance, s'il y en a une, vient des particuliers qui consentent à livrer leurs produits en échange de la monnaie fiduciaire. Les coopérateurs des banques libres n'auront point à se pourvoir d'un capital pour répondre aux demandes de remboursement a vue, puisque le remboursement à vue est un système imaginaire au regard de la pratique et inadmissible devant la juste théorie du crédit réciproque et solidaire. Quant à la Monnaie nationale, institution d'utilité publique au premier chef, ses services qui seront également d'un ordre purement administratif ne devront pas entraîner de dépenses pour les banques libres, l'impôt rémunérant tous les établissements de l'État. Les services de la Monnaie nationale, rémunérés spécialement, ne comporteraient qu'un tribut insignifiant, dégagé de tout droit capitaliste, attendu l'absence d'avance de capitaux.

Il résulte de là que l'emploi de l'industrie des banques, autrement dit l'échange du papier commercial contre des omnicréances, ne devra coûter que la valeur minuscule des frais de métier. Les coopérateurs des banques libres ne recevront, selon le principe de l'égal-échange, que la valeur de leurs services professionnels: Ils connaîtront l'appréciation que le public fera de leurs services comparés en tant que groupes concurrents, par la manière dont se répartiront les clients entre les banques du même rayon et par le partage des résultats de l'entreprise dans chaque groupe. Les banques d'émission privilégiées actuelles ne devraient pas être plus onéreuses pour le public que ne le seront dans l'avenir les banques libres, car, en conscience, leur capital actionnaire est un élément illusoire. Ce capital tire sa forte rente du taux surélevé de l'escompte. Or, la cherté de l'escompte est justifiée, non par les risques qui sont nuls, mais par la nécessité de maintenir, entre l'encaisse actionnaire et le portefeuille, un rapport idéal qui n'importe pas.

Le lien fédératif est une organisation puissante, mais difficile, dont l'avenir trouvera probablement la vraie forme. Les banques libres multipliées sur toute l'étendue du territoire pourront avoir recours au principe de la fédération pour former un réseau compact, universalisant l'assurance commerciale tout en conservant à chaque groupe la force maîtresse de l'autonomie.

L'assurance appliquée aux risques provenant d'événements naturels, peut intéresser une série de faits importants.

La maladie, l'incendie allumé par la foudre ou autrement, l'inondation, la grêle, la gelée, sont des fléaux qui, sévissant sur des fractions, peuvent être réparés dans leurs conséquences par un entier social.

En général, il paraît bon qu'un système d'assurance soit limité à une même catégorie d'intérêts économiques. Ainsi, les cultivateurs doivent s'associer entre eux par l'assurance contre les fléaux météorologiques. Les industries particulièrement sujettes aux risques d'incendie doivent, de même, se masser par une organisation d'assurance qui leur soit spéciale et dans laquelle les garanties de justice distributive soient réalisées par les garanties de compétence. Tous les risques dominants, de formes diverses, peuvent, de cette façon, être atténués dans les différentes branches de l'activité.

Indépendamment de ces divisions techniques, la nature des choses, au point de vue de la vie territoriale, en imposerait d'autres. Chaque région locale, considérée comme un tout social, renfermerait la collection des assurances par intérêts similaires divers. Je suis loin d'entendre, d'ailleurs, par région locale la commune actuelle, chétive agglomération en général, groupement de quelques feux absolument insuffisants pour répondre aux conditions d'une vie sociale véritable. Les hameaux auxquels on donne en ce moment le nom de commune et à qui l'on attribue une individualité politique et administrative sont bien plutôt un démembrement produisant l'isolement, l'égoïsme et l'obscurité parmi les hommes, que de réelles sociétés où le génie humain et la fraternité puissent se développer. L'agglomération locale, le type du groupement municipal, doit avoir une toute autre étendue. Le canton seul, sauf l'établissement de sections reliées, peut être une base suffisante pour la constitution de la famille municipale. En ce qui regarde l'assurance, la région d'association pourrait aller au-delà du canton, puisque la force de l'assurance est dans le nombre. Mais il ne paraît pas qu'un système d'assurance centralisateur, qui embrasserait la nation et confondrait tous les intérêts, soit un idéal à poursuivre. La justice appliquée s'accomode d'un domaine restreint. L'intimité est une raison d'équité. L'appréciation de l'importance des pertes, en fait de fonctionnement d'assurance, s'exercera d'une manière d'autant plus sûre et d'autant plus exacte, qu'elle se renfermera dans une division géographique restreinte et dans une catégorie d'intérêts déterminée. La connaissance du milieu local et du milieu spécial n'est pas indifférente.

Les sociétés de secours mutuels contre la maladie sont un essai du système rationnel des assurances. Elles ne constituent point des associations capitalistes. Chaque assuré est en même temps son assureur par l'apport de sa cotisation. Les bénéfices annuels, s'il y en a, restent acquis à la caisse commune et permettent soit une diminution de la cotisation, soit une augmentation des allocations attribuées aux sinistrés. La modicité des cotisations explique leur uniformité et leur fixité. Il manque aux sociétés de secours mutuels d'aujourd'hui, pour produire un grand effet social dans l'ordre de l'assurance, le concours d'une véritable masse d'adhérents et l'enveloppe d'un milieu économique général, dans lequel il serait plus facile d'emprunter au salaire la part de la prévoyance et moins onéreux, par le bon marché des produits, d'acquérir les matériaux même de l'assistance.

L'assurance contre le chômage est une forme de la solidarité fraternelle à laquelle il importe de particulièrement songer. Le chômage, ainsi que cela résulte des considérations exposées dans cet ouvrage, ne pourra guère être absolument conjuré. Les progrès mêmes de l'industrie, en déclassant les travailleurs et en transformant leur activité, pourront avoir des effets soudains qui surprendront et suspendront le travail dans un certain nombre de mains. L'extinction de la de la faculté de produire détermine l'impuissance de satisfaire le besoin de consommer. Le chômage compromet l'existence dans sa source. A ce point de vue, il n'existe point de fléau plus terrible. C'est le premier ennemi que l'assurance aurait dû chercher à combattre. Cependant c'est celui qu'on laisse le plus librement exercer ses ravages. Cela tient malheureusement à la catégorie des sinistrés, qui, jusqu'ici, ont manqué des moyens pécuniaires nécessaires pour s'assurer. L'organisation du crédit réciproque et la généralisation de l'association, dans le fonctionnement du travail, relèveront les forces sociales du travailleur et lui donneront l'accession à l'assurance à son tour.

L'assurance contre les effets de la mort prématurée

doit jouer également un grand rôle. Nous avons aujourd'hui l'assurance en cas de décès. Elle est pratiquée par les gens riches, qui versent des primes sur la tête de leurs femmes ou de leurs enfants afin de leur ouvrir le droit à un certain capital exigible à l'époque de leur mort. Il existe même d'autres assurances partant du même principe de prévoyance capitaliste, et par le jeu desquelles les déposants assurent à leurs enfants survivants une dot pour l'époque de leur mariage. Toutes ces sortes d'assurances n'intéressent que la fortune et ne se lient pas à l'activité ouvrière, qui ne produit guère que l'existence et ne permet pas les importantes réserves que supposent les tarifs élevés de ces associations. L'assurance en cas de décès doit s'appliquer normalement au veuvage de la femme et aux orphelins. La mère surprise par la mort de son mari, au moment où elle élève ses enfants, ne peut recourir aux travaux industriels. Elle rend de plus grands services à la société et à l'humanité en continuant à soigner sa progéniture, en la faisant grandir dans la force, la santé et la morale. Il faut donc que, devenue seule à accomplir l'œuvre jadis commune, elle trouve une ressource qu'elle ne peut tirer du travail. L'assurance en cas de décès la lui donnera. Les arbitres des institutions d'assurances, agissant dans un cercle cantonal, apprécieront d'ailleurs l'importance du sinistre par rapport au nombre des enfants et à la situation générale de la sinistrée, afin de proportionner le remède au mal. La veuve qui n'est plus absorbée par la tâche de l'épouse peut, dans certains cas et dans une certaine mesure, se livrer, chez elle, à des travaux industriels en rapport avec sa constitution et ses aptitudes. L'assurance, dont l'action n'est possible qu'à la condition d'être réduite et de prendre plutôt le caractère d'une atténuation que d'une réparation complète, calculera son intervention en tenant compte de ces facultés personnelles. L'assurance, d'autre part, par l'étendue et la durée de son application, ne doit pas avoir pour conséquence de détourner la veuve d'une nouvelle union, douloureuse pour les souvenirs du passé, mais nécessaire pour ramener une normalité qui est la loi de l'être humain.

Les avantages de l'assurance en faveur des enfants pour les cas de décès du père et de la mère n'ont pas besoin d'être exposés.

L'État, en France, obéissant aux doctrines philanthropiques, a pris l'initiative d'une caisse d'assurances en cas de décès. Cette institution offre toute garantie aux adhérents puisque l'État, cautionné par l'impôt, est engagé à faire exactement le service des allocations après décès. Elle présente, en outre, cet avantage considérable que les souscripteurs ne sont pas soumis à la visite du médecin. Dans les sociétés actionnaires, cette précaution capitaliste n'est jamais négligée, si opposée qu'elle soit au sentiment d'humanité qui domine l'idée d'assurance. Défendue, comme elle l'est aujourd'hui, par tant de conditions restrictives, l'assurance paraît associer des égoïsmes et sauvegarder un avenir déjà naturellement garanti. La caisse d'assurances en cas de décès, instituée par la loi du 11 juillet 1868, reçoit des primes uniques ou des primes annuelles fixes. Elle accorde après décès des allocations également fixes, quelle que soit l'étendue du malheur. Par ce système de fixité, elle ne met pas en relief les principes de mutualité et d'équité. Toutefois, elle a le mérite de ne pas être une entreprise actionnaire. Ses bénéfices, d'une nature impersonnelle, ont pour destination la nation tout entière. Naturellement, sa puissance d'action a été conçue comme devant provenir du jeu de l'intérêt de l'argent, selon l'ordre général des idées d'une société dans laquelle le capital a des fructifications spontanées. La caisse place les fonds, provenant des primes reçues, en rentes sur l'État. Elle touche des arrérages qui grossissent ses recettes, et, pour payer ses primes après décès, elle revend ses titres de rente au fur et à mesure de ses besoins. Il peut arriver que les variations des fonds publics lui fassent éprouver des pertes dans la réalisation de ses capitaux. C'est alors la nation qui paye, et la différence est encaissée par les capitalistes boursiers qui ont su ou sauront vendre cher et à temps.

Ce fonctionnement aléatoire ne peut être écarté, au moins comme prévision théorique, dans le système des primes fixes; car il faut demander à la spéculation des moyens de parer à des obligations de paiement dont on ignore toujours l'étendue variable.

L'assurance mutuelle, par son allocation de répartition, basée sur les dommages à réparer et non sur ceux à prévoir, élimine au contraire le facteur anti-économique de la spéculation boursière.

En fait et jusqu'à présent, la caisse d'assurances en cas de décès instituée par l'Etat n'a pas eu à faire, je crois, de contre-négociations, c'est-à-dire à retirer des placements pour remplir ses obligations. Avec les primes de versement de chaque année, elle a couvert les allocations après décès exigibles dans la même période. L'intérêt de l'argent n'a pas joué. On s'est trouvé dans le principe de la mutualité, d'après lequel la dépense se couvre sans transition par la recette. Depuis qu'elle existe, c'est-à-dire depuis 1868 jusqu'au 31 décembre 1872, la caisse officielle d'assurances en cas de décès, a reçu en primes de versements.............................. 102,409 fr. 91

Elle a dépensé en allocations après décès.............................. 72,122 .83

L'excédant de.................... 30,287 .08

s'est formé par accroissements des soldes et produits d'arrérages annuels, résultant d'une conversion constante en titres de rentes sur l'État.

Les conditions de la caisse sont telles qu'en versant à l'âge de 30 ans une prime unique de 32 fr. 17 ou une prime annuelle de 6 fr. 99 pendant cinq ans, de 3 fr. 92 pendant dix ans ou encore de 1 fr. 77 pendant tout le reste de la durée de la vie, on assure, à ses héritiers ou ayants droit, une allocation après décès de 100 fr. L'assurance peut atteindre 3,000 fr. Si accessibles que soient les tarifs de cette institution, conçue par ses auteurs avec l'illusion césarienne d'une simplification du problème social, si précieux que soient les services qu'elle se propose de rendre, elle n'a pas attiré la foule par cette raison que rien n'est plus difficile à la foule dénudée que la prévoyance. On aura une idée du faible mouvement qui s'est fait autour de la caisse en question en considérant que, depuis sa création, le nombre des allocations après décès ne s'est élevé qu'à 234. La moyenne par allocation a été de 308 fr. seulement. Quoiqu'il en soit, mieux connue, la caisse officielle d'assurances en cas de décès compterait un plus grand nombre d'adhérents, au moins dans la couche sociale où un germe de superflu peut engendrer la prévoyance.

Indépendamment des ruines résultant des événements naturels malheureux comme la mort, terme de la maladie, le feu de la foudre, le débordement des fleuves, l'invasion des insectes, il en est d'autres qui reconnaissent l'homme pour auteur. Sont dans ce cas, celles qui proviennent des incendies, de l'homicide, des blessures par imprudence ou accident. L'assurance doit venir aussi, dans la mesure du possible, réparer ces sortes de catastrophes qui diffèrent des premières, non point par leurs conséquences désastreuses égales, mais seulement par leur origine occasionnelle. Tout ce qui, par l'étendue du dommage, n'est pas réparable normalement par des forces isolées tombe rationnellement dans le domaine de l'assurance. Celle-ci, comme nous l'avons vu, est la coalition de la masse de ceux qui sont indemnes en faveur de ceux en petit nombre qui sont touchés.

Il serait faux de songer à rendre intégralement responsable, au point de vue civil, l'auteur minuscule d'une catastrophe hors de proportion avec son individualité. La responsabilité personnelle, soit qu'elle existe dans le sinistré lui-même, soit qu'elle réside chez un autre, effacerait l'utilité de l'assurance, puisque cette responsabilité aurait à sa charge toutes les conséquences du sinistre. Mais cela est contraire aux rapports des puissances. On ne saurait obliger l'auteur involontaire d'un sinistre à le réparer sans faire autre chose que de déplacer ou de dédoubler ce sinistre. Ses conséquenses subsisteraient entières. D'ailleurs, quelle garantie offrirait la responsabilité ? A moins de se trouver réunie à la fortune, elle restera stérile. Or, dans un état social où la distribution des produits se ferait d'après la loi de l'égal-échange, la pléthore ploutocratique ne se rencontrerait que peu. L'assurance est donc une nécessité, que la main de l'homme ait contribué pour une part à la catastrophe ou qu'elle y soit étrangère. Nos législateurs, issus de la Révolution française, ne l'avaient pas prévu ainsi. Travaillant en vue d'une société économiquement hiérarchisée, l'intégralité de la responsabilité individuelle, sans restriction tirée de la nature des événements, fut le principe qu'ils inscrivirent dans la loi. Ils n'adoucirent point la fatalité dans la responsabilité par la prévision du devoir social de l'assurance. L'article 1382 du code civil est ainsi conçu :

« Tout fait quelconque de l'homme qui cause à autrui un dommage, oblige celui par la faute duquel il est arrivé, à le réparer. »

Les tribunaux français font aujourd'hui un usage fréquent et étendu de cette disposition qui, sous sa forme sobre et bénigne, suspend d'immenses responsabilités sur la tête des citoyens. On commence à l'appliquer dans les conflits de l'intérêt privé avec l'autorité élue. Les municipalités populaires, et certaines autorités éphémères du 4 septembre, en ont éprouvé les effets. L'abolition de l'article 75 de la Constitution de l'an VIII, qui protégeait les administrateurs contre l'humeur procédurière de leurs administrés, a permis cette nouveauté, réclamée par le parti populaire sous l'Empire à la requête de ses avocats, et dont il a eu ainsi les honneurs de l'expérience.

L'impossibilité des responsabilités personnelles disproportionnées n'implique pas l'irresponsabilité absolue. L'auteur d'un événement fatal hors d'état, dans son isolement, d'en atténuer les conséquences, peut être et doit être tenu à certaines obligations dont il est inutile de rechercher ici les formes et la mesure. Il suffit d'exprimer cette réserve. La sécurité générale est liée aux responsabilités individuelles. Seulement, l'application des responsabilités doit être humaine, proportionnée et comporter une libération possible.

L'assurance contre la faillite ne rentre pas, selon moi, dans la conception vraie de l'assurance. Une entreprise ne peut s'assurer contre sa propre faillite. La responsabilité économique, ressort et garantie de l'activité productrice, disparaîtrait dans une sécurité commode, qui pourrait conduire au désordre et à la stérilité industrielle générale. Il n'y a pas lieu non plus de s'assurer contre la faillite des autres. Ce serait une nouvelle manière de détruire le grand régulateur de la responsabilité en dispensant les entreprises du contrôle de leurs relations économiques. D'autre part, dans le système du crédit réciproque, de l'association des forces par la coopération, et de la lumière économique par la statistique, il ne reste pour ainsi dire pas de place au sinistre commercial. Les entreprises novatrices comportant un alea et marchant hardiment vers un inconnu qui peut être le progrès comme il peut être la déception, seules, seront réellement exposées à sombrer. Les fournisseurs et créditeurs divers de ces entreprises n'ignorant point les risques dans lesquels ils s'engagent, auront la situation de véritables commanditaires ou associés, courant les chances communes de l'affaire. Si l'insuccès se déclare, ils seront sinistrés pour leur compte et pour la valeur de leurs fournitures. L'assurance n'aurait pas plus à intervenir pour eux que pour les coopérateurs directs de l'entreprise. Par contre, le crédit onéreux restera la loi des tentatives industrielles aventureuses, minime fraction de l'activité générale. Le crédit risqué a nécessairement droit à une prime de succès, s'il y a succès. Par là le gain au bénéfice demeurera, quoiqu'étroitement confiné, un élément social générateur du monopole de situation. Ce sera le rôle de l'impôt progressif d'atténuer les effets de ce monopole.

L'assurance libre n'est pas encore en France un fait accompli. Toutes les sociétés de prévoyance ayant un caractère coopératif, c'est-à-dire basées sur la mutualité et le pouvoir collectif, opposées en cela aux compagnies mercantiles qui exploitent et gouvernent par le pouvoir actionnaire, ne peuvent naître et agir à volonté. L'intérêt de l'ordre public exige l'examen et l'autorisation du gouvernement. L'article 291 du code pénal, immense filet enveloppant l'initiative des citoyens, en dispose ainsi par ce texte :

« Nulle association de plus de vingt personnes, dont le but sera de se réunir tous les jours ou à certains jours marqués pour s'occuper d'objets religieux, littéraires, politiques ou autres, ne pourra se former qu'avec l'agrément du gouvernement et sous les conditions qu'il plaira à l'autorité publique d'imposer à la société. »

La loi sur ce point comme sur tant d'autres, demande donc à être ajustée à la taille des besoins nouveaux.

Nous avons à parler maintenant des caisses de retraites pour la vieillesse et les invalides du travail.

Une caisse générale de retraite est une utopie capitaliste. En concevant les retraites comme pouvant provenir de l'accumulation des capitaux dans une caisse et de leur fructification par voie de placement, on commet une immense erreur économique. Une caisse partielle recevant d'importants versements de la part de sociétaires aisés, peut, par l'action capitaliste et par le principe de la tontine d'après lequel la part des survivants s'augmente de celle des décédés, remplir des engagements envers des pensionnaires. Les institutions de ce dernier genre ne sont que des associations de capitaux, des réunions de monopoles de situation, exploitant la puissance de l'argent au profit des survivants successifs de l'association et aux dépens des héritiers naturels des associés. La retraite universelle n'a rien de comparable avec ce fonctionnement minuscule, alimenté par l'exception sociale.

Une caisse nationale de retraite supposerait que le travail social pourrait chaque année subir un prélèvement de produits pendant la durée de la vie adulte de l'homme et que cette réserve accumulée pourrait être conservée et fécondée jusqu'à la période déterminée par l'âge de la retraite.

D'après le recensement quinquennal de 1872 les personnes âgées de 50 ans et au-dessus s'élèvent en France au nombre de 8 millions. En supposant que la retraite fût pour chacune de 1 franc par jour, revenu moyen par individu dans la nation, la somme annuelle nécessaire à ce service serait de 3 milliards (365 francs × 8,000,000). Comme il faudrait avoir un service moyen de dix années assuré, la somme des capitaux à disposition devrait toujours être de 30 milliards. On se demande sous quelle forme de la richesse consommable on pourrait conserver et maintenir à l'état d'usage une valeur aussi gigantesque. L'économie prêchée par la sagesse ne saurait réaliser un pareil miracle. L'économie s'impose à tous comme un moyen de ne pas empiéter sur la part des autres. Elle est la loi essentielle de la société économique humaine qui n'est apte qu'à produire son existence sans superflu. Mais l'économie réelle se traduisant par des accroissements de réserves n'est pas possible pour la masse nationale. Elle peut agir dans des mains isolées exceptionnellement favorisées par des courants de concentration. Elle n'est pas une normalité, un principe.

Il faut considérer que les capitaux réellement conservables, comme l'or, l'argent, les métaux précieux, sont peu nombreux, que leur utilité est très-limitée, qu'en ce qui concerne les métaux précieux, le besoin principal auxquel ils répondent, par leur faculté de circulation, est le service social des échanges et que, passé la limite restreinte de ce service et de quelques usages industriels, ils deviennent sans vertu. La valeur de l'or et de l'argent destinés à servir de monnaie en France ne dépasse pas 4 milliards. Les capitaux qu'il pourrait être heureux de pouvoir conserver, comme les objets servant à l'alimentation et au vêtement, sont précisément ceux qui ne sont pas conservables dans l'acception complète du mot ou qu'il est impossible de produire au-delà des besoins constants. L'effort productif de la France, en d'autres termes son revenu, est de 12 ou 13 milliards par an et elle les consomme, avec inégalité dans la répartition sans doute, mais entièrement. Les maisons, les améliorations du sol cultivable qui dépassent la durée d'une révolution de saisons ne sont pas à proprement parler une richesse accumulée ; elles représentent des nécessités actuelles, dont on ne saurait normalement se passer, sous peine de manquer d'abri et de subsistance. Le revenu total annuel comprend leur usage et action. Incessamment entretenues et renouvelées, elles rentrent dans une période moyenne quelconque du revenu public. On ne construit pas et on n'amende pas pour conserver, mais bien pour user. A quoi servirait d'ailleurs de construire dans la plaine une ville déserte, sous prétexte d'accumulation de la richesse si cela était possible, puisque les bâtiments élevés ne répondraient pas aux besoins et devraient rester inoccupés ? L'entassement des capitaux est donc une fiction, tant pour ce qui regarde les capitaux conservables, qu'il serait inutile de conserver, que pour ce qui concerne les capitaux alimentaires et vestiaires, qu'on ne peut pas conserver.

En ce qui touche la fécondité des capitaux par le jeu de l'intérêt composé, la conception n'est pas moins chimérique. On sait par les traités d'arithmétique, imperturbables à cet égard, que par l'intérêt composé le capital doit être doublé après 14 ans, triplé après 23, quadruplé après 28, quintuplé après 33 ans, etc. Pure fantasmagorie de chiffres, caricature de la vérité économique. Prétendre, sous forme d'axiôme, que l'intérêt ou impôt capitaliste double, triple, quadruple et quintuple la richesse, c'est voir le général dans le particulier et prendre un simple déplacement de la richesse, entre individus, pour un accroissement absolu de richesse, dans la société. La richesse publique n'est pas doublée quand un capitaliste réussit, par l'intérêt, à grossir son capital d'une fois autant. Cela signifie que la part du capitaliste dans les produits du travail a été telle que ce qui était comme 1 d'abord entre ses mains est devenu comme 2. C'est la simple conséquence d'un effet de partage. Quant à la richesse sociale générale, elle n'a nullement suivi la progression de l'avoir du capitaliste. C'est un tout dont la répartition a donné lieu à des disproportions, mais qui ne s'est pas développé d'une manière correspondante à la fortune capitaliste. La société serait vraiment bien heureuse si son capital d'action, c'est-à-dire son outillage, avait en lui-même, par son seul fonctionnement, la vertu de se multiplier comme le voudrait la prétendue loi de l'intérêt de l'argent. Le capital ne se reproduit dans la proportion formidable de l'intérêt composé, que parce qu'il est *placé*. Le travail lui paye des gages, intérêts ou dividendes, en vertu de ce placement. Le taux de ses gages l'amplifie, mais ceux qui doivent le gage en font inévitablement la dépense. Il se produit donc un effet de balance générale d'après lequel la richesse sociale totale conserve une étendue donnée, tandis que les fortunes particulières s'inégalisent. Si l'inégalité, tout en étant marquée, ne sévit pas manifestement dans la proportion de la puissance colossale de l'intérêt composé, cela tient seulement à cette fatalité économique que les produits du travail ne sont pas généralement conservables et accumulables. La consommation périodique les détruit, question de répartition à part.

L'effet de la capitalisation ou génération des capitaux par eux-mêmes serait curieux s'il était une loi de l'économie. Le capital total de la France est évalué à 150 milliards, représentant le travail fixé dans des utilités relativement durables, maisons, machines, outils, amendements des terres, etc. Comme ce capital est sans cesse exploité par l'activité sociale, il s'ensuit que d'après la théorie du rendement des capitaux, au bout de 14 ans il devrait être de 300 milliards, après 23 ans de 450 milliards, après 28 ans de 600 milliards, après 33 ans de 750 milliards et ainsi de suite. Un siècle d'une pareille théorie et la terre ne serait plus assez vaste pour contenir ses propres richesses. Il y a donc lieu de renoncer à cette utopie de la fructification des capitaux considérée comme fait social ou universel. Elle ne peut servir de base à une organisation générale des retraites pour tous les citoyens. Aucune caisse si prolifique qu'elle fût ne saurait garantir un pareil service.

La retraite universelle, à partir d'un certain âge, est une conception juste. En principe, le travailleur ne peut thésauriser, faute d'abondance et d'utilité des capitaux conservables. Or, le travail social actuel doit pourvoir aux besoins des vétérans comme aux besoins de l'enfance. La période adulte de la vie, période productive, doit supporter la charge de la consommation générale.

Partant de ce principe, la retraite doit être fournie par l'impôt. Dans ce cas, l'impôt est une retenue exercée sur les produits créés par l'âge adulte, au profit de ceux qui, antérieurement, ont rempli les mêmes obligations. L'effort industriel d'une année par les adultes doit procurer l'excédant applicable aux vétérans du travail pour la même année. L'idée fausse de réserves et d'accumulation est écartée. La vie générale est assurée par l'action et la production du moment, selon la vérité des phénomènes économiques.

Nous avons vu que le service de la retraite universelle exigerait 3 milliards pour les 8 millions de vétérans des deux sexes qui existent d'une manière permanente dans la société française. Ce serait donc un impôt de 3 milliards à faire peser sur les 15,500,000 adultes âgés de 20 à 50 ans, compris dans la population. De ce chef chaque adulte payerait annuellement 194 fr. et chaque ménage, par conséquent, 388 fr. C'est la moyenne d'impôt perçue aujourd'hui de chaque citoyen, chef de famille, sous des noms et par des détours divers. Or, l'impôt gouvernemental, départemental et communal actuel pourrait largement être abaissé de moitié par une réduction nécessaire des rouages de l'administration publique et une dépression de dépenses conforme aux proportions modestes de la richesse générale. La part de cet impôt tomberait, par cette réforme absolument juste et pratique, à 194 fr. par couple adulte. Réuni à la contribution des retraites, s'élevant à 388 fr., l'impôt total annuel, par couple, serait de 582 fr., soit 1 fr. 60 par jour en chiffre rond.

D'autre part, estimant le revenu total annuel de la France à 13 milliards, ce qui donne, pour 36,000,000 d'habitants, le revenu quotidien de 1 fr. par tête dont il a été question, on trouve que la part de chaque adulte dans le revenu national, dû à l'activité collective de cet âge, est en moyenne de 2 fr. 30 par jour, soit pour un ménage une ressource quotidienne de 4 fr. 60.

Déduction faite du double impôt administratif et des retraites qui est de 1 fr. 60, selon le chiffre produit il y a un instant, les ressources nettes de chaque ménage s'élèveraient à 3 fr. par jour, soit à 1,095 fr. par an.

Pour 15 millions 5 d'adultes, il existe 12 millions 8 d'enfants. Chaque couple a donc en moyenne 1 enfant 6. Il s'en suit que le revenu net de 3 fr. par jour, tous impôts payés, est la ressource normale s'appliquant à l'existence d'un homme, d'une femme et de 1 enfant 6.

Pour 15 millions 5 d'adultes, il existe, selon le chiffre déjà donné, 8 millions de vétérans. Chaque couple peut donc avoir avec lui, en moyenne, 1 vétéran, affranchi d'impôt par considération d'âge et jouissant d'une retraite de 1 fr. par jour. Il s'ensuit que le revenu net de 4 fr. par jour, tous impôts payés, est la ressource normale de la famille moyenne complète.

C'est dans l'économie générale d'une pareille répartition de la richesse sociale qu'on peut concevoir la possibilité de la retraite universelle. Autrement, elle est une illusion et une naïveté.

Les chiffres qui précèdent, en ce qui regarde la composition du budget privé, paraîtront un progrès de position merveilleux à des masses profondes de paysans et d'ouvriers, dont l'espoir était loin de viser une pareille fortune. Ils sembleront au contraire d'une sévérité restrictive choquante à beaucoup d'autres individualités. Cependant, ces chiffres sont le destin et même un destin sympathique, car l'immense effort du travail, consacré dans la société capitaliste aux satisfactions excessives du luxe, retournerait à la production des choses indispensables dans une société régie par la conception de la limitation naturelle des richesses. Les choses utiles, dès lors, créées en suffisante abondance, baisseraient considérablement de prix, multiplieraient la puissance échangeable de l'argent et répandraient l'aisance honnête sous tous les toits, malgré la faiblesse nominale des salaires.

J'ai supposé, dans mes calculs, qu'avant l'âge de vingt ans, l'enfant ne produisait pas ou ne devait pas produire. Cela n'est pas absolument exact ; mais le revenu national de 12 ou 13 milliards que j'ai pris pour point de départ représente la masse du travail de tous les âges. D'autre part l'adolescent rapporte le produit de ses journées à la maison paternelle. Sa participation à l'œuvre industrielle générale n'influe donc pas sur le budget privé des familles tel que je l'ai sommairement déterminé et sur la quotité de la retraite universelle. De même l'homme mûr, s'il peut avoir besoin de la sécurité de la retraite dès l'âge de 50 ans, ne cesse pas absolument, en général, d'être producteur à partir de ce moment; sa participation au travail social ne change rien à la totalité exprimée du revenu national; mais il pourrait être juste et nécessaire, afin de ne pas grever trop lourdement les adultes et de ne pas provoquer un arrêt précoce des forces productrices dans le vétéran, de graduer le chiffre des retraites selon la marche de l'âge. Le maximum de la retraite serait le chiffre de 365 fr. qui ne peut être dépassé, puisqu'il est un quotient social vérifié.

L'accident physique entraînant avant l'âge de la retraite la suppression totale ou partielle des facultés de travail, me paraît devoir être assimilé à l'impuissance par l'âge. Le rôle d'inscription des vétérans devrait donc comprendre les victimes que l'accident rend vétérans d'une manière prématurée. En réalité les blessés et les infirmes sont actuellement, de manière ou d'autre, à la charge de la société. Le droit à la retraite en ce qui les concerne ne changerait pas les charges sociales. Seulement, au lieu de dépendre de la pitié, ils seraient sous la sauvegarde du droit.

Le principe d'autonomie et de décentralisation n'est pas offensé par le caractère officiel forcé de l'institution des retraites universelles. L'Etat, dangereux pour l'initiative et la liberté quand il gouverne et unifie par l'autorité, devient un instrument précieux de vie sociale quand il intervient par le chiffre et la comptabilité, quand son œuvre consiste à tenir le grand livre des intérêts sociaux. L'Etat comptable est l'idéal de la vraie politique. L'intervention de l'Etat répugne à juste titre lorsqu'on vit sous l'empire d'une organisation dans laquelle l'Etat, intolérant et dominateur, agit en maître. L'instinct éloigne du maître. Mais si l'Etat n'est plus qu'une docilité digne et intelligente, si, cessant de régenter les esprits, les consciences et les volontés, il se borne, selon la conception rationnelle du pouvoir, à tenir la balance égale entre les droits, à garder fidèlement la caisse et à mettre les écritures en ordre, on n'aura pas de raison pour l'écarter d'un fonctionnement considérable comme celui des retraites sociales. Les conditions, dans l'espèce, exigent son action. L'application de la retraite à l'âge du repos ne se lie à aucun intérêt d'initiative individuelle, à aucune responsabilité active, à aucun besoin de stimulant, en un mot à aucun des droits ni à aucune des obligations de la liberté. L'âge impose une inactivité matérielle croissante, que remplace la valeur indéterminable d'une expérience qui se formule en avis et conseils. Cette période du repos veut être abritée socialement parce que l'émulation, la responsabilité et le risque ne sont plus de son domaine. Une vaste organisation de la solidarité seule peut lui donner l'entière sécurité. Or l'organisation la plus puissante de la solidarité c'est l'impôt public, qui a pour agent de perception et de distribution l'Etat. D'où la justification du rouage social de l'Etat dans le jeu de la retraite universelle. Ce serait le cas de dire, par imitation d'une formule beaucoup plus mal employée ailleurs, que si l'Etat n'existait pas, il faudrait l'inventer.

Je me sers d'ailleurs de cette dénomination l'Etat pour désigner l'administration publique à ses divers degrés. Le compte des retraites devrait être tenu dans chaque rayon local par l'administration cantonale, véritable centre d'indivision sociale. L'Etat, dominant l'ensemble, opérerait les mutations par suite de changements de résidences, et ferait la répartition des ressources. A côté de chaque institution locale fonctionnerait, en tant que de besoin, un conseil d'arbitres pour résoudre les cas de retraites anticipées.

La conception des retraites par l'impôt ne fut pas étrangère aux recherches de la délégation ouvrière de 1867 constituée à l'occasion de l'Exposition universelle de cette époque. J'ai déjà parlé de ce groupe, dont les travaux manifestèrent un caractère de supériorité qui se dégage très-nettement aujourd'hui. Les deux volumes publiés par le citoyen Tartaret, secrétaire de la commission issue de la délégation, resteront une preuve de la force, de l'indépendance consciente et de la valeur rationnelle des idées émises dans ce milieu. L'œuvre du secrétaire, qui a publié en deux volumes les procès-verbaux de la délégation, fait d'ailleurs incontestablement son éloge. A l'égard de la proposition d'une caisse nationale de retraites pour la vieillesse, la délégation ouvrière de 1867 formula cette déclaration, d'accord avec les faits et les principes que nous avons passés en revue :

« Les soussignés déclarent la prévoyance indivi-
« duelle impraticable pour la presque totalité des ci-
« toyens. »

Passant aux sociétés de secours mutuels qui réussissent à fournir quelques retraites, plus que chétives d'ailleurs en général, les délégués affirmèrent que « c'est le montant des cotisations abandonnées (par « ceux qui ne peuvent continuer à supporter régulièrement les charges statutaires) qui forme, en partie,

« le capital social destiné à la retraite de quelques-« uns plus heureux » et que les véritables prolétaires ne figurent dans les sociétés de secours mutuels que « dans la proportion de *un* sur douze. » Ils ajoutèrent d'ailleurs que « les sociétés de secours mutuels, « avec adjonction de membres honoraires, sous la pro-« tection de l'autorité, participant à des subventions « annuelles provenant de la fortune publique, sont in-« dûment privilégiées. »

Puis établissant le droit de tous à la pension de retraite, faisant valoir la possibilité de la suppression du budget de l'assistance publique et de la radiation au budget de l'Etat d'un nombre considérable de dépenses inutiles, laissant instinctivement de côté l'idée fausse d'une caisse, ils proposèrent résolument le service des retraites par l'impôt. Leur projet, formulé en loi, disposait à l'article 1er :

« Tout citoyen infirme, incapable de se livrer au tra-« vail ou âgé de 60 ans, recevra une pension annuelle « qui ne pourra être moindre de 300 fr. »

Il est curieux de remarquer avec quelle justesse l'instinct ouvrier trouvait le chiffre normal de la retraite qui, tel qu'il est offert, se rapporte presque parfaitement au quotient social livré par le calcul.

L'Etat, sans avoir l'intention de proclamer un principe, manifeste, dans ses lois de finances, que la retraite des vétérans doit provenir de l'impôt. En effet, chaque année, il assure des pensions ou secours à ses anciens agents, aux anciens militaires ou à leurs veuves, à des clients divers, ecclésiastiques, artistes et autres, en inscrivant simplement cette dépense au budget national. D'après les documents de 1877, la brèche faite dans les produits de l'impôt pour cet usage se chiffre par 152 millions environ, dont 124 millions inscrits au titre de la dette viagère et le reste à des titres divers comme subventions, dotations à des caisses spéciales, traitements de non-activité, pensions ecclésiastiques, encouragements et secours.

Je ne parle pas des retraites servies, d'un autre côté, par les départements et les communes à leurs agents et clients propres, et qui sont puisées, à l'instar des autres, dans le réservoir de l'impôt, mais à la source locale. La caisse des dépôts et consignations, chargée par les administrations locales du service d'une partie de ces retraites, en paye actuellement pour 8 millions environ.

Pour desservir les pensions civiles et militaires de l'Etat au moyen d'une caisse à mécanisme capitaliste, il aurait fallu lui faire des entrailles de plus de 3 milliards. L'énormité du chiffre ici a renversé l'utopie et obligé à la seule combinaison possible et rationnelle de la retraite fournie au jour le jour par l'impôt.

Envisageant ce formidable morceau du budget à un autre point de vue, on peut dire que si l'Etat a jugé juste d'établir un service de retraite, trop large d'ailleurs, au profit de personnes à qui la prévoyance personnelle était possible et facile, il serait bien plus équitable encore de procurer le même avantage à ceux qu'un salaire restreint et le chômage forcé placent dans des conditions plus dures.

Quelques compagnies de chemin de fer ont été conduites par l'expérience administrative à procéder comme l'Etat pour la retraite de leurs employés. Primitivement, elles versaient à la caisse officielle des retraites pour la vieillesse, dont nous parlerons plus loin, des retenues réglementaires sur les salaires de leur personnel. Elles complétaient ces versements par la répartition d'une subvention. Cet argent sorti de leur caisse faisait défaut à leur fond de roulement.

Elles ont coupé court à l'inconvénient en abandonnant la caisse officielle des retraites pour la vieillesse et en soldant directement les pensions de leurs employés sur les produits courants de leur exploitation. Elles ont déchargé d'un côté leur budget des dépenses en réduisant effectivement le taux des salaires et elles l'ont rechargé en y inscrivant les retraites annuelles à servir. C'est absolument conforme au principe de la véritable économie des retraites scientifiquement vérifiée. Ces compagnies, il est vrai, redoutant la nouveauté dans les formes bien qu'entraînées à la pratiquer dans le fond, ont maintenu les salaires nominaux de leurs agents et créé une caisse des retraites sur le papier. Leur compte des retraites reçoit à son débit des chiffres de retenue sur les salaires et des chiffres de subvention. Le montant de ces recettes fictives sert, en partie du moins, à des achats figurés d'obligations à émettre par ces mêmes compagnies. La caisse est censée toucher les arrérages et primes attachés à ces obligations, nantissement apparent, et la compagnie est censée payer les retraites avec ces provenances. En réalité comme recettes et dépenses intéressent la même maison, comme l'aliment de la caisse des retraites vient de la compagnie sous quelque forme qu'on l'envisage, comme la garantie des obligations attribuées à cette caisse est dans la solvabilité de la compagnie elle-même, l'opération, dégagée de ses superfluités et artifices comptables, se réduit à ce que nous avons dit, à savoir le service des retraites assuré simplement chaque année par les produits immédiats de l'exploitation. Ombre d'institution, la caisse des retraites des employés ne tiendrait dans son ombre de portefeuille que des ombres d'obligations si, finalement, la compagnie devenait insolvable. Cette perspective n'est pas à redouter, car il s'agit d'entreprises inébranlables dans leur crédit. Toutefois, si solides qu'elles soient, elles ne peuvent pas être comparées à l'Etat pour ce qui regarde la sûreté des retraites. L'impôt, produits de l'Etat, offre une garantie souveraine ; fonctionnant comme une sorte d'assurance, suivant la fortune privée dans ses déplacements, prenant aux uns ce que les autres ne peuvent plus donner, il est, comme caution, l'infaillibilité même.

Les chemins de fer, par l'énorme collectivité de leurs intérêts, ont ressenti des impulsions novatrices aussi à l'égard de l'assurance. D'abord tributaires des compagnies d'assurances contre l'incendie, ils se sont aperçus que le nombre, condition fondamentale de l'assurance, étant en eux, l'assurance pouvait s'y placer également. Ils ont donc cessé d'assurer leurs bâtiments, gares, marchandises, dépôts, ateliers semés à travers les départements. Quand une gare brûle, les produits courants de l'exploitation payent. Cela coûte moins cher aux compagnies que le total des primes qu'elles auraient déposées dans la caisse des entreprises d'assurances. En d'autres termes, capitalistes, elles gardent pour elles le profit qu'elles auraient donné à d'autres entreprises capitalistes.

L'Etat français, talonné par un besoin de sécurité sociale après la formidable insurrection de juin 1848, fonda en 1850, la caisse de retraites pour la vieillesse, administrée par la caisse des dépôts et consignations. On crut ainsi avoir préparé la voie à l'extinction du paupérisme et être autorisé à taxer bientôt de misère volontaire celle qui persisterait.

La caisse de retraites pour la vieillesse est, naturellement, basée sur la nébuleuse de l'intérêt composé. Appliquée à l'ensemble de la population, elle serait, à cause de ce vice organique, absolument hors d'état par elle-même de tenir ses engagements. Mais, comme c'est l'Etat qui s'oblige en son nom, ses promesses sont réalisables malgré tout, parce que l'Etat, bien ou mal engagé, a pour répondant l'impôt.

Les versements peuvent commencer dès l'âge de 3 ans. La retraite commence de 50 à 65 ans au gré du déposant. Elle est incessible et insaisissable, jusqu'à concurrence de 360 fr. — principe révolutionnaire en vertu duquel le besoin prime la créance. Le capital versé peut être déposé en une seule fois ou successivement, aliéné ou réservé ; dans ce dernier cas naturellement la quotité de la retraite est moins forte.

Un versement annuel de 10 fr. depuis l'âge de 3 ans assure, à 50 ans, capital aliéné, une retraite de 233 fr. 81, à 60 ans, une retraite de 615 fr. 87 ; depuis l'âge de 20 ans une retraite de 75 fr. 43, à 50 ans, et de 209 fr. 73, à 60 ans ; depuis l'âge de 30 ans une retraite de 34 fr. 59, à 50 ans, et de 105 fr. 02, à 60 ans. La retraite peut atteindre le maximum de 1,500 fr. suivant les versements.

Le rapport fixé entre la retraite et les versements est celui ressortant de la combinaison de l'intérêt composé et de la mortalité. Le calcul ci-dessous montre la part attribuée à la force génératrice de l'intérêt dans le jeu de la caisse des retraites pour la vieillesse.

Le recensement quinquennal de la population française en 1872 accuse un nombre total d'individus de 36,102,921, et donne la répartition par âge. Le nombre de sujets, pour un âge quelconque, peut être rationnellement regardé comme le nombre, qui, l'année suivante, représentera l'effectif de la génération précédente parvenue au même âge. C'est du reste de cette même façon qu'on raisonne dans le problème de la détermination de la vie moyenne d'après les décès annuels. Il s'ensuit que les effectifs par degrés d'âge, réunis par le recensement, expriment sensiblement les mouvements successifs d'une même génération dont on observerait le développement à travers les années. Directement, le recensement donne l'importance par âge de générations successives; par réflexion, on y trouve l'importance des âges divers d'une génération unique.

Or, en prenant les chiffres du recensement de 1872, une génération à l'âge de 3 ans, âge requis pour aborder la caisse des retraites, se compose de 668,763 individus; à 10 ans, elle en compte 640,849 seulement; à 20 ans, 616,752; à 30 ans, 510,000 environ; à 40 ans, 460,000; à 50 ans, 390,000; à 60 ans, 300,000; à 70 ans, 170,000; à 80 ans, 40,000; à 90 ans, 2,500; à 100 ans, 40. A raison, par exemple, d'un versement annuel de 10 fr. à la caisse, capital aliéné, la génération considérée aura déposé, à l'âge de 3 ans, 6,687,630 fr., à l'âge de 4 ans, autant de fois 10 fr. qu'il y aura eu de survivants à cet âge, et ainsi pour tous les âges pendant 47 ans, c'est-à-dire jusqu'à l'âge de 50 ans exclu, époque à laquelle commence le droit à la retraite. La totalisation des effectifs aux différents âges depuis 3 ans jusqu'à 50 exclu donne le chiffre de 26,113,125. Ce chiffre, multiplié par 10, selon l'importance du versement annuel de 10 francs, représentera la somme de tous les versements de 10 francs opérés depuis l'origine, soit 261,131,250 fr. Voilà donc ce que pour une même génération, ayant versé depuis l'âge de 3 ans jusqu'à l'entrée en jouissance de la retraite, l'État aura reçu.

A 50 ans, cette génération comptera 390,000 sujets. A raison de 233 fr. 81, chiffre de la retraite correspondant à des versements annuels de 10 francs, depuis l'âge de 3 ans, capital aliéné, elle coûtera, pour cette première année de retraite 91,185,900 fr. A 60 ans, l'État lui payera 70,143,000 fr.; à 70 ans, 39,747,700 fr.; à 80 ans, 9,352,400 fr.; à 90 ans, 584,525 fr.; à 100 ans, 9,352 fr. La totalisation des sommes décroissantes ainsi payées pendant la marche des âges, jusqu'à extinction de la génération intéressée, donne un chiffre de 1,862,240,769 fr. 41 cent. Ce chiffre n'est autre que le total général des effectifs par âge depuis 50 ans multiplié par la retraite de 233 fr. 81.

D'un côté donc la dépense totale pour une même génération serait de...............	1,862,240,769,41
De l'autre, la recette totale provenant de cette même génération serait de..........................	261,131,250
Déficit.........	1,601,109,519,41

Cela revient à dire que la fructification de l'argent, d'après les tarifs de la caisse, doit équivaloir, sur le capital reçu fractionnellement et successivement pendant 47 ans et réparti entre les survivants fractionnellement et successivement pendant 50 ans, à la dite somme de plus de un milliard cinq cent mille francs. Cette énorme énonciation n'est pas en désaccord avec les théories vitalistes qui doublent, triplent quintuplent etc, les capitaux par l'intérêt composé. Mais, au contraire, elle est absolument contredite par l'impossibilité matérielle de l'accumulation des capitaux conservables et par l'impossibilité également matérielle d'étendre le principe des bénéfices capitalistes à un grand nombre. Privilége naturel ou autre, peu importe en ce moment la qualification, le bénéfice capitaliste ne peut être par cela même que le lot d''un petit nombre. En réalité, d'où l'Etat, obligé de compter avec les faits, tirera-t-il le milliard et demi nécessaire pour parfaire les pensions promises? D'où tirerait-t-il les milliards en file qu'exigerait le même service si les déposants s'avisaient en masse de verser annuellement des sommes supérieures à dix francs, car les intérêts croissent en proportion géométrique tandis que les fonds déposés n'augmentent qu'en proportion arithmétique? L'Etat s'en est remis à cet égard à la profondeur de la caisse publique, c'est-à-dire à l'inépuisable impôt. En effet, chaque année, depuis que la caisse des retraites paye des pensions, le budget de la nation porte en dépenses la somme entière nécessaire au service de ces pensions. La fécondité capitalisatrice se réduit à une différence humblement soldée par l'impôt.

S'élevant à 1,601,109,519 fr. pour la vie d'une génération, dans les conditions de versement supposées, la différence annuelle pour toutes les générations coexistantes serait naturellement représentée par le même chiffre. On s'en rendra compte par le calcul suivant. Il existe à la fois, dans une même année, 26,113,125 sujets de 3 à 50 ans; versant à raison de 10 fr. ils fourniront une recette totale décuple de leur nombre. Dans le même temps 7,964,761 vétérans de 50 à 100 ans seront à pensionner à raison de 233 fr. 81, soit une dépense totale de 1,862,240,769 fr.

La recette n'ayant été pour l'année que de........................	261,131,250
La différence ou carte à payer par l'impôt sera bien de...........	1,601,109,519 fr.

Je fais abstraction des recettes annuelles de 261 millions chacune qui auraient pu être réalisées avant tout service de retraites pendant les 47 années d'attente réglementaire. Nous avons vu que l'accumulation gigantesque des capitaux n'est qu'un rêve et que l'universalité de la productivité par l'intérêt en est un autre. L'Etat, à la tête des sommes successivement versées, n'aurait pu que les appliquer au dégrèvement de l'impôt ou à l'amortissement de sa dette, ce qui est une autre forme de dégrèvement de l'impôt, ou bien encore à des dépenses publiques. Au moment de servir les retraites, ces sommes ne seraient plus disponibles. Elles auraient nécessairement alimenté la consommation publique dans le temps de leur remise à la caisse. Dégrèvant l'impôt, elles seraient retournées naturellement aussi dans le courant de la consommation, et cela par compensation, puisque les citoyens auraient retrouvé dans la diminution de leurs taxes comme contribuables l'équivalent de leurs charges comme déposants. Le jour de l'ouverture du service effectif des retraites, l'Etat n'a donc rien à tirer du passé et il est exact de dire que les ressources et les charges de la caisse des retraites pour la vieillesse ne doivent être envisagées que dans leur actualité réciproque. La recette d'une année a son application aux dépenses de la même année, malgré toutes les apparences contraires.

Les caisses d'épargne instituées par la loi du 31 mai 1837 vivent ostensiblement sous le régime de l'intérêt comme si l'intérêt était en effet une réalité générale. Cette situation particulière s'explique par la limitation des capitaux que les caisses d'épargne peuvent recevoir. L'Etat en consacre une partie à des achats d'obligations de chemin de fer et emploie l'autre partie en rentes de fonds nationaux. L'intérêt assez bas servi par les caisses d'épargne aux déposants se tire doublement, d'après cela, des profits de l'industrie privée privilégiée et de l'impôt qui solde les arrérages perpétuels de la dette publique. Quand les remboursements sont demandés en grand nombre, l'Etat vend les titres acquis au nom des caisses d'épargne, encaisse les bonis comme il encaisse d'ailleurs constamment les différences d'intérêts en plus, et, s'il y a lieu, essuie la perte. En 1872, fin décembre, les caisses d'Epargne en France étaient détentrices de 534,640.576 fr. 52. Depuis qu'elles existent c'est-à-dire depuis 1837 jusqu'à la fin de l'année 1872, les caisses d'épargne ont reçu 2,381,512,012.57 et remboursé 1,846,871,436.05. Ces deux chiffres font ressortir le solde qui vient d'être indiqué.

La caisse des retraites pour la vieillesse instituée par la loi de 1850 ne tire aucun profit de l'industrie privée. La perspective de l'importance des capitaux qu'elle pouvait attirer et l'indispensable sécurité de son fonctionnement ne permettaient pas de l'associer au sort des valeurs même les plus fixes. Telle qu'elle a été organisée, la fructification de ses capitaux ne s'opère que par l'impôt. Voici la marche administrative de ses opérations.

L'Etat, au fur et à mesure des recettes dans une année, les emploie à racheter sa dette inscrite 3 0/0, c'est-à-dire à rembourser partie de ses créanciers. Il éteint de cette façon son obligation de payer à perpétuité des arrérages. En d'autres termes, il fait une opération d'amortissement, laquelle emporte dégrèvement de l'impôt en supprimant le service des intérêts attachés aux titres rachetés. Ce dégrèvement n'est pas réalisé. L'Etat maintient nominalement, jusqu'à nouvel ordre, dans la dette inscrite 3 0/0, les valeurs rachetées et l'impôt continue, en vertu du maintien de la dépense au budget, à payer la rente de ces valeurs comme si leur identité n'avait point été détruite. Ainsi en 1872, alors que les versements totaux des déposants pendant l'année avaient à peine dépassé le chiffre net de 7 millions, en capitaux aliénés et réservés réunis, l'impôt soldait 4,196,580 fr. 50 de rentes 3 0/0 provenant des titres anciens et nouveaux rachetés. Ces intérêts posthumes sont consacrés par l'Etat à augmenter les facultés d'amortissement réservées. Ces facultés se mettent en jeu pour éteindre, chaque année, la dette 3 0/0 d'une fraction de rente perpétuelle en rapport de conversion avec les retraites viagères qu'il y a lieu de commencer à servir. A ce moment l'amortissement des titres 3 0/0 rachetés devient réel pour la partie correspondante aux retraites dues. L'impôt cesse de payer une somme déterminée au titre des rentes perpétuelles, ce qui constitue dégrèvement de l'impôt ; mais d'autre part, l'impôt supporte une nouvelle charge par le service des retraites viagères. Or, dans une même année aussi bien que pour la suite des années, la somme des rentes viagères dépasse considérablement la somme des arrérages 3 0/0 supprimés. L'impôt, intervenu déjà pour grossir l'amortissement, intervient encore alors pour combler la différence entre les rentes et les retraites. L'Etat inscrit au budget, les yeux fermés et sans pénétrer le secret des proportionnalités, la somme totale voulue. Tel est, percé à jour, le mystère de la prétendue productivité du capital dans le fonctionnement de la caisse des retraites pour la vieillesse. Le gouffre se creuse et, quelle que soit sa profondeur, l'Etat le remplit en prenant à la pelle dans les produits de l'impôt. C'est le contribuable qui fait l'intérêt composé.

En 1870, par ce système, les contribuables se sont vus dispensés de continuer à fournir 223,652 francs de rentes 3 0/0 éteintes par l'amortissement, mais obligés en revanche de payer 561,930 fr. de rentes viagères pour retraites ; en 1871 l'amortissement annulait 175,296 fr. de rentes 3 0/0 et le budget portait en supplément de dépenses 320,670 fr. en 1872 l'amortissement s'exerçait sur 252,592 fr. de rentes 3 0/0 et le budget se regrevait de 4,746,553.57 au titre des rentes viagères. En 1877, l'Etat paye pour huit millions et demi de retraites. Ce chiffre n'est qu'un avertissement. Lorsque la caisse des retraites, de fondation relativement récente, sera entrée, par la marche des âges, dans la plénitude de ses charges, le morceau de budget qu'elle détachera pour sa part aura de toutes autres proportions. Ce sera, avec la contribution à l'amortissement, le cadeau annuel de l'impôt à la caisse des retraites, cadeau aussi perpétuel que les rentes supprimées. Les contribuables auront certes acquis l'avantage de l'amortissement; mais cet avantage n'existe qu'à le considérer isolément. Il est balancé et formidablement surpassé par la charge des retraites établies en remplacement. Le jeu de l'amortissement dans la constitution de la caisse des retraites n'a d'ailleurs pas de lien naturel avec l'objet de la caisse. C'est un élément étranger introduit dans la composition par les techniciens pour lui donner du crédit et un air imposant. Le préjugé de la productivité de l'argent et la peur de la simplicité ont besoin de s'appuyer sur le parasitisme magistral.

Déshabillé, le système officiel des retraites se réduit à ceci : L'Etat reçoit des déposants comme 1 et leur rend, dans la même année, générations confondues, comme 7. La différence 6 est payée par l'impôt. Toutefois on inscrit volontairement 7 au budget des dépenses ; alors l'Etat consacre la différence 1 à l'amortissement de sa dette 3 0/0. Toutefois encore, le budget continue à payer provisoirement les arrérages correspondants à la dette amortie ; alors l'Etat ajoute ces arrérages prolongés aux moyens d'amortissement. Le budget devrait dire : Reçu des déposants 1, payé aux déposants 7 dont 6 pris sur l'impôt ; payé pour le service de l'amortissement 1, augmenté de la capitalisation réelle, pendant un certain temps, de ce 1 devenu, cependant, immédiatement fictif

L'amortissement mêlé à l'affaire met à côté d'un acte de libéralité un acte de sagesse, selon le système d'équilibre des vertus et des vices. Mais la sagesse est plus courte à tous les points de vue, car, autrefois, l'Etat consacrait à titre spécial des sommes importantes à l'amortissement, tandis qu'aujourd'hui, par la caisse des retraites, il en affecte moins. On a, de plus, la complication d'un intermédiaire, — ce qui ne peut flatter que les amateurs de bureaucratie.

Le principe d'après lequel les contribuables doivent payer, par l'impôt de l'année, les retraites des vétérans dans l'année, se trouve être au fond, comme on le voit, celui auquel l'État se résigne. Les versements des déposants, si on les considère comme provenant de tous les citoyens en âge de verser, ne représentent autre chose qu'une imposition spéciale. En y ajoutant la part d'impôt consacrée à la différence entre les ressources et les dépenses annuelles, on trouve que c'est l'impôt général d'une année qui, par telles provenances qu'on voudra, solde les retraites à servir aux vétérans dans la même année.

Mais, engagé dans une voie fausse, l'État fait produire à un principe exact des résultats subversifs. Sa caisse des retraites n'est pas obligatoire pour tous. Les adhésions sont volontaires. Seul l'impôt, à l'aide duquel se soldent les différences, pèse sur tous les citoyens. Il en résulte que, par la caisse des retraites, l'ensemble des contribuables fait des rentes à quelques-uns. Avoir eu l'idée et les moyens d'adhérer à la caisse des retraites, devient droit à privilége. Et, comme la masse des contribuables renferme les plus pauvres, ceux-ci offrent le singulier contraste de l'exercice de la libéralité envers les autres. L'institution des retraites ne peut remplir équitablement son objet que si elle s'étend à la nation tout entière. Alors l'impôt, charge commune, intervient aussi justement dans le fond que dans la forme.

Sur 36 millions de français, moins de 400,000 actuellement participent à la caisse des retraites et font des versements, dont 40 pour cent environ représentent des capitaux réservés, c'est-à-dire à rembourser intégralement. La caisse des retraites volontaire, pas plus que les caisses d'épargne, ne résoudra le problème du rachat de la misère. Elle aidera plus l'aisance que le dénûment, dont les embarras pourront même s'accroître. La plus forte clientèle de la caisse des retraites se compose d'un personnel déjà favorisé à certains égards, d'agents d'administrations publiques locales ou de grandes compagnies d'exploitation industrielle, de sociétés de secours mutuels subventionnées par l'État, c'est-à-dire par l'impôt, et réunissant des adhérents pris sur des échelons intermédiaires de la société civile, et, enfin, de personnes aisées ou fortunées qui, par cette participation, ajoutent une sécurité de plus à celles qu'elles tirent naturellement de leur situation. La statistique connue des caisses d'épargne signale les domestiques comme la catégorie sociale à laquelle correspondent les plus nombreux versements. On voit par là de quel côté l'épargne tend à prendre sa direction. D'autre part, on constate dans la population une proportion d'indigents considérable. Le maire du 18e arrondissement de Paris, par sa circulaire de 1874, contenant appel à la charité publique, annonçait, dans son arrondissement, un indigent sur quatorze habitants, indépendamment des personnes qui, accidentellement, pouvaient avoir besoin d'être secourues. La caisse des retraites volontaire ne paraît donc pas devoir être un instrument d'amélioration sociale, étant privée du caractère de l'universalité.

L'État, sans doute, comptait sur un plus grand concours. La loi du 12 juin 1861 avait établi : 1° que la retraite, basée sur la mortalité et l'intérêt, serait calculée sur le taux de capitalisation de 4 1/2 0/0; 2° qu'on ne pourrait dépasser la somme de 3,000 fr., comme versement annuel au compte d'une même personne; 3° que la retraite à servir ne pourrait excéder 1,000 fr. La loi du 4 mai 1864 est venue augmenter l'appât en autorisant un versement de 4,000 fr. par an et en portant la limite de la retraite à 1,500 fr. Celle du 20 décembre 1872 a porté le taux de capitalisation à 5 0/0, ce qu'aucune valeur cotée de quelque fixité ne saurait produire. Il se peut que la caisse gagne un supplément de clients par ces dispositions; mais ses nouvelles recrues lui viendront forcément de la partie la plus abritée de la population, puisque l'avantage procuré vise l'extension des versements. S'imagine-t-on ce que serait le service universel des retraites en France si la pension de 1,500 fr. était un terme économique possible, si elle était un idéal exact proposé par la sagesse à la prévoyance? A raison de 8 millions de vétérans, la somme totale nécessaire annuellement serait de 12 milliards, juste le revenu complet de la France !

L'État, combattant le socialisme par une façon de socialisme discret, a décidé d'adjoindre à la caisse des retraites une caisse d'assurances en cas d'accidents. Cette caisse, instituée, comme celle des assurances en cas de décès, par la loi du 11 juillet 1868, garantit des pensions viagères aux assurés qui se trouvent frappés, par accident, d'une incapacité absolue de travail ou d'une incapacité permanente du travail de la profession. Dans ce second cas, la pension est moitié moindre de la pension accordée dans le premier cas. En cas de mort, la veuve, les enfants mineurs ou, à leur défaut, le père ou la mère sexagénère de l'assuré, reçoivent un secours égal à deux années de la pension à laquelle l'assuré aurait eu droit. Le secours est doublé si l'assuré laisse à la fois une veuve et des enfants mineurs. Cette institution fort louable intéresse les professions comportant quelque danger. Elle n'entre pas assez dans l'idée générale de solidarité pour s'étendre aux cas d'incapacité de travail résultant de la maladie, malgré l'analogie des causes et l'identité des effets. Elle reçoit des assurances collectives en faveur des ouvriers d'une même entreprise et des compagnies de pompiers. L'entreprise qui assure son personnel a même le droit de substitution de personnes, en raison des mutations qui se produisent parmi les travailleurs embauchés. L'assurance se contracte pour un an et se renouvelle moyennant une prime annuelle de 8 fr., 5 fr. ou 3 fr. Le tableau ci-dessous donne le rapport entre les primes et les pensions.

PRIMES De versement.	PENSIONS ALLOUÉES Pour incapacité absolue de travail par suite d'accidents arrivés à l'âge de :											
	12 ans	15 ans	20 ans	25 ans	30 ans	35 ans	40 ans	45 ans	50 ans	55 ans	60 ans	65 ans et au-dessus
8 francs.	313	318	325	333	342	354	372	390	437	482	515	644
5 francs.	200	200	203	208	214	221	232	250	273	301	344	403
3 francs.	150	150	150	150	150	150	150	150	164	181	204	242

C'est la caisse des retraites pour la vieillesse qui fournit les pensions, moyennant le versement d'une prime unique indiquée par ses tarifs. Il a été prévu que cette prime serait prélevée, pour partie, sur les cotisations encaissées par la caisse des assurances en cas de décès et, pour le reste, sur les dons et legs échus à cette caisse, ainsi que sur le produit des subventions de l'État. Abstraction faite des dons et legs qui jusqu'ici, sauf 1000 fr., n'ont figuré que pour mémoire, c'est l'impôt qui doit intervenir, comme à l'égard des retraites de la vieillesse, pour combler les différences. Toutefois, dans l'espèce, l'impôt est appelé à jouer doublement par le canal de la caisse spéciale des accidents subventionnée et par le canal de la caisse de la vieillesse dotée de son côté. On aurait devant les yeux quelque chose de plus simple si l'impôt devait fonctionner par voie d'application directe et intégrale et quelque chose de plus satisfaisant si tous les genres de victimes devaient avoir accès.

Malgré les avantages incontestables de la caisse d'assurances en cas d'accidents, la cherté absolue de la prévoyance a maintenu son isolement Elle compte à peine un millier de participants. L'accident, plus rare qu'on ne l'avait supputé, ne l'a grevée jusqu'en 1872, d'après le dernier tableau, que d'une dépense totale de 19,000 fr. Or il s'est trouvé que cette somme équivalait précisément à l'ensemble des primes payées depuis l'origine. La caisse reste donc avec une subvention intégrale de 2,100,000 fr. provenant de l'État, plus les arrérages de cette somme placée en rentes 3 0/0 et plus encore le cadeau de 1000 fr. qu'elle a reçu de je ne sais qui.

On remarquera que l'étude contenue dans ce chapitre se rapporte à la fraternité. Nous ne sommes plus ici dans le domaine de la justice économique où, d'après la donnée stricte de l'égal-échange, chacun ne reçoit que selon ses œuvres. Nous avons gravi un degré de plus dans l'application de la justice. L'assurance répare le tort des circonstances. La retraite universelle satisfait le droit abstrait sans la justification d'un effort économique immédiat. Cette conception réflexe de la justice ne constitue plus à proprement parler la justice économique, mais une justice plus haute, plus sensible, qu'on peut appeler, dans l'acception philosophique du mot, la justice humaine. C'est la solidarité, non plus envisagée purement dans le mécanisme économique comme une partie mathématique de ce mécanisme, mais vue sous le jour de l'assistance émue que se doivent entre eux les membres d'une grande famille comme celle de l'humanité. La justice économique assure le rapport des forces. La justice humaine, plus profondément équitable, assure les droits de la faiblesse et du malheur. Elle rectifie les variations du sort dans la société, taxe le succès pour redresser l'infortune et charge l'âge actif de la quiétude de l'âge du repos. La justice humaine, regardée dans son principe, prend le nom de fraternité. A la fois produit de l'esprit et élan du cœur, la fraternité peut être reconnue comme l'admirable synthèse de toutes les justices.

Les œuvres de la fraternité complètent le tableau social dont j'ai montré la principale composition en traitant des éléments de l'ordre dans la sphère économique.

Nous avons vu que par l'association le travailleur devient apte à la fonction intégrale de producteur, qu'il s'émancipe du salariat, conquiert la propriété de son travail et obtient une situation autonome.

Nous avons vu que par la réciprocité du crédit, il réalise le crédit gratuit, il institue la commandite universelle des industries les unes par les autres, il s'affranchit de l'impôt capitaliste ou loyer de l'argent, il entre en possession de l'outillage, brise sa dépendance vis-à-vis des monopoles de situation de toutes sortes en les tarissant dans leur source, et rend ses produits rémunérateurs vis-à-vis de lui-même, tout en accroissant la richesse publique.

Nous avons constaté que, par son instruction professionnelle polytechnique, par la fondation de la statistique industrielle permanente, par la dépression des inégalités sociales, source des caprices subversifs de la consommation, il échappe au mal organique du chômage et réduit les crises économiques aux embarras passagers résultant du progrès même, dont les révolutions sont finalement des bienfaits.

Nous avons constaté que, par l'impôt progressif sur le revenu de consommation, sorte d'assurance entre tous les membres de la nation, les erreurs de la fortune galopante peuvent être rectifiées, les charges communes réparties inversement aux charges de famille et proportionnellement aux parts de jouissance, les compensations sociales et l'égalité sensible des conditions obtenues, les revenus publics protégés contre la consommation immodérée de quelques-uns, l'équilibre et l'harmonie économiques réalisés dans la société.

L'assurance spéciale, sous ses diverses formes, combat le risque inévitable, garantit le droit de l'impuissance involontaire et ajoute à la sécurité universelle. Appliquée à la monnaie fiduciaire, elle répond, devant la société économique, de l'infaillibilité de cet incomparable instrument d'échange. Agissant contre les conséquences des fléaux et du malheur, elle conjure les ruines individuelles. Employée, par l'impôt, aux règlements de compte entre la validité et la lésion, entre la virilité et la vieillesse, elle achève la grande œuvre de la solidarité sociale. Par sa vertu fraternelle, elle réjouit et impulse les cœurs en les unissant, elle fait aimer les hommes et la vie en y introduisant la sécurité par l'appui mutuel, enfin elle donne confiance à la société, moralisée doublement par l'exclusion de la misère et du luxe.

Les grandes lignes du progrès social se résument dans ces considérations. L'idéal à poursuivre est celui-là dans son entier.

Il équivaut à la précipitation torrentielle de la justice dans tout l'organisme de la vie collective.

LES DÉBATS DU CONGRÈS

Les angoisses de l'ouvrier vétéran. — Le luxe agent apparent de prospérité et agent réel d'appauvrissement. — Possibilité des retraites par l'impôt.

Le citoyen Harry, délégué des cordonniers de Paris, est entré par l'observation féconde et précise, dans la description de l'état lamentable de l'ouvrier vétéran. Au milieu des plaintes dont le congrès a retenti, il convient de détacher la sienne.

« Généralement l'ouvrier, dit-il, devenu vieux et ne pouvant plus apporter dans son travail la même somme de production que dans sa jeunesse, se voit impitoyablement fermer la porte des ateliers. Quelquefois, cependant, nous ne dirons pas par générosité, mais plutôt honteux de leur conduite, quelques-uns de ceux qui l'emploient n'osent pas le renvoyer de prime abord; ils y mettent des formes: ils lui offrent un salaire dérisoire, en rapport, disent-ils, avec son travail, espérant par là que froissé, ou que ce maigre gain ne lui suffisant pas pour subvenir à ses besoins, il quittera de lui-même l'atelier.

« Cela réussit quelquefois ; mais il arrive aussi que, sans ressources, sans famille, ou celle-ci dans un état trop précaire elle-même pour lui offrir les secours qui lui sont nécessaires, le pauvre vieillard trouvant là un maigre morceau de pain pour ses vieux jours, accepte les conditions du patron, et reste à son travail, mais dans ce cas-là, ne vous y trompez pas, citoyens, l'égoïsme reprend rapidement le dessus, et l'ouvrier se voit bientôt congédier...

« Le voilà donc seul sans ressources, sans appui d'aucune sorte, arrivé à l'âge où le besoin d'affection se fait le plus vivement sentir. Que deviendra-t-il? Ira-t-il frapper à la porte de l'administration pour obtenir quelques secours ou entrer dans une maison de vieillards.

« S'il n'a pas de connaissances influentes, cela lui sera bien difficile; le plus souvent on lui répondra, comme nous en avons eu des exemples sous les yeux: « Eh bien! que voulez-vous que j'y fasse, faites-vous arrêter... »

« Admettons que sa supplique soit favorablement accueillie; on commencera par prendre des renseignements sur sa moralité, j'entends la moralité au point de vue religieux. On s'informera s'il est bien pensant, s'il remplit régulièrement ses devoirs de chrétien; (car vous ne l'ignorez pas, citoyens, on prend tous ces renseignements-là à l'assistance publique), il arrive que le vieillard, ennuyé, rebuté, et voyant en définitive une ressource pour ses vieux jours, quoique non convaincu, affecte des dehors religieux pour ne pas être repoussé, et, on l'encourage ainsi dans un des vices les plus honteux, l'hypocrisie.

« Mais, si le vieillard, rebelle à toute croyance, ne veut pas se laisser catéchiser, et prétend conserver sa liberté de conscience, alors, soyez-en sûrs, citoyens, les secours ne lui seront pas longtemps conférés.

« Admettons maintenant que, par protection, il puisse entrer dans ce que nous appelons une maison de vieillards. Voilà donc forcément l'homme séparé de la compagne que, pendant si longtemps, il s'est habitué à chérir; le voilà séparé de sa famille, à laquelle cependant il pourrait être si utile par ses conseils, son expérience, pour guider dans la vie les premiers pas de l'adolescence. »

Relativement à l'organisation d'une institution de retraite, le citoyen Harry s'inspire de l'idée de division régionale, idée fort juste en tant qu'elle s'applique seulement à l'action administrative et non à la limite des ressources. Voici ses paroles :

« Nous proposons, dans chaque commune, la création d'une caisse de retraite avec fédération au canton, où se trouvera la direction ; en un mot, appliquer à la création des caisses de retraite le principe qu'en politique nous appelons l'autonomie communale. »

Le citoyen Malinvaud, délégué d'un groupe de travailleurs de Limoges, a pris à partie, au sujet des retraites, l'esprit d'acquiescement aux maux sociaux, considérés comme choses nécessaires, normales, souffrant simplement quelques remèdes.

« C'est ainsi, par exemple, dit-il, qu'au lieu de demander si le paupérisme ne doit pas un jour disparaître entièrement, on organise, sous toutes les formes, pour l'adoucir et le faire supporter, des institutions de charité, mais qui jamais ne diminueront d'une seule unité l'immense armée des malheureux. La charité, perfectionnée chaque jour davantage, ne fait qu'affirmer de plus en plus la misère et condamner pour toujours et sans aucun espoir la société à cette lèpre. »

Le même orateur a signalé le luxe comme un des principaux fauteurs de la misère qui sévit en bas dans la société. Son argumentation à cet égard mérite d'être rapportée en ce sens qu'elle ne procède pas de pures données sentimentales, mais de l'analyse et d'un esprit d'observation qui sait franchir les apparences. Il a formulé son opinion ainsi :

« Presque tous les moralistes et prédicateurs ont, dans tous les temps, tonné contre le luxe et jusqu'aux dramaturges, témoin la « Famille Benoîton », mais souvent sans bien comprendre eux-mêmes la portée de leurs accusations.

« Quant à Montesquieu, dont l'autorité scientifique a toujours été reconnue, voici ses expressions :

« Le luxe est toujours en proportion avec l'inégalité
« des fortunes. Si, dans un État, les fortunes sont
« également partagées, il n'y aura point de luxe, car
« il n'est fondé que sur les commodités qu'on se donne
« par le travail des autres. » (Liv. VII, chap. 1er.)

« Plus loin, il cite une ordonnance d'un empereur de la Chine dans laquelle on lit : « Nos anciens tenaient pour maxime que, s'il y avait un homme qui ne labourât pas, une femme qui ne s'occupât point à filer, quelqu'un souffrait du froid et de la faim dans l'empire (livre VII, chap. VI). »

« Ce qui revient à dire que tout citoyen consommant sans produire et surtout consommant en fantaisiste des objets de luxe vit aux dépens de la société.

« Le philosophe Kiaventi encore cité par Montesquieu dit « Tant d'hommes étant occupés à faire des « habits pour un seul, le moyen qu'il n'y ait pas de gens qui manquent d'habits ? »

« Le luxe étant développé à l'excès, le moyen que tant de bras occupés à fabriquer des niaiseries pour des jouissances de pure vanité, la terre ne soit elle-même en chômage, que les objets de première nécessité ne manquent et que le travailleur ne souffre ? On a dit souvent que le luxe fait aller le commerce, je réponds qu'il ne fait pas le bonheur du pauvre. »

Le citoyen Hardy, délégué de la chambre syndicale des ouvriers en bronze de Paris, en dehors de la question spéciale du système des retraites, a exprimé l'opinion que la disparition de l'organisation guerrière, au milieu de la civilisation européenne, doit laisser disponibles les ressources nécessaires à un service universel des retraites.

« Je disais citoyens, ainsi parle l'orateur, que nous ne devions rien demander à l'Etat. Cependant, il est une chose que nous en attendons, la suppression du budget de l'armée.

« Il ne nous importe pas absolument que la France soit devenue plus petite et l'Allemagne plus grande.

« C'est de l'économie produite par cette suppression que sortiront les secours pour notre vieillesse. La suppression du budget de l'armée sera la consécration définitive de la fraternité des peuples. Le soldat fera place aux travailleurs ; le peuple sera tout entier consacré à la production, et des milliers de bras, aujourd'hui inutilisés, multiplieront les objets d'échange et de consommation. Ce sera l'armée pacifique qui n'aura point un budget des dépenses, mais bien un budget des recettes. »

Le citoyen Merle de la commission centrale de Lyon, proclamant franchement le principe de la retraite par l'impôt, s'est élevé par les paroles qui suivent contre le reproche d'un accroissement des contributions pour cet objet.

« Le point important, a-t-il dit, est celui du prélèvement obligatoire sur la contribution personnelle, le revenu ou la production de chacun : on dira que ce serait charger d'un nouvel impôt le tableau si complet déjà des taxes établies ; oui, en effet, il s'agirait d'un nouvel impôt; mais celui-ci supprimerait du même coup le budget incommensurable de l'Assistance publique, lequel se perçoit, de façon directe et indirecte, et par les donations ministérielles, départementales, particulières, et par le droit des pauvres, et par l'obole, sans cesse sollicitée, de la charité publique! »

CONCLUSIONS DU CONGRÈS

On va lire ci-dessous le rapport présenté par la 7e commission et adopté par le congrès. Il n'est que juste de reconnaître que les semblants d'idées qu'il renferme n'offrent qu'un sens négatif médiocre, et qu'en résumé, la résolution exprimée est de reporter sur d'autres le soin de dénouer la question.

Ce rapport, lu par le citoyen Harry, est ainsi conçu :

« Voici les conclusions adoptées par la 7e commission, chargée de statuer sur les rapports traitant les caisses de chômage et de retraite.

« Article 1er. — La commission se prononce contre l'ingérence de l'Etat.

« Art. 2. — Elle repousse également l'imposition forcée, faite au travailleur sur son salaire, dans la fondation des dites sociétés ; elle ne reconnaît que les contrats passés librement entre les deux parties.

« Art. 3. — Elle confère aux chambres syndicales et groupes constitués le soin d'organiser ces diverses institutions.

« Art. 4. — Aussitôt que faire se pourra, ces institutions se relieront entre elles au moyen de délégations cantonales ou départementales.

« Art. 5. — La commission reconnaît la nécessité de faire participer tout les membres de la famille aux bienfaits de ces institutions. »

L'ASSOCIATION AGRICOLE

ET L'UTILITÉ DES RAPPORTS ENTRE LES TRAVAILLEURS AGRICOLES

ET LES TRAVAILLEURS INDUSTRIELS

Le paysan propriétaire. — Etat misérable mais endurable de l'ouvrier agricole. — Raison d'attraction des villes. — La loi des salaires dans les villes. — L'association agricole estimée proche. — La loi des salaires dans les campagnes. — Solidarité internationale. — Les ouvriers agricoles industrialisés en partie. — Remaniement du territoire administratif. — Comment l'opinion peut être convertie aux réformes.

On comprend que cette question soit entrée dans le programme du Congrès. Les ouvriers des villes sentent que leurs revendications sont affaiblies par l'inertie des travailleurs des campagnes. L'idéal de l'association, relativement près de sa réalisation dans les villes, n'est pour ainsi dire pas connu de la classe agricole. Les instincts du paysan le rendent volontiers hostile aux innovations de toutes natures; il répugne particulièrement à celles qui tendraient à inquiéter son égoïsme économique.

Il existe quinze millions d'agriculteurs de toutes les conditions. Moins de huit cent mille possèdent la grosse propriété. Plus de quatorze millions sont gens modestes, laborieux, sentant durement la peine. Un commencement de communauté de vues entre cette masse peuplant le sol et les agglomérations ouvrières, conférerait au parti ouvrier, remuant et militant, une force politique formidable. Le parlement, produit du nombre, seule raison possible aujourd'hui de la légalité sociale, se ressentirait profondément de cette influence. Le but de l'agitation ouvrière pourrait être touché.

On n'entrevoit pas la manifestation à court terme d'un pareil accord.

Sept millions de paysans, plus ou moins propriétaires, cultivent en totalité ou en partie pour leur compte. En général pauvres, mais affranchis du dénuement, habitués à la frugalité et soustraits à la cherté du luxe des villes, ils acceptent leur position. L'humilité et l'ignorance ne laissent pas arriver l'ambition jusqu'à eux. D'autre part, ils jouissent de l'indépendance économique. Le paysan, par la vente des biens des émigrés, sous la première Révolution, par l'abolition du droit d'ainesse, par le transport des gros capitaux dans les spéculations tentantes de l'industrie, par la désertion des fortunes nobiliaires agricoles, concurrencées par la petite propriété, le paysan, par cette série de causes, est en possession de son outillage, la terre. Cette faveur insigne le place hors le salariat. Il s'exploite lui-même. Il ne paie pas à autrui de bénéfice vaillant. Il n'est pas atteint par le fléau du chômage, puisque la terre, son instrument de travail, ne lui fait jamais défaut. Outillage limité et toujours actuel, indépendamment de tout progrès, la terre ne trahit pas son maître par les vicissitudes industrielles. Le paysan propriétaire n'a donc point de tentations révolutionnaires. Ses visées de progrès appartiennent à l'ordre politique et se rattachent au relèvement de sa dignité comme citoyen ; elles n'entament pas le domaine de l'ordre social.

Le paysan fit jadis la Jacquerie ; mais sa violence révolutionnaire ne fut que l'application de la loi du talion, sans mélange d'une ambition sociale dont les suites seraient encore menaçantes. Les seigneurs féodaux avaient pris coutume, vis-à-vis des paysans, de leur enlever leurs bestiaux, d'abuser de leurs femmes et de leurs filles devant eux en les condamnant à l'attitude du spectateur débonnaire et de leur extorquer leur argent par le procédé convaincant de l'application des fers rouges. Les paysans, auxquels les seigneurs attribuaient le nom naïf de Jacques Bonhomme, se levèrent armés de bâtons ferrés et de couteaux. Les Jacques, dit un historien de ces temps, à leur tour violèrent nobles dames et pucelles, brûlèrent châteaux, tuèrent et pillèrent. Au bout de six semaines de lutte, l'armée des seigneurs les vainquit dans Meaux. Sept mille furent passés par les armes, et, pour imprimer le sceau de la justice à la répression, la ville de Meaux, involontairement coupable d'avoir reçu les Jacques dans ses murs, fut entièrement brûlée ainsi que ses habitants.

Déduction faite des sept millions de paysans plus ou moins propriétaires, restent huit millions d'agriculteurs comprenant deux millions de fermiers jaloux de devenir eux-mêmes de solides propriétaires et six millions de journaliers.

Rien n'est plus misérable que le sort du journalier.

Couchant dans les granges et les étables et fort souvent sur le sol, nourris parcimonieusement et grossièrement, chargés des travaux les plus exténuants par leur durée ininterrompue, mal vêtus, sans linge suffisant, voués à l'étroite compassion publique dans leur vieillesse quand ils l'atteignent, les ouvriers de l'agriculture n'ont pas moins de raison de voir leur destinée s'améliorer que les salariés de l'industrie dans les villes.

Cependant leur état, sous un certain rapport, n'est pas aussi lamentable. Leur paye ne représente que peu; mais la vie, dégrevée des octrois qui sont la rançon du luxe urbain, n'est pas dispendieuse dans leur milieu. Le journalier trouve dans les épaves de la vie rurale un tempérament à ses besoins. A la ville rien n'est gratuit, tout s'y échange contre de l'argent. A la campagne, où l'on est en contact avec les productions de la terre, où le transport n'en a pas surchargé la valeur, le journalier peut bénéficier de quelques consommations gratuites. Enfin, partie de la famille villageoise, connu fraternellement de ceux au milieu desquels s'écoule son existence, sauvé des grandes agglomérations et des grandes centralisations où tout se meut dans l'anonyme et dans l'indifférence, l'ouvrier agricole, le journalier, n'est pas absolument abandonné. Sa détresse, à toute extrémité, n'implore pas en vain. La mort par la faim est un produit de la civilisation des villes.

D'autre part, la comparaison des situations n'exaspère pas le journalier agricole comme le salarié de la ville. La misère est une sensation, ce n'est pas un absolu. On se sent d'autant plus malheureux qu'autour de soi on a le spectacle des jouissances multipliées. On se sent d'autant moins à plaindre au contraire qu'il y a plus de concordance d'exiguité entre toutes les situations. Or, le journalier ne cotoie que des sobriétés. De plus, il lui est permis d'éprouver les sentiments consolants de la vie, par la participation à la familiarité des relations générales, produit salutaire de la simplicité des mœurs.

Parce que le sort du salarié de la glèbe est endurable par certains côtés, l'armée ouvrière des campagnes n'est pas prête à se mouvoir pour la conquête du progrès matériel, comme celle des villes. L'ouvrier agricole, plus isolé, d'ailleurs, ne prend pas aussi facilement conscience du droit. Ignorance en contact avec d'autres ignorances, l'apathie le gouverne. L'échange de la pensée, entre journaliers agricoles, ne se fait que lentement, et les vérités philosophiques ne les atteignent guère. N'étant pas sous le fouet des propagandistes, ils continuent à marcher d'un pas mécanique sensiblement conforme à lui-même.

L'attraction exercée par les villes sur les campagnes manifeste cependant une aspiration des ouvriers de l'agriculture vers un mieux social. Les plus hardis émigrent pour les cités, attirés par le succès de quelques devanciers, par l'élévation nominale des salaires, par le besoin de participer à une vie plus intense et plus éclairée, par le désir de s'affranchir d'une infériorité morale qui, par exemple, dans leur milieu d'origine, permet au maître de les tutoyer comme gens de servitude.

La ville a certainement ses chances; mais elles peuvent être plus dures que celles du pays rural.

Les villes sont des centres de richesses en ce sens que c'est là que la fortune vient se consommer. Les campagnes n'offrent pas assez de ressources de jouissances pour les gens à forts revenus. Elles sont désertées par les facultés d'opulence. Il s'ensuit que, dans les villes, on trouve plus de disposition à payer cher, parce qu'il y a plus de moyens. Mais cette cherté ne va guère qu'aux choses de luxe ou de nécessité par rareté. Le riche acquittera, moyennant un prix élevé, des objets voulus par sa fantaisie et relativement rares parce que le talent ou des mains d'élite pourront seuls les exécuter. Il payera cher aussi les services de l'homme musculeux, comme l'auvergnat, pourvu du capital de la force et de la santé, et qui remplira des tâches rebutantes pour lesquelles il n'existe pas une concurrence suffisante. Mais ses désirs ardents passant par-dessus la cherté ne s'adressent pas aux choses ordinaires, aux productions générales d'un ordre pour ainsi dire inférieur, à l'égard desquelles il y a grande concurrence de producteurs parce qu'elles n'exigent pas de capacité exceptionnelle.

L'avantage des salaires élevés n'appartient donc, au sein des villes, qu'aux privilégiés du talent, de l'habileté ou de la situation. Le reste ne jouit d'un salaire élevé par comparaison avec celui des campagnes que nominalement. Diminué des charges que la cherté des subsistances, du logement et du vêtement impose, il rejoint le bas étiage du salaire rural. Il est suspendu, en outre, par des chômages terribles qui donnent le dernier stigmate au hideux paupérisme. Les ouvriers de talent, eux-mêmes, ne sont pas exempts, dans les villes, de crises affreuses dues à la concurrence qui ré-résulte de leur nombre démesurément agrandi. Non-seulement il faut être habile dans le métier, mais encore il faut savoir choisir son métier et avoir, sous ce rapport, la main heureuse quant au présent et à l'avenir. Lorsque la concurrence des producteurs capables se déclare, la misère sévit en se doublant d'injustice, car entre les différents degrés de capacité et de valeur, public et maîtres jugent grossièrement; l'intrigue ou la chance font tout le mérite et décident de ceux qui, dans l'occurrence économique, seront choisis ou sacrifiés. La loi de l'offre et de la demande joue ici son rôle impitoyable. L'importance des offres réduit les dispositions de la demande. Plus il y a concurrence d'ouvriers, moins le salaire garde sa fermeté. Le rapport entre le taux du salaire et le nombre des ouvriers s'établit par inversion, à tel point que le salaire peut devenir, comme il devient effectivement dans certains cas, une dérision. Abstraction faite des conséquences aggravantes du privilège capitaliste, le salaire, en effet, n'a sa valeur économique vraie que dans un juste équilibre entre les besoins de la consommation et l'état numérique des capacités productrices. Or, l'alluvion rurale que reçoivent les villes est nécessairement, par sa progressivité, une menace constante d'abaissement de la moyenne des salaires. Doublement traversé comme producteur, par la concurrence du nombre qui élimine, et par la dépendance capitaliste, qui évalue, l'ouvrier, ainsi faussement engagé, ne sortira pas de l'impuissance comme consommateur. Or, l'impuissance dans la consommation n'est autre chose que la misère, dont le dernier terme est l'extinction personnelle par inanition.

Le mouvement des campagnes vers les villes s'accentue en proportion directe du développement du luxe et de l'amour des jouissances dans la nation. La fortune débarque à la ville comme en un lieu favori de dépense. Les aventureux de la plèbe rurale la suivent pour en tirer des épaves. L'ancien ouvrier des champs, peu éloigné à l'origine des traditions du servage, façonné à l'obéissance ponctuelle par un congé militaire, se fait volontiers à la ville domestique de maison. Cette catégorie d'émigrants ne paraît pas la moins favorisée. Nourrie et entretenue par le maître, exempte de chômage, l'épargne lui devient possible. Les artistes progrossent en nombre auprès de la fortune dans une proportion correspondante à l'accroissement de la population domestique. La chenille vit du choux, telle est l'explication la plus simple, si ce n'est la plus flatteuse, de ce double phénomène. L'invasion des villes s'arrêtera avec l'engouement pour les satisfactions du luxe, avec la tendance à s'affranchir des travaux physiques, garantie de la santé, avec l'adoption d'une décentralisation politique et industrielle qui fera des régions rurales des centres de vie réelle.

Le principe d'association, en lui-même, ne rencontrera pas un terrain plus ingrat dans les campagnes que dans les villes. En théorie, il effraye le paysan. Dans la pratique, il le convertira facilement.

Le paysan tient invinciblement à la propriété, comme l'esclave tient au principe qui a brisé ses fers. La propriété collective en le subordonnant à nouveau, en n'intéressant plus l'ardeur de ses efforts, détruirait l'œuvre accomplie de son émancipation. Quand les phalanstériens lui proposent l'exemple de la grande Russie, où les terres d'un même village sont mises en commun et passent successivement dans toutes les mains travailleuses par ordre de roulement, il n'éprouve que haine et répulsion violente pour de pareilles doctrines. Mais l'association libre avec garantie de propriété personnelle, telle que nous l'avons exposée dans l'une des études précédentes, ne contrarierait aucun des sentiments du paysan. Elle s'imposera même forcément à lui dans un avenir très-restreint, comme un moyen de puissance, de soulagement dans le travail et d'accroissement de résultats. Le morcellement de la propriété territoriale, si heureux au point de vue social, a l'inconvénient d'user le temps et d'employer les bras dans des proportions exagérées. Un meilleur lotissement de la propriété, rapprochant les titulaires par cercles locaux, et l'emploi de machines appartenant en commun à ces propriétaires réunis, procureraient meilleur travail, économie d'efforts et de temps. La charrue, aujourd'hui contrainte à tourner court sur la limite d'un champ pour ne pas toucher le voisin, irait libre sur une vaste étendue dont elle féconderait tous les points. Les chemins d'accès, actuellement tracés arbitrairement et avec parcimonie, n'opposeraient plus de difficultés de culture et de récolte ; le réseau des voies de desserte scientifiquement établi en vue d'une grande surface solidaire, accroîtrait la puissance de production. L'emploi de machines, possible pour un vaste domaine, dispendieux pour un petit, opérerait des merveilles. L'agriculture deviendrait un art véritable ; l'artisan des champs, moins forcé dans ses facultés manuelles, se relèverait au moral. L'association serait l'affranchissement total du paysan. Après avoir conquis en masse le premier la propriété, il lui est réservé sans doute de profiter également en masse le premier des bienfaits de l'association.

Il est curieux de constater que l'article 475 du Code pénal § 10 est ainsi conçu :

« Seront punis d'amende, depuis six francs jusqu'à dix francs inclusivement, ceux qui auront fait ou laissé passer des bestiaux, animaux de trait, de charge ou de monture, sur le terrain d'autrui, ensemencé ou chargé d'une récolte, en quelque saison que ce soit, ou dans un bois taillis appartenant à autrui. (Récidive : de un à cinq jours de prison. »

On voit quel peut être le résultat d'une semblable législation sous le régime du morcellement de la propriété. Les propriétaires, par la gêne réciproque qu'ils se causent, portent dommage aux facultés productives de la terre. La propriété seigneuriale abolie, ses avantages doivent être reconstitués par l'association.

Revenons aux journaliers, six millions d'hommes au moins qui, n'étant pas propriétaires, n'ont pas la possibilité de s'associer au premier jour. Le journalier est dans la condition de l'ouvrier des villes sans épargne. L'agriculture manque de bras, dit-on. Cela ferait supposer que les ouvriers des champs peuvent être retenus aujourd'hui par l'élévation de leur salaire. La paye des moissonneurs a quelque peu augmenté sans doute; mais c'est une aubaine d'une courte durée. La moyenne des journées se chiffre très-faiblement et la vie pendant l'année s'alimente d'insuffisance. Si la coalition leur était possible comme dans les villes, ils pourraient peut-être faire rehausser leur salaire; encore ne serait-ce là qu'un avantage illusoire, compensé par le renchérissement équivalent des subsistances. En France, le capital agricole n'a pas une marge de profits suffisante pour en consentir une part au travail sous la forme de bonification du salaire. La grève des journaliers, dans la nation, pourrait même avoir cet effet d'y rendre l'agriculture ingrate par la nullité des avantages de son exploitation.

Un courant pourrait dès lors se déclarer en faveur des céréales de provenances étrangères. L'agriculture française serait obligée de transformer ses forces pour l'action industrielle et manufacturière. Au fond et une fois les choses assises, la France jouirait par là d'une situation privilégiée. D'autres peuples, lui fourniraient la subsistance grâce à l'exiguité de leur part dans leurs propres récoltes, autrement dit, grâce à l'extrême infériorité de leurs salaires. Sa production industrielle, accrue dans une mesure supérieure aux valeurs importées, la constituerait en excédant de richesse. Elle aurait tiré une partie de sa fortune propre de l'indigence d'autrui. Mais on comprend que la crise de transition serait une éventualité redoutable. De plus, cette crise aurait son contre-effet dans l'avenir. Nous en jugerons ainsi si nous réfléchissons que les céréales étrangères, chargées de frais de transport, ne peuvent concurrencer les nôtres qu'autant que les pays qui les produisent n'accordent aux travailleurs agricoles qu'un salaire au-dessous de toute conception conforme à notre état social. Or, le jour, qui serait hélas! éloigné, où les pays producteurs restitueraient un taux convenable de salaire au travail, les prix des produits augmenteraient de façon qu'il deviendrait avantageux, en France, de redonner aux forces leur direction vers l'agriculture. D'où, nouvelle crise de transformation.

Il y a une solidarité internationale, comme il y a des solidarités restreintes. Au fur et à mesure que le progrès s'étendra, les transformations des activités locales se produiront comme des nécessités inévitables. Ces nécessités seront dures pour ceux qui n'auront pas su les prévoir, et faciles à supporter pour ceux qui se seront précautionnés par la pluralité des facultés industrielles et la convertibilité de l'outillage.

Sans moyen d'improviser la propriété, le journalier passera par les mêmes phases que l'ouvrier des villes pour s'émanciper. Tant que l'association n'aura pas pris pied chez le paysan propriétaire, il lui sera difficile de se préparer. La richesse agricole se développant par l'emploi des machines et l'association, le journalier pourra prétendre à un salaire meilleur. Son labeur, plus industrieux, perdra de son caractère exténuant et grossier. Les p[illegible]ceptions de l'intelligence pourront lui venir; le sentiment du droit se glissera dans sa conscience; son esprit se détendra, et, dans cette condition générale, il pourra songer à se refaire un état social. La cherté décroissante du crédit l'aidera dans cette tâche suprême, parce qu'elle aura pour conséquence de faire baisser le taux de location des terres et de pousser, par conséquent, la propriété bourgeoise à se défaire plus encore du sol cultivable. Les journaliers organisés en association, appuyés sur quelque épargne, pourront alors concourir pour l'achat des terres disponibles et devenir ainsi, à leur tour, par la possession de l'outillage, des individualités émancipées.

L'abandon de la propriété territoriale par les capitaux bourgeois est un fait déjà nettement accentué. Outre l'effet de la dépression générale du coût du crédit, les terres subissent, dans leurs prix de location, le désavantage de leur nature. La terre est un instrument de travail qui ne se modifie pas, sur lequel l'action novatrice a le moins de prise, et qui donne des résultats successifs apparaissant dans des limites sensiblement égales. Elle ne peut offrir au capital les perspectives dont l'industrie flatte sa convoitise. Loué sous cette forme, le capital ne peut réclamer qu'un intérêt moyen modeste. Aussi peut-on dire que chaque jour le propriétaire terrien diminue de nombre pour devenir capitaliste industriel. Les terres, sauf certaines exceptions résultant de la valeur spéciale du fond, commencent à ne plus rapporter aux bailleurs. Elle ne valent, comme propriété, qu'entre les mains de ceux qui les cultivent. C'est un commencement de justice, l'outil devant appartenir au travailleur.

Il se peut que les 15 millions de personnes composant la population agricole en France fournissent à l'agriculture un contingent trop fort, surtout lorsque l'introduction et le progrès des machines auront simplifié les procédés de culture et de récolte. Certaines industries rapprochées de l'agriculture devront s'installer alors au sein des campagnes. Provoquant les facultés intellectuelles, elles y développeront la valeur morale des individus en même temps que l'aisance. Les journaliers, à la piste de moyens de relèvement, devront être les premiers à tenter le sort de ce côté.

Un préjugé, difficile à déraciner, fera retentir, dans cette circonstance, un cri d'alarme, à cause d'une concurrence entrevue entre les campagnes, devenues industrieuses, et les villes, centres constitués d'industries. En réalité, la richesse générale s'accroîtra et le quotient de répartition des produits sera plus élevé. Si la concurrence était le mal, toute activité devrait s'éteindre, car on n'aurait pas de raison pour tolérer une forme d'activité ici plutôt que là, pour maintenir le droit chez celui-ci et l'abroger chez un autre. Le faux se démontre par l'absurde. La seule précaution sera de veiller, par la statistique, à mettre les diverses natures de production en équilibre avec les facultés de consommation correspondantes.

Quand cette époque sera venue, il y aura fort probablement refoulement des villes vers les campagnes parce qu'il y aura décentralisation de la richesse.

Cet avenir aurait besoin d'être précipité. Il serait rapproché de nous si l'on remaniait le territoire administratif, c'est-à-dire si l'on abolissait l'identité des petites communes, insuffisantes à produire une vie publique, pour les remplacer par des communes plus grandes et plus fortes, composées des groupes des petites, ayant le stimulant de la quantité des relations de personnes et d'intérêts, et possédant le ressort du progrès, par l'influence des activités parlementaires et enseignantes locales. La torpeur rurale ne sera secouée qu'à ce prix. C'est un droit pour les campagnes d'ailleurs d'être ramenées à cette organisation calquée sur les conditions de la civilisation et nécessaire au développement des individus. Il importe peu de savoir si les campagnes elles-mêmes, dans l'épaisseur de leur obscurité, sentent et reconnaissent ce besoin. Par cela même que l'étude des lois naturelles de la civilisation l'indique, il faut y pourvoir. Le prolétariat des villes, qui veut des rapports avec le prolétariat des campagnes, est intéressé à l'accomplissement de cette grande œuvre de reformation des communes sous l'empire d'une pensée supérieure de justice distributive. Il lui appartient donc, en vertu de son activité acquise, de travailler au triomphe de cette cause. Moins frappante dans sa formule que certaines autres, elle s'impose avec plus d'urgence parce qu'elle représente un succès préalable nécessaire, sans lequel tous les autres, qui visent les sensations vitales, resteront forcément ajournées. Il s'agit, dans le cas particulier, d'une réforme politique qu'il appartient au pouvoir législatif de nous donner. Or, il est de la nature de ces pouvoirs, composés d'hommes en relief dans les rangs sociaux, de n'accorder de réforme que sous la pression de l'opinion. C'est donc à l'opinion que le prolétariat doit s'adresser. C'est ce levier dont sa propagande incessante doit vaincre l'inertie. Si, comme client, il a des représentants dans les assemblées souveraines, il ne doit pas négliger de leur imposer le devoir d'une propagande parallèle, à la tribune, et même d'une propagande plus ardente et plus insistante, car la parole de l'élu, affranchie par l'immunité parlementaire, n'a pas besoin du courage indispensable à celle de l'électeur.

Faire du bruit, pénétrer dans les esprits et dans les consciences par l'éclat retentissant de la vérité, sonner sans cesse le rappel de la justice, en un mot subjuguer l'opinion par les luttes grandioses de la raison, tel est le plan qui s'impose aujourd'hui à qui veut le triomphe. La gloire, si longtemps maîtresse des esprits, ne fut que du bruit, un bruit vain aboutissant à l'autorité du prestige. Il s'agit aujourd'hui, pour aboutir à l'autorité de la raison, de faire autant de bruit pour le juste et le vrai, qu'on en fit jadis dans le faux et l'inique.

LES DÉBATS DU CONGRÈS

Quelques observations. — Trait contre les politiques élus. — Chant lyrique

La matière n'a pas tenté beaucoup d'orateurs et les discours se sont déroulés dans les généralités habituelles, le plus souvent.

Le citoyen Corsin, délégué des portefeuillistes de Paris, a fait l'observation suivante, touchant l'état de conscience sociale des servants de l'agriculture :

« Là où la propriété est centralisée, a-t-il dit, l'ouvrier agriculteur forme comme une petite colonie à part, travaillant pour manger, obéissant passivement, acceptant tout, ne comprenant pas ce que veut dire des droits. C'est, en quelque sorte, une réunion d'hommes-machines.

« Là, au contraire, où la propriété est plus divisée, les ouvriers se trouvent en rapport constant avec les petits propriétaires, et il s'établit presque toujours entre le patron et l'ouvrier une entente familière, cordiale ; mais aucune idée d'émancipation et d'association n'occupe leurs esprits ; ils savent bien dire que ça ne devrait pas être de travailler toute sa vie, se privant souvent des choses les plus essentielles, et leur réponse décourageante est celle-ci : Les riches seront toujours les riches et nous, nous serons toujours malheureux. »

Sur la question des moyens de relèvement, le même orateur, escaladant les horizons, s'exprime ainsi :

« Pour arriver à une bonne solution, il faut le syndicat au village comme à la ville qui aura pour premier résultat de grouper tous les ouvriers d'une même commune et de les mettre à même de résister par l'entente à ce que peut leur imposer d'arbitraire un maître peu consciencieux.

. . . .

« Je crois également possible, avec l'association, l'établissement au village de caisses de secours contre la maladie et la vieillesse ; je voudrais que la société admît les enfants dès leur naissance, ce qui permettrait, avec une cotisation mensuelle de 25 centimes, de leur faire une avance d'argent, au moment où ils voudraient se créer une position, seul moyen pratique capable de soustraire l'ouvrier agricole à une domesticité sans fin, séparé quelquefois des semaines entières de sa femme, de ses enfants. Je crois également qu'il serait possible d'unir, d'associer celui qui a la ferme idée de posséder avec celui qui possède déjà ; ce dernier retiendrait l'intérêt de l'avance de fonds et partagerait dans les bénéfices, qui produiraient beaucoup plus, vu que la collectivité aurait tout intérêt à bien cultiver le sol, puisque le bénéfice lui reviendrait directement. »

Le citoyen Corsin, d'autre part, a lancé ce coup de fronde dans les régions parlementaires :

« Tant que le peuple ne connaîtra pas ses droits d'homme, il ne pourra remplir ses devoirs de citoyen dans la société ; il confiera à des intrigants qui savent flatter le soin de défendre nos intérêts et nos libertés. »

Le citoyen Marion, s'emparant des harpes déposées dans le temple de l'humanité, a versé sur l'assemblée les harmonies d'une vision qui n'était pas spéciale aux travailleurs agricoles.

« Les congrès ouvriers, selon lui, seront les plus grands pas vers la République universelle, l'union des peuples civilisés de la terre...

« Par ce moyen de salut général, le monde entier semblera ne plus former qu'une localité, qu'une famille; les chemins de fer et autre moyen de transport instantané par la vapeur, accompagnés de la télégraphie actuelle, rapprocheront tous les points du globe.

« Cette union de tous les hommes fera régner partout une abondance universelle, les richesses d'un pays deviendront celles de tous les pays, nulle contrée ne restera stérile, tous les soins seront prodigués là où il y aura disette, et d'un bout de l'univers à l'autre il y aura compensation.

« Chaque région sera étonnée de se trouver chargée des produits des autres que son sol ne pourra produire, et divers pays seront enrichis de mille besoins, de mille commodités qui leur étaient inconnues et qui cependant leur feront toutes les douceurs de la vie morale et physique. »

CONCLUSIONS DU CONGRÈS

Rapport de la 8e commission par le citoyen Fuzillier et adopté par le congrès.

« 1° Syndicats à bon marché ;

« 2° Arbitrage.

« 3° Bibliothèques et conférences.

« 4° Conseiller aux ouvriers des campagnes de se tenir le plus possible en rapport avec leurs députés, conseillers municipaux et généraux pour obtenir la reconnaissance de leurs droits.

« 5° Organisation de conseils de prud'dommes agricoles.

« 6° Inviter la presse, les publicistes, les écrivains inspirés par un sentiment démocratique à faire pénétrer les conclusions émises. »

Sans être armé d'esprit de critique, on peut trouver que ces conclusions ne sont ni les plus claires ni les plus sérieuses qu'ait formulées le congrès.

LES OUVRIERS DU CONGRÈS

Inconséquence de la séparation des ouvriers manuels et des salariés d'autres espèces. — Unité du prolétariat. — Pratique parlementaire. — L'esprit de suspicion infamante. — La légalité à outrance. — La patrie, la foi, la famille dans la conscience des prolétaires. — Leur état d'avancement au point de vue de la capacité politique.

Les chapitres précédents embrassent l'étude de la question sociale en elle-même.

Il importe maintenant d'envisager le Congrès au point de vue de l'idée qu'il peut donner des moralités et capacités de la classe ouvrière.

D'abord le nom de Congrès ouvrier est une faute. Les ouvriers constituent-ils seuls le prolétariat? L'ouvrier est-il le seul salarié dans l'organisme social? Est-il le seul dont le sort soit incertain et sujet aux périls du paupérisme? L'ouvrier seul souffre-t-il des effets de l'ordre capitaliste? Se trouve-t-il seul intéressé à dégager des formules nouvelles de rapports sociaux, pouvant lier les intérêts divers de façon à les faire passer du règne de l'antagonisme à celui de la solidarité, du régime du privilége au régime de la justice? La loi ne reconnaît pas de contrat entre l'ouvrier et son patron, celui-ci est resté le maître. Mais en reconnaît-elle davantage entre l'employé et celui qui l'occupe? La situation est identique. Tous deux sont travailleurs. Pourquoi donc un Congrès d'ouvriers?

Le vrai congrès eût été celui des prolétaires sans acception des formes du travail.

L'ouvrier manuel isolé court le risque d'être impuissant. Parmi la catégorie des employés il existe des ressources intellectuelles, des forces dues à la méditation que l'ouvrier manuel ne saurait impunément écarter. Il est vrai que l'employé, plus en excès comme effectif relatif que l'ouvrier, moins assuré de retrouver du travail par le déplacement, n'a pas la hardiesse de l'allure et craint le plein jour. Il sort plus difficilement de son ombre. Mais, c'est une raison de plus pour ne point l'exclure. L'exclusion d'ailleurs ne se maintiendrait qu'au préjudice de la catégorie ouvrière proprement dite, car on ne peut prononcer l'effacement contre tout un élément social, sans encourir des causes d'infériorité et de paralysie dans l'action.

La tradition ouvrière est jalouse. Elle se ressent encore de ce farouche séparatisme du compagnonnage qui, pendant longtemps, ensanglanta les associations ouvrières d'origines différentes.

Le Congrès, tout en imposant, dans son titre, le dogme de la suprématie ouvrière, avait admis dans son sein des employés et même quelques personnes un peu élevées au-dessus du salariat. Les bibliothèques, les sociétés pour l'enseignement, les associations coopératives de consommation lui avaient amené cet élément concurrent. On a parlé d'expurger à l'avenir. Deux citoyens, d'ailleurs, ont frisé la porte de sortie, dans la cinquième séance, sous l'empire de cet esprit de contrôle. Le citoyen Desmoulins, ancien proscrit de décembre, homme lettré, chef d'institution libre à Paris et le citoyen Barberet, également de Paris, prolétaire émancipé par le journalisme, ont été l'occasion de la protestation suivante :

« Considérant que le Congrès ouvrier a été établi pour que les travailleurs puissent manifester ce qu'ils pensent sur leurs besoins et sur les réformes qu'ils désirent ;

« Considérant que le but du Congrès ouvrier serait manqué si des personnalités n'appartenant pas au monde des travailleurs venaient s'immiscer dans les travaux du Congrès ;

« Considérant que les citoyens Desmoulins et Barberet sont des journalistes, et qu'à ce titre ils ne peuvent pas parler dans le Congrès, attendu qu'en vertu du règlement, nul ne peut prendre la parole, s'il n'est ouvrier, et recommandé par une société ou un groupe d'ouvriers.

« En conséquence, les soussignés protestent contre l'inscription comme orateurs des citoyens Barberet et Desmoulins, et demandent qu'il leur soit interdit de parler.

« (Signé) : Dufau, de Bordeaux ; Mercier de Paris ; et une quarantaine de délégués. »

Après un moment de doute, le Congrès toutefois a consenti à ne pas donner de suite à la protestation, et le citoyen Desmoulins a pu parler, non le citoyen Barberet, qui a jugé le silence plus sûr.

Disons tout de suite que la rivalité oratoire a été une passion forcée du Congrès et que ce sentiment a joué un grand rôle dans le projet d'exclusion que nous venons de rapporter, ainsi que dans les autres circonstances de même nature. Chaque délégué est arrivé de sa localité avec l'envie bien concevable d'émettre son discours, de prouver à ses camarades, laissés au travail, sa participation active; quelques-uns même devaient penser — comme il arrive dans tous les noviciats — apporter des révélations, des vérités de nature à frapper et à émerveiller l'opinion. Aussi vit-on un véritable déluge d'orateurs. Les procédés les plus ingénieux, et j'ajouterai parfois les plus captieux, furent employés pour se procurer un tour de parole. On aurait souffert l'exécution d'un orateur sous n'importe quel prétexte, pour gagner une chance de plus de parler. La moitié des inscrits au moins a dû se taire, condamnée par le temps inexorable.

A part cette désolation, les séances du Congrès se sont passées avec ordre et dans les formes d'une discipline parlementaire absolument suffisante. La série des présidents — car à chaque séance le vote décidait de la main à qui serait confiée la sonnette, — a convenablement pourvu à la direction des débats. Les ouvriers ont prouvé leur aptitude à faire fonctionner l'instrument parlementaire et on l'eût mieux remarqué encore, s'ils ne l'avaient trop souligné eux mêmes en s'en glorifiant naïvement à chaque séance. Les chambres syndicales, les réunions ouvrières, les assemblées coopératives, les réunions publiques ont déjà façonné l'ouvrier à l'œuvre des débats. Il peut, sous ce rapport, se dire légitimement en état.

Les orateurs ont presque toujours lu leurs discours. On n'y a rien gagné. Presque tous ces discours, travaillés dans le silence, étaient longs, mal en scène, débordants de tous les sujets excepté du sujet même. La commission d'initiative avait dit « Pas d'avocat » En réalité et sauf les exceptions, on n'a eu que cela, moins la correction du langage. Flux de paroles, redites, opiniâtreté verbeuse, généralités vagues entassées, constatations cent fois répétées du mal, plaintes, imprécations, aversion invincible pour serrer le sujet, en exprimer le sens positif et réel, en saisir la nature et en tirer des conclusions directes, pratiques, coulées autrement que dans le moule de la banalité. Le contraire du reste eût été surprenant. Je ne fais pas une critique par cette relation exacte. On n'arrive pas du premier jour aux formes puissantes et concises du langage et on ne s'improvise pas novateur dans des questions aussi complexes et aussi menaçantes de difficultés que les questions sociales. Ce qu'il y a de mieux réussi dans l'œuvre oratoire du Congrès, c'est la plainte. Elle ne pouvait pas sortir d'une bouche plus autorisée.

La prose du Congrès n'a pas été généralement une prose terre à terre. Les orateurs ont eu peur de ne pas s'élever assez haut. L'image est sortie abondante et réitérée de la pensée ouvrière, remplaçant l'argumentation solide, qui manquait. Je détache un échantillon de cette coulée poétique :

« L'ouvrier, dans la situation actuelle, dit le citoyen Marceau, tailleur, délégué de la commission centrale de Lyon, ressemble au naufragé qui s'empare du premier objet qu'il peut saisir, espérant trouver une planche de salut. Vous allez répétant partout que la coopération, par exemple, est impossible, qu'elle n'est qu'un leurre et qu'un rêve. Ah ! messieurs les oisifs, vous savez bien le contraire. Eh bien même, en supposant que vous ayez raison, ce ne serait pas moins un crime de votre part de lui enlever ses illusions qui pour lui sont sa seule richesse, et si en dormant, l'esclave rêve qu'il est libre, ne brisez pas son bonheur par un réveil brutal. »

Certaines improvisations dans le Congrès ont été plus absorbantes que les discours écrits. Lorsque l'orateur ouvrier improvise, à part quelques hommes dont le talent est formé, c'est qu'il est campé sur un solide aplomb. Rien ne lui coûte, ni les banalités ressassées, ni l'ampoule oratoire incorrecte, ni les accrocs hardis, ni le temps, dont l'auditoire, assez amateur de crâneries, le laisse volontiers abuser. C'est ainsi qu'un délégué d'un département du Nord, après avoir tenu longtemps la tribune dans ses serres, a fini par invoquer sa santé d'une manière pittoresque pour s'excuser de ne pas continuer encore :

« Je suis atteint dit-il d'une *infection* (affection) qui « m'empêche de parler librement. »

Les politiques ont dressé le peuple à la suspicion calomnieuse et à la superstition des machinations occultes. Aussi la supposition infamante est elle une des cordes qu'on fait le plus facilement vibrer en lui. Le fantôme du mouchard ou du gueux secrètement payé pour nuire est en permanence dans sa pensée. Que de succès d'enrayements auprès du peuple par ces simples mots : « C'est la police qui paye les « agitateurs » ! On a tellement joué du mannequin de l'agent provocateur que les idées du peuple sont saturées de cette création, fantastique au quatre-vingt dix neuf centièmes. La divergence des nuances entre ouvriers suffit pour faire naître le soupçon. Les personnalités en relief le provoquent adroitement dans le malpropre intérêt de leur rivalité et la masse avide le reprend et l'enfle. Sous l'Empire, la politique libérale qualifiait de complots policiers la politique révolutionnaire. Sous la troisième république, la politique tempérée et la politique accentuée sont dans le même rapport de politesse.

La calomnie politique trouve toujours des hypocrites, des passionnés ou des jaloux pour la répandre et une masse crédule pour la recueillir. Pas n'est besoin cependant de supposer une grossière infamie pour expliquer les réticences ou l'ardeur. La raison indique un mobile bien plus simple et plus puissant : l'intérêt de la situation sociale personnelle. Les réticences sont des sincérités parce qu'elles répondent à un intérêt personnel plus ou moins privilégié. Les ardeurs sont également des sincérités parce qu'elles jaillissent d'un sentiment de lésion plus ou moins équitablement ressenti. La calomnie perfide se prolonge parfois comme un linceul enveloppant le corps de celui qui a subi la mort dans l'espérance de la détruire. Vermorel, dont je parle ici en dehors de toute considération d'opinion, est un exemple d'un sacrifice de cette nature fait à la démence des autres.

Or donc, les ouvriers du Congrès, dans leur dernière séance, ont jugé bon de lancer, aux travailleurs des campagnes, une adresse qui ne leur sera certes point parvenue, puisqu'elle n'a eu d'existence que dans le compte-rendu des débats, mais qui renferme l'immanquable allusion à la traîtrise ténébreuse.

Jadis, en France, l'or de l'Angleterre expliquait toutes les misères et tous les fléaux. A l'époque du siége allemand, c'était le tour de l'espion. L'imagination des masses mettait des espions partout, même dans la placide rue Drouot.

Il faut se rappeler cet excellent Massol, adjoint du 9e arrondissement, obligé d'ajuster sa raison calme à l'exaspération d'une bande de trois mille individus clamant que la lumière d'une bougie, par la fenêtre d'une mansarde, servait de télégraphe à l'ennemi. Vérification faite il s'agissait d'une bonne vieille allant et venant pour les besoins de son intérieur

Aujourd'hui, c'est l'émissaire des partis contre-révolutionnaires qui se faufile à profusion dans les rangs et cause tout le mal. La crédulité aime les mets indigestes et les morceaux énormes. On la sert à son appétit selon les temps, les circonstances et les milieux.

« Tous les désordres qui ont pu se produire, dit le Congrès dans son adresse, et que l'on a mis à notre compte, toutes les utopies économiques, toutes les théories qui inquiétaient les intérêts, vous devez le voir maintenant, ne venaient pas de nous. Ils venaient de *faux* ouvriers payés par les ennemis de la République, individus qui veulent avoir le gouvernement du pays pour l'exploiter. »

Le personnel du Congrès n'a pas réfléchi que ceux qui sont capables de prendre peur n'ont pas besoin d'aller au-delà de ce qui s'est dit dans le Congrès même pour s'effrayer. Si sa théorie du faux ouvrier soldé par un or impur avait quelque chance de succès, elle lui serait certainement appliquée par la crédulité des partis hostiles. L'inspiration de l'adresse est d'ailleurs une habileté politique d'un calibre discutable, soufflée sans doute par quelque influence subsistante de spécialiste politique.

Quand le peuple est lancé dans la légalité, on peut dire qu'il en fait à outrance. Est-ce désir de paraître posséder la loi? est-ce une puérile tendance aux formes théâtrales, résidu des fétichismes anciens? L'un est l'autre sans doute. Une scène étrange du Congrès motive ces réflexions.

Le citoyen Castaing de Bordeaux présidait. Homme petit, trapu, nerveux, au regard irrité, la face légèrement gonflée comme par une expression habituelle de colère, tête résolûment relevée, parole impérative et respirant une imperturbable confiance en elle-même. Proposé comme assesseur du bureau, il avait, du fond de la salle et d'un ton guerrier, envoyé un refus catégorique, entendant, dit-il, garder toute sa liberté d'action. Le surlendemain, inscrit pour la question des prud'hommes, il répondait hautement au président Prost, qui déclarait lui *donner* la parole, qu'il n'admettait pas de recevoir la parole comme un *don*, qu'il la prenait comme un droit. La profession de foi qu'il fit plus tard à Bordeaux, comme candidat pour l'élection législative du 25 mars 1877, fut l'œuvre d'un agneau méconnaissable.

On le trouva d'un abord plus facile pour la charge de la présidence. Il était donc au fauteuil quand le citoyen Feltesse se présenta pour occuper la tribune. Le président, grand prêtre de la légalité, se lève alors et, se tournant avec une solennité terrifiante vers le nouveau venu, lui adresse cette question au milieu d'un silence cadavéreux :

— Citoyen Feltesse, êtes-vous français ?

— Je suis né d'un père français, à une époque où la Belgique appartenait à la France, j'ai toujours habité la France et je l'ai servie pendant la guerre.

— Vous n'êtes pas français légalement, car vous n'êtes pas naturalisé. En conséquence, au nom de la loi, je vous refuse la parole qui ne peut appartenir ici qu'à un français. Nous ne sommes pas un congrès international, je dois faire respecter la loi.

Ce fut imposant et poignant comme la dégradation d'un chevalier ; mais on se demande où le citoyen Président avait puisé la notion de la loi en vertu de laquelle, dans une réunion privée — car le congrès était organisé absolument en réunion privée — la qualité de français est nécessaire pour ouvrir la bouche. A ce compte, on ne pourrait plus recevoir chez soi, sans exiger de ses visiteurs un certificat de nationalité. L'incident provoqua bien quelques protestations, mais la conviction drapée du président contagionna l'auditoire qui, s'enveloppant à son tour d'un stoïcisme théâtral, s'inclina devant l'inexorable loi. Arrive un autre orateur, intelligent, expert en fait de réunions, mais avancé d'un tour de parole et qui, d'une manière inattendue, met le sceau à ce fétichisme d'une légalité chimérique.

« Je commence par dire à cette tribune, c'est le citoyen Chabert qui parle — que nous déplorons nous-mêmes, en l'absence de la liberté que nous devrions avoir, qu'on ne puisse pas entendre à cette tribune, aussi bien ceux qui ne sont pas Français que ceux qui le sont. Mais il y a, pour nous tous, un devoir qui domine toutes choses, c'est que ce Congrès, qui a commencé dans des conditions qui ont amené le respect de nos ennemis, doit continuer dans le même sens, afin qu'on sache que nous respectons la loi, alors même qu'elle n'est pas conforme à la justice. »

La patrie n'était pour rien dans cette exécution. Le cosmopolitisme, on n'en peut plus douter, est entré dans l'esprit des ouvriers. Le dogme de la guerre s'y est effacé. On voit les relations fraternelles se nouer, en dépit de toutes les causes d'isolement national, entre les travailleurs des différents pays. De l'autre côté du Rhin, de l'autre côté des Alpes, au-delà de la Manche, les échos répètent et célèbrent des témoignages d'alliance. Durant le Congrès même, une adresse des ouvriers italiens parvient par le télégraphe et une autre, émanée du Congrès, y répond aussitôt au milieu de l'enthousiasme. Cependant, il convient de mentionner qu'une protestation s'est élevée dans le Congrès contre la réflexion d'un orateur improvisateur, le citoyen Hardy qui, la veille, avait déclaré qu'il lui importait peu que l'Allemagne fut plus grande et la France plus petite, si les conditions sociales devenaient meilleures. Le citoyen Jardin, de Paris, dans un langage sobre et net, évidemment étudié, s'est chargé d'exprimer le sentiment contraire.

« Je suis, a-t-il dit, comme le citoyen Hardy, délégué du bronze. Je viens en mon nom d'abord, et ensuite, je le prends sur moi, au nom de la chambre syndicale toute entière, protester de la façon la plus indignée contre de telles paroles.

« Si le citoyen Hardy était ici, — il est probable qu'il arrivera tout à l'heure, — je lui demanderais de venir expliquer ses paroles, ou ce qui vaudrait mieux de se rétracter; ou alors, j'aurais la conviction qu'il les a dites dans le but de porter atteinte à la dignité de ce Congrès qui, jusqu'à présent, a imposé le respect à nos adversaires les plus acharnés. »

Quelques applaudissements se sont fait entendre, mais l'élan manquait. L'indifférence transpirait.

Le feu du patriotisme ne saurait s'éteindre. Il y a même des raisons de le supposer intense et capable de jets formidables; mais le mode de le réveilller ne sera plus le même, très probablement, que par le passé.

Du patriotisme, passons à la foi pour arriver ensuite à la famille.

Le prestige tombe. La société actuelle descend dans le réel. Le dogme fléchit de toutes parts, soit qu'il procède de l'idée religieuse, soit qu'il appartienne à la politique, soit même qu'il émane de l'art. La parodie nous envahit, c'est-à-dire le scepticisme. Le plus grand succès du théâtre moderne, c'est la drôlerie lyrique, l'opé[illegible]versante, qui [illegible]mages dans [illegible] les saumures de [illegible] et s'en [illegible]use par l'attribution de la bêtise prud'hommesque, qui, touchant à tout sous le couvert de l'extravagance, caricaturise, dans leurs incarnations traditionnelles, la vertu, la morale, les dignités et la gloire. Le talent semble vouloir déverser du côté de cette saturnale. C'est à peine si le *Faust* de Gounod nous a conservé, par quelques chefs-d'œuvre mélodiques enchâssés dans un art fort et juste, le parfum et les grâces du sentiment pur. Nous marchons au travestissement. Nous raillons ce qui passe pour grand, pour sérieux, et nous sommes surtout impitoyables pour le gigantesque, qui prétend nous dominer. Le romantisme, explosion du spiritualisme libre, n'échappe pas plus que le reste, encore moins peut-être, à notre esprit de doute et à nos sarcasmes. Nous regardons la langue céleste que parle le poète non comme une conviction, mais comme un simple instrument de son art.

La naïveté nous abandonne.

La moelle de nos enthousiasmes en était formée.

Elle quitte l'art, qui lui dut ses manifestations les plus vantées, elle retire sa base à la foi, et sa désertion, dans ces deux modes d'être de la pensée humaine, menace en dernier lieu la politique. Le sentiment démolisseur règne en plein chez l'ouvrier. L'autorité du passé, pour lui, tombe en quenouille. Il a délaissé les croyances et prend l'habitude de chercher la vérité partout ailleurs qu'où l'ancienne tutelle sociale la lui avait montrée. Pas une invocation spiritualiste dans le Congrès. Pas un regard vers le ciel. La Providence cherchée en bas toujours. L'instinct religieux considéré même comme un danger.

« L'enseignement, a dit le citoyen Délion, insuffisant et plein de sentiments religieux que l'on donne aux femmes, ne peut que développer leur imagination, les exalter et les rendre accessibles aux entreprises du vice. »

La famille n'est point un dogme. C'est une forme positive de la société humaine. Elle n'est persifflée que par le scandale des femmes qui font entrer leurs charmes dans le service des échanges et par les désœuvrés de race qu'attire cette prostitution. Aussi, toute l'idéologie du Congrès a-t-elle respiré un attachement incorruptible pour la famille. L'amour, le respect de la femme et de la mère, la tendresse pour l'enfant, l'union de la famille, les devoirs de l'époux et de l'épouse l'un envers l'autre, la communauté nécessaire de leur destinée par la perpétuité de leur sollicitude de père et de mère, toutes ces conditions naturelles de la vie morale ont été les guides intérieurs de la pensée générale. C'est par le culte positif de la famille, par la fidélité à cette source des affections, de la dignité, du dévouement, de la solidarité, de la force saine et de la morale vraie, que le prolétariat développera sa vitalité sociale et ménagera du crédit à son influence grandissante. L'atmosphère du Congrès, sous le rapport de l'idée morale de la famille, était une consolation. On se sentait loin des bohémiens de la vie, de ces partisans des amours libres et du mariage à terme, de ces rêveurs libertins que le désœuvrement des bras et du cœur, ainsi que l'habitude des femmes de boulevard, ont armé de fausses idées sur la famille et la femme elle-même. Le travail manuel est une salubrité. Il empêche de dévier. Lié à une condition modeste, il garantit contre les monstruosités morales, théoriques et pratiques.

Quant à la capacité politique du prolétariat, à celle

qui lui donnerait action dans le monde et l'amènerait à partager la direction des intérêts sociaux, elle n'est certes pas encore acquise.

Dans son livre *De la Capacité politique des classes ouvrières*, publié en 1865, Proudhon formule ainsi les conditions de cette capacité :

« Posséder la capacité politique, c'est avoir la cons-
« cience de soi comme membre d'une collectivité, affir-
« mer l'idée qui en résulte et en poursuivre la réalisa-
« tion. »

Trois points sont donc à examiner.

Le prolétariat a-t-il conscience d'être un tout distinct, ayant des intérêts spéciaux, en vertu d'une situation sociale spéciale ? On ne peut hésiter à répondre affirmativement. Sur ce premier point, Proudhon a justement assigné la Révolution de 1848 comme la date d'éclosion de la conscience qu'ont eue d'elles-mêmes les classes ouvrières. Cette conscience s'est nécessairement développée avec le temps. La multiplicité et la particularité des réunions ouvrières l'indiquent. Le prolétariat s'est délimité. Il se donne comme une des formes définies des antagonismes économiques qui composent l'ordre social. Il se prétend un élément parfaitement détaché du reste et manifestement négligé dans le partage des avantages de la société.

A titre de justification de cette appréciation, je cite les paroles suivantes d'un orateur du Congrès, le citoyen Prost, prononcées à propos de la représentation du prolétariat au Parlement. Elles traduisent, sous une forme dont je fais abstraction, la conception d'une différence formelle des identités :

« Notre bourgeoisie, a dit le citoyen Prost, n'est plus du tout dans la voie du progrès ; elle est pétrifiée sur place, comme la femme de Loth. Elle occupe les places politiques, les fonctions administratives, et, grâce au capital qu'elle possède, elle a sous la main tout le monde économique ; ce monde, vous le savez, dans lequel ne compte pas l'ouvrier manuel qui n'a que son travail et son talent professionnel, — ce talent et ce travail qui font la richesse et l'honneur du pays, et sans lesquels la bourgeoisie n'aurait aucune bouchée de pain à se mettre sous la dent, aucun habit à se mettre sur le dos. »

L'idée, second point du programme, d'abord vague, instinctive, enlaidie de tentations communistes et enluminée d'inspirations spiritualistes, s'est peu à peu purifiée et dégagée par des formules suffisamment précises. Ayant pris une physionomie logique, elle est devenue un drapeau. Ce côté de la capacité politique existe donc encore comme l'avait également admis Proudhon à l'époque de son observation. L'idée, pour le prolétariat, c'est la conception que les formules de la politique sont impuissantes à le relever et qu'il ne peut obtenir l'amélioration de son sort que par son émancipation économique. L'idée, c'est que la possession de l'outillage dans l'activité sociale, seule, crée l'indépendance et la sécurité en affranchissant du salariat. Or, l'outil est dans les mains du capital, de qui le travail est obligé de l'attendre. Le problème, pour le prolétariat, est de remplacer le capital par un autre agent. Celui-ci n'est autre que la solidarité universelle qui découle de l'association générale du travail. L'association représente donc le but immédiat à atteindre. Telle est, dans sa forme sommaire et commune, l'idée qui met en mouvement la partie active du prolétariat.

L'examen du troisième point, à savoir les moyens de réaliser l'idée, ne fournit pas la même réponse favorable, comme il ne l'avait pas fournie déjà antérieurement aux yeux de Proudhon. La capacité politique ouvrière n'est qu'en voie de formation.

Réaliser une idée de transformation sociale exige puissance cérébrale et union. L'idée doit être assez mûrie dans les esprits pour y être conçue avec les caractères de l'ordre dans l'application. Le monde se mène, mais à la condition qu'il sente la force; quand ce n'est pas la force brutale, ce doit être la force intelligente.

Les cadres du prolétariat ne sont pas encore assez nourris et ne renferment pas assez d'esprits équilibrés par l'étude et la méditation, ni même assez d'esprits assez hardis par la conviction raisonnée, pour conduire la masse au progrès social entrevu. Je me garderais bien de prétendre que l'état de culture intellectuelle de tout le prolétariat est nécessaire pour permettre l'espérance. Il y a des bas fonds où règne l'abjection irrémédiable d'une lourde misère et d'une insondable ignorance. Il serait trop long et inutile d'attendre que ces ténèbres fussent entièrement dissipées. Mais, la faculté de direction n'est pas suffisamment armée par un personnel d'élite. La bourgeoisie de 89 avait son monde de héros et de penseurs. Le prolétariat n'a pas encore son sommet nécessaire pour l'action. Pour ce qui est de l'union, l'insuffisance est plus marquée encore. Tout en apercevant que la politique ne peut rien pour elle, la masse des prolétaires, par suite de longues habitudes sociales, n'a pas foi dans sa force propre. L'idolâtrie des personnages de la politique d'éclat la tient encore. La renommée l'illusionne et elle est tentée de prendre pour bouffonnes les candidatures sorties de son sein. On mettra du temps à la convaincre en faveur des siens, et, quand ceux-ci chercheront à la rallier, elle se débandera.

Combien de temps durera cette stérilité? Je ne saurais le dire. Mais si la partie ne peut-être gagnée aujourd'hui, il est certain qu'elle va commencer à être disputée, malgré les soubresauts des événements politiques, et qu'elle ne cessera plus de l'être.

J'imagine que les premiers élus du prolétariat n'auront pas toujours la vie tranquille. Une scène du Congrès que je n'ai pas encore eu l'occasion de citer et que je reproduis ci-dessous, en fait naître l'idée :

Le citoyen Masquin des typographes de Paris. — Nous avons ébauché des statuts aidés et guidés par l'esprit si lucide, si pratique de notre camarade Tolain, dont le dévouement à notre œuvre ne s'est jamais démenti. (*Murmures.*)

Plusieurs délégués. Pas de personnalités !

Une voix. Il n'y a ici que des principes et non pas des hommes.

Le citoyen Masquin. — Je suis étonné que le nom de Tolain soulève des murmures.

De divers côtés. Oui, oui ! non ! non ! continuez !

Le citoyen Masquin. — C'est un homme remarquable et il y a un devoir de reconnaissance à le dire (Protestations nombreuses).

L'hostilité contre l'accointance bourgeoise va parfois fort loin, dans le prolétariat vigilant de Paris. Je terminerai par la relation significative de l'incident qui excite ce souvenir. Le taire serait enlever un trait caractéristique à la physionomie générale du tableau que j'ai compris dans cet ouvrage.

On en était à l'une des séances préparatoires du Congrès. La commission d'initiative venait de faire connaître qu'elle avait recueilli, pour les frais d'organisation, les libéralités de certaines personnes sympathiques aux tentatives de la classe ouvrière.

Or, l'assemblée se récria.

Elle ne consentit à s'apaiser que sur la déclaration formelle que ces libéralités bourgeoises « faites par calcul, intérêt ou autrement » n'engageaient ni la liberté ni la reconnaissance du Congrès.

FIN

TABLE DES MATIÈRES

Pages.

LE TRAVAIL DES FEMMES. — Différence de modalité du travail entre l'homme et la femme. — La femme ménagère ou institutrice. — Pourquoi le salaire des femmes est nécessairement inférieur à celui des hommes........ 5

LES DÉBATS DU CONGRÈS. — Situation malheureuse de l'ouvrière. — Causes de dépopulation. — Jouissances et égoïsme. — Démoralisation de la femme par l'industrie. — Encore la concurrence. — Préjugés sur le travail dans les prisons et les couvents. — Influence des localités sur les salaires. — Idée fausse de la tarification des salaires par l'État. — Erreur sur la concurrence étrangère................ 13

CHAMBRES SYNDICALES. — Identités séparées de la bourgeoisie et du prolétariat. — La La liberté du travail et l'isolement des forces ouvrières. — Objet des chambres syndicales d'ouvriers. — Le régime d'oppression des maîtrises et le régime de liberté des chambres syndicales................................ 35

LES DÉBATS DU CONGRÈS. — Théorie du groupement. — Appréciation du projet de loi sur les chambres syndicales. — Mélange du collectif et du personnel. — Le citoyen Dupire et l'allongement de la journée de travail causé par

Pages.

l'introduction des machines. — Intervention de l'autorité. — Effets meurtriers de la mode sur le travail........................ 42

LES CONSEILS DE PRUD'HOMMES.—Fonctionnement des prud'hommes. — Le salarié inhabile de par la loi à être partie dans un contrat. — Idée de la justice arbitrale.......... 53

LES DÉBATS DU CONGRÈS. — Marche des idées de réforme. — Les fonctions de juge sont nécessairement une profession sociale. — Vue générale sur le partage des attributions officielles. — Les attributions législatives appartiennent à tous.— Les attributions exécutives appartiennent aux carrières professionnelles. — Critique de la gratuité de la justice. — Le prestige des insignes...................... 56

L'APPRENTISSAGE ET L'ENSEIGNEMENT PROFESSIONNEL. — Nécessité du travail manuel pour tous les hommes. — Ecole-atelier. — Instruction intégrale exclusive du chômage. — Banalité de la formule : instruction laïque, gratuite et obligatoire. — Le problème de la gratuité résolu par l'application industrielle des élèves. — Dangers de la concentration scolaire. — L'enseignement par l'abstrait et par le concret. — Idées innées et vocation.. 69

LES DÉBATS DU CONGRÈS. — Divers éléments de la question. — Limitation du nombre des apprentis. — Autorité et liberté.................. 87

LA REPRÉSENTATION DIRECTE DU PRO-

Pages.

LÉTARIAT AU PARLEMENT. — Intérêts distincts du prolétariat. — Politique et socialisme. — L'avenir au prolétariat. — Rupture avec les personnalités politiques. — Orateurs des réunions publiques sous l'Empire. — Ambition et intrigue. — Condition de la moralité de la représentation ouvrière. — Galerie des élus du prolétariat depuis 1789.......... 95

LES DÉBATS DU CONGRÈS. — Persifflage des politiques. — Le scrutin de liste article de foi. — Circonscriptions électorales administratives. — La majorité du Parlement pouvant être la minorité. — Les orateurs Prost et Chabert.................................... 115

LES ASSOCIATIONS COOPÉRATIVES DE PRODUCTION, DE CONSOMMATION ET DE CRÉDIT.

LE FAIT DE LA MISÈRE. — Messieurs les économistes, les philosophes, les hommes de foi et les politiques en face de la question des inégalités sociales........................ 129

LE LOYER DES CAPITAUX. — Le loyer des capitaux producteur d'inégalité sociale. — Nature du capital. — Souveraineté économique du capital. — Le consommateur salarié seul paye finalement le loyer des capitaux. — L'inégalité du crédit produisant le luxe exagéré. — Les expositions universelles privées du côté utilitaire, qui devrait être leur objectif. — Coût inévitable du crédit dans l'état actuel des intérêts. — Le taux de l'intérêt doit être libre.................................. 135

LES MANIAQUES DU SOCIALISME. — L'absolu et les

	Pages.
auteurs de panacées socialistes. — Organisations brutales scientifico-autoritaires et pontificales de la solidarité. — Babeuf, Saint-Simon, Fourier, Considérant et Cabet. — Le progrès est œuvre de démolition. Les reconstructions sont des phénomènes spontanés	146
L'ORDRE. — Le plus haut degré de puissance est dans l'ordre. — L'ordre est une dualité impliquant à la fois liberté et obligation. — L'ordre combat les hasards heureux et malheureux	155
LES CONDITIONS DE LA PRODUCTION. — Capitaux naturels et propriété. — Accessibilité des capitaux sociaux et liberté de la propriété. — L'association est la normalité de la production. — Les grandes associations dommageables pour les dignités individuelles. — Coopération familiale	158
LES CONDITIONS DE L'ÉCHANGE. — Raison du crédit onéreux. — Raison du crédit gratuit ou réciproque et à longue échéance. — L'omnicréance, monnaie fiduciaire généralisée et dégrevée. — Etat de juste distribution des échanges. — Erreur sur les forces de l'épargne. — Inaptitude et insuffisance du warant à servir le crédit universel. — Monopoles de situation. — Les physiocrates et la rente foncière. — Iniquité de l'impôt foncier. — Différence spécifique des capitaux. — Innocuité prétendue de la rente foncière, devenue rente rationnelle. — Le bénéfice divisé en impôt capitaliste et bénéfice vaillant. — La terre et le paysan. — Antécédents de l'impôt capita-	

Pages.

liste. — Rapports du bénéfice vaillant avec le salaire. — L'artisan refoulé dans le salariat. — Tarentelle de la spéculation. — Le bénéfice vaillant n'entre pas nécessairement dans le prix des choses. — Monopoles naturels de situation 163

LES CONDITIONS DE LA CONSOMMATION. — La consommation but final de toute activité. — Le monopole de situation envisagé dans son utilité et comme aiguillon du progrès. — Part de liberté et de responsabilité dans l'homme. — Les raisonnements par analogie sont faux. — Examen du principe de l'impôt. — Rapport entre nos facultés de production et nos facultés de consommation. — Justice de l'impôt sur le revenu de consommation. — Les impôts établis et le projet d'impôt sur le capital. — Progressivité générale et déprogressivité particulière de l'impôt sur le revenu de consommation. — Moyens pratiques d'application. 197

LES FORMES DE L'ASSOCIATION. — Le droit au travail. — Constitution de la coopérative de production, vraie forme de l'émancipation. — Fausse théorie du capital impersonnel. — Difficulté momentanée de la gérance des coopératives. — Egalité de cotisation. — Sociétés de crédit populaire. — Caractère anti-coopératif des associations de consommation. — Législation sur l'association. — Abolition de la faillite comme conséquence de l'organisation sociétaire. — Le triomphe forcé par la conjuration ouvrière.. 213

LES DÉBATS DU CONGRÈS. — Concurrence des orateurs. — Frasques du positivisme. — Una-

Pages.

nimité sur la répartition des produits au prorota du travail. — Indiscipline des associations et voyage des capitaux à l'étranger. — Le mode sentimentaliste et récriminatoire. — L'impôt sur les Suisses et le progrès de la civilisation 235

LES CAISSES DE RETRAITE D'ASSURANCES ET DES INVALIDES DU TRAVAIL. — Le principe de l'assurance. — Application à la monnaie fiduciaire. — Les banques libres substituées à la Banque nationale. — Principe de mutualité et principe capitaliste. — Service spécial de l'émission des omnicréances par la Monnaie nationale. — Normalité du cours forcé. — Les banques libres simples associations coopératives. — Application de l'assurance à l'accident. — Assurance actuelle par l'Etat en cas de décès. — Cercle de l'assurance. — Législation. — Utopie d'une caisse générale de retraites. — Capitaux conservables et non-conservables. — Erreur sur la productivité propre de l'argent. — La retraite universelle par l'impôt. — Les pensionnaires actuels de l'État. — Les compagnies de chemins de fer en face des retraites et de l'assurance. — Caisse actuelle des retraites pour la vieillesse fondée par l'État. — La merveille de l'intérêt composé expliquée par la cote du contribuable. — Assurance actuelle par l'État en cas d'accident. — L'assurance dernier terme de la loi de solidarité 245

LES DÉBATS DU CONGRÈS. — Les angoisses de l'ouvrier vétéran. — Le luxe agent appa-

Pages.

rent de prospérité et agent réel d'appauvrissement. — Possibilité des retraites par l'impôt 295

L'ASSOCIATION AGRICOLE ET L'UTILITÉ DES RAPPORTS ENTRE LES TRAVAILLEURS AGRICOLES ET LES TRAVAILLEURS INDUSTRIELS. — Le paysan propriétaire. — Etat misérable mais endurable de l'ouvrier agricole. — Raison d'attraction des villes. — La loi des salaires dans les villes. — L'association agricole estimée proche. — La loi des salaires dans les campagnes. — Solidarité internationale. — Les ouvriers agricoles industrialisés en partie. — Remaniement du territoire administratif. — Comment l'opinion peut être convertie aux réformes.. 303

LES DÉBATS DU CONGRÈS. — Quelques observations. — Trait contre les politiques élus. — Chant lyrique.. 317

LES OUVRIERS DU CONGRÈS. — Inconséquence de la séparation des ouvriers manuels et des salariés d'autres espèces. — Unité du prolétariat. — Pratique parlementaire. — L'esprit de suspicion infamante. — La légalité à outrance. — La patrie, la foi, la famille dans la conscience des prolétaires. — Leur état d'avancement au point de vue de la capacité politique.. 321

FIN DE LA TABLE

Sens. — Imprimerie Clouzard, rue de Lorraine, 45

EXTRAIT DU CATALOGUE

DE

LIVRES DE FONDS

DE LA

LIBRAIRIE MARIE BLANC

54, RUE DOMBASLE, 54

PARIS

Vient de Paraître :

LE PROGRÈS

Par ALFRED BERTHEZÈNE

AVEC LE PORTRAIT DE DANTON

In-18 jésus. Prix : 3 francs

Dans cet ouvrage, l'auteur arbore le drapeau de la Science et de la Libre-Pensée. Il passe en revue l'Histoire de l'Humanité, montre l'homme créant les Dieux et se faisant Dieu lui-même. L'auteur salue le Dix-huitième siècle et les penseurs qu'il a produits.

Après les développements historiques, il cherche la formule de l'homme moderne : d'après lui, ce n'est pas du ciel qu'il faut se préoccuper, mais de la terre. Le bonheur, c'est ici-bas qu'il le veut tout d'abord.

Envoi FRANCO *contre timbres-poste.*

30

LES VANDALES ET LES PROFANES DE L'AMOUR

I. LE BOUC. — II. LE SATYRE. — III. LE LIBERTIN.
IV. LE LOVELACE. — V. LE GALANT.

SUIVIS D'UNE

PETITE ET SIMPLE ÉBAUCHE ROMANESQUE

Par ANGÉLY FEUTRÉ

Un vol. in-18 imprimé avec luxe sur fort papier.
Prix : 2 francs.

Jamais rien n'a été écrit d'aussi curieux, d'aussi étrange, d'aussi saisissant sur l'éternel sujet qui s'appelle l'AMOUR : ce livre doit trouver sa place dans la Bibliothèque de tout amateur de livres originaux et intéressants.

Envoi FRANCO *contre timbres-poste.*

VAN DER VELDE

LES FLIBUSTIERS

ROMAN D'AVENTURES

1 volume in-16. . . . . . 1 franc.

Dans un roman aussi émouvant qu'intéressant, M. Van der Velde a voulu nous retracer les aventures des corsaires des îles de l'Amérique, qui s'associèrent pour courir les mers et les côtes de cette contrée et faire la guerre aux espagnols.

Ils montaient plusieurs barques, dont chacune comptait de 50 à 150 hommes, sous les ordres d'un capitaine, dont ils ne reconnaissaient l'autorité que lors du combat; ils déployaient un courage incroyable, et leurs aventures ont un caractère grandiose qui étonne et qui émeut.

Aussi n'hésitons-nous pas un instant à recommander cet ouvrage si intéressant où l'auteur a déployé un talent incontestable.

Envoi FRANCO *contre timbres-poste.*

HISTOIRE

D'UN ANNEXÉ

SOUVENIRS DE 1870-1871

Par CHARLES GUYON

---

1 beau volume in-18 jésus. . . . . . 3 fr.

Cette histoire est un récit des plus intéressants qui charme par son accent de vérité et sa simplicité même.

Un jeune étudiant se trouve à Nancy, lors de l'investissement de Metz ; il veut rejoindre l'armée française afin de prendre du service. Mais il faut franchir les lignes prussiennes.

Malgré les dangers et les fatigues de la route, il n'hésite pas à entreprendre à pied ce long et pénible trajet. Pris par les Allemands, il s'évade et reçoit un coup de feu dans sa fuite, mais l'énergie que lui inspire l'amour de la patrie triomphe de tous les obstacles.

Nous ne pouvons analyser entièrement ce livre rempli de détails historiques du plus haut intérêt et qui complète tous les écrits qui ont paru sur la guerre de 1870-1871.

Il nous retrace ensuite les souffrances de nos infortunés compatriotes d'Alsace-Lorraine.

Ce livre doit prendre place à tous les foyers.

Envoi FRANCO *contre timbres-poste.*

30.

LES MIRACLES DÉVOILÉS

OU

FANTAISIES THÉOLOGIQUES

Par A.-S. MORIN

1 fort volume grand in-8° de 500 pages, 3 fr. 50.

C'est une attaque vive et virulente à la fois, basée sur les faits historiques les plus indiscutables, dirigée contre les miracles ainsi que contre toutes les fantaisies et les abus du cléricalisme. Une foule de révélations, dont un grand nombre lestes et piquantes, ajoutent un grand attrait à cet ouvrage curieux. En un mot, c'est un arsenal rempli d'armes pour combattre les erreurs, les subterfuges et les mensonges. Pour donner une idée de l'importance de ce livre, il nous suffira de vous dire qu'il contient PLUS DE 312 CHAPITRES, tous plus curieux et plus intéressants les uns que les autres et qui ne seraient pas désavoués par Rabelais, Voltaire et autres frondeurs d'abus.

LA SÉPARATION

DE L'EGLISE ET DE L'ETAT

Par A.-S. MORIN

QUATRIÈME ÉDITION.

1 volume in-16 de 196 pages : 60 centimes.

M. Morin a traité cette question de main de maître, et son livre mérite d'être répandu.

Envoi FRANCO *contre timbres-poste.*

www.ingramcontent.com/pod-product-compliance
Ingram Content Group UK Ltd.
Pitfield, Milton Keynes, MK11 3LW, UK
UKHW020302230726
13925UKWH00001B/182

9 782013 65715